人才强国书系

[美] 罗伊·波洛克（Roy V. H. Pollock） | 安德鲁·杰斐逊（Andrew McK. Jefferson） | 卡尔霍恩·威克（Calhoun W. Wick） 著
张善勇 姜在泉 唐 平 译 | 学习与人才发展智库 审校

将培训转化为商业结果

学习发展项目的6Ds®法则

The Six Disciplines of Breakthrough Learning

（第4版）4th Edition

How to Turn Training and Development into BUSINESS RESULTS

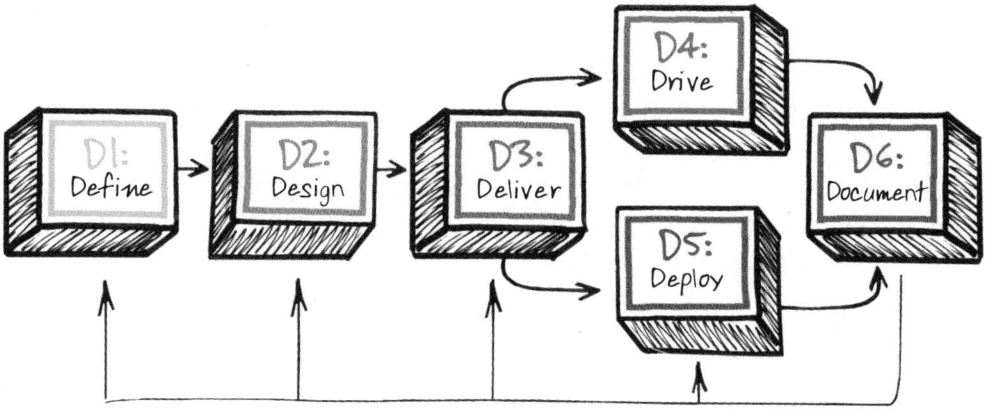

電子工業出版社
Publishing House of Electronics Industry
北京·BEIJING

The Six Disciplines of Breakthrough Learning: How to Turn Training and Development into Business Results, 4th Edition by Roy V. H. Pollock, Andrew McK. Jefferson, Calhoun W. Wick
ISBN: 9781394285396

版权贸易合同登记号　图字：01-2025-2176

图书在版编目（CIP）数据

将培训转化为商业结果 : 学习发展项目的6Ds法则 : 第4版 / (美) 罗伊·波洛克 (Roy V. H. Pollock), (美) 安德鲁·杰斐逊 (Andrew McK. Jefferson), (美) 卡尔霍恩·威克 (Calhoun W. Wick) 著 ; 张善勇, 姜在泉, 唐平译. -- 北京 : 电子工业出版社, 2025. 8.
ISBN 978-7-121-50780-9

Ⅰ. F272.921

中国国家版本馆CIP数据核字第2025NF9516号

责任编辑：杨洪军
印　　刷：河北迅捷佳彩印刷有限公司
装　　订：河北迅捷佳彩印刷有限公司
出版发行：电子工业出版社
　　　　　北京市海淀区万寿路173信箱　邮编100036
开　　本：720×1000　1/16　印张：24.25　　字数：392千字
版　　次：2013年11月第1版（原著第2版）
　　　　　2025年8月第4版（原著第4版）
印　　次：2025年8月第1次印刷
定　　价：99.00元

凡所购买电子工业出版社图书有缺损问题，请向购买书店调换。若书店售缺，请与本社发行部联系，联系及邮购电话：（010）88254888，88258888。
质量投诉请发邮件至 zlts@phei.com.cn，盗版侵权举报请发邮件至 dbqq@phei.com.cn。
本书咨询联系方式：（010）88254199，sjb@phei.com.cn。

学习与人才发展智库

译者序

以终为始，让培训实现有效转化

电子工业出版社于 2013 年引进《将培训转化为商业结果》第 2 版，迅即在国内企业界引发广泛关注与高度认可。2016 年，第 3 版中文版问世；同年 12 月，我们特邀罗伊首度来华，开设首期授权导师工作坊，培养了第一批种子讲师。十年间，6Ds®法则已跃居国内学习项目设计的首要方法论，众多企业借此完成从课程模式到项目模式的升级，本书亦成为培训从业者的案头必备。

2019 年 12 月，罗伊在深圳举办授权导师工作坊期间便透露，第 4 版的撰写已提上日程。此后几年，世界巨变——疫情推动在线学习全面普及，人工智能蓬勃兴起——罗伊亦持续更新内容，终在 2024 年岁末向出版社交付终稿。此前各版中文版较英文版延迟约一年，第 4 版我们首次实现与美方同步出版。春节假期，团队封闭作业，全力投入翻译；初稿完成后，又组织多轮研讨，务求译文贴合中文阅读惯习，尤其便于中国培训管理者深入理解第 4 版精髓。

翻译过程本身就是一场深度学习。其间，我愈发体悟到 6Ds®法则之于培训的独特价值。我自定位为培训行业的观察者与践行者，无论任职杂志社抑或出版社，无论担纲总编辑抑或推广 6Ds®法则，核心命题始终未变：如何创造并呈现培训的价值。我们先后四次邀罗伊来华，我也得以反复受教，每一次皆如醍醐灌顶。其间，罗伊亦为中国石化、中兴通讯等企业开设内部工作坊，使我得以窥见迥异的交付逻辑。

学习转化：让培训“落地生根”

十余年来，6Ds®法则持续助力中国企业和职业院校优化课程逻辑，完善学习项目流程，显著减少学习过程中的资源浪费，切实提升学习与培训成效，为组织创造更高价值。学习转化亦由此赢得企业高层与业务部门的广泛认同，使培训真正在组织内部“落地生根”。

6Ds®法则的核心在于学习转化，涉及诸多转化技术。为此，罗伊专为中国学员量身定制了“学习转化教练工作坊”。十年来，我与 6Ds®法则授权导师团队已为国家电网、南方电网、中国电信、中国联通、交通银行、平安集团、浙江大学继续教育学院等机构提供内训与咨询服务。大量企业实践再次验证 6Ds®法则的价值：众多组织已摒弃以讲授为核心的传统课程模式，转而采用项目化学习，以直接达成业务目标。设计培训项目的关键在于推动学习转化（第四法则）并实施绩效支持（第五法则），唯其如此，方能实现培训的战略价值。因此，全书的核心关键词是“学习转化”——关注转化，而非学习。过往培训项目多以讲师为中心，聚焦“讲什么”与“如何讲”；学习项目则以组织为中心，强调绩效转化与组织价值的实现。

本书作者罗伊曾任辉瑞公司营销副总裁。因对传统医药代表培养模式深感不满，他历经大量实践与探索，提炼出一套突破性的学习项目设计逻辑，并将该方法公之于众，助力企业升级培训体系，赢得培训行业广泛认可。美国人才发展协会亦多次邀其在论坛上发表演讲。

在理论层面，哥伦比亚大学教育学教授杰克·麦基罗早在 20 世纪 70 年代便系统提出转化学习理论。其研究基于两大发现：第一，成人学习具有区别于儿童认知发展的独特性；第二，重大生活事件常触发学员质疑并重构既有认知模式，进而重塑自我认知与世界观。该理论突破传统行为主义学习观的局限，将学习视为意义建构的动态过程。相较于成人教育理论奠基者诺尔斯，麦基罗更强调通过认知结构重塑推动行为改变；当下在线学习中普遍采用的反思日志、同伴互评等教学设计，正体现了转化学习的基本原理。

源于实践的 6Ds®法则，较转化学习理论更易获得企业认同，并可直接落地应用。基于 6Ds®法则的学习项目从战略与业务出发，而非局限于培训专业本身；其话语体系植根于业务部门，有效提升培训效能。第一法则中的“结果规划轮”与第三法则中的“学习价值链”均为 6Ds®法则的关键工具，均需洞察业务的真实需求，解决企业实际问题。阅读本书时，建议读者同步了解绩效改进相关理论，以更深入把握 6Ds 法则背后的逻辑。

第 4 版：从项目逻辑到生态逻辑

十年来，6Ds®法则的生命力愈发强劲；大量一线实践反哺理论，持续推动其迭代升级。2016 年推出第 3 版时，罗伊曾指出，该版较第 2 版内容更新幅度达 40%；而第 4 版较第 3 版，更新量仍不低于 40%，且首次系统阐述了基于人工智能构建全新学习生态的路径。

与第 3 版相比，第 4 版最醒目的变化在于新增一章“6Ds®法则的核心理念”，标志着 6Ds®法则体系已趋成熟。四大核心理念如下：

1. 组织对学习项目的投资旨在提升绩效。

2. 绩效受多种因素影响。

3. 只有将学习应用于工作，学习才能产生价值。

4. 学习是一个持续改进的过程。

上述理念共同构成 6Ds®法则的基本前提：学习项目不仅要在当下提升绩效，更要为组织创造可持续的更大价值。全书围绕这些理念展开，系统阐释 6Ds®法则在学习项目中的落地方式及其价值创造机制。

若读者已熟悉第 3 版，对“从当前绩效迈向更高绩效”的四阶段模型当不陌生。第 4 版对四阶段内容进行了精炼和优化：

1. 学习的预期管理与启动阶段（准备）。

2. 新知识与技能的获取阶段（学习）。

3. 新知识与技能的应用阶段（转化）。

4. 成果认可与持续改进阶段（认可）。

相较旧版，准备阶段的核心由“统一认知基础”转向“预期管理”，强调“想不想”远重于“能不能”；第四阶段则由“总结培训效果”升级为“领导对培训成果的认可”，契合近年培训评估的新取向。要真正推动学习转化，必须让学员体会到成就感，切实感知自身进步，并洞见学习转化的意义与价值——这才是最深层的内驱力。

此外，第 4 版显著强化了人工智能技术的融入，尤以第五法则“实施绩效支持”为甚：未来的绩效支持工具将大量倚重人工智能。本书翻译效率较以往提升三倍，DeepSeek 等工具功不可没；可以预见，愈来愈多的人工智能应用将嵌入工作场景，持续赋能绩效提升。

未来：6Ds®法则的中国实践与创新

十年项目实践，授权导师对 6Ds®法则学习项目设计的疑问与日俱增。我们不断向罗伊请教，他既耐心答疑，也反复提示：须以中国的视角重新审视 6Ds®法则——国情有别，企业痛点迥异。罗伊明确表示支持 6Ds®法则的中国化演进。

6Ds®法则虽是一套体系化的培训项目解决方案，却始终保持开放包容。在企业真实场景中，我们已将其与 PMI（项目管理）、NPDP（新产品开发专业人士认证）、AL（加速学习）、PBL（项目式学习）、理解性学习（概念图）、梅耶的学习科学理论等工具相融合。近年来，我又将“商业成果”与“客户成功”概念贯通（已出版五本客户成功专著），以投资人及客户的外部视角重新诠释 6Ds®法则，跳出培训看培训，把学习置于公司战略层面思考——这正是本书第一部分的核心命题。

围绕 6Ds®法则的中国化，我们明确了五大方向：

1. 在第一法则、第六法则中引入客户成功理念（详见客户成功系列图书）。

2. 在第二法则中引入精益创业与产品创新思维（参考《精益创业》《设计思维》等图书）。

3. 在第三法则中引入理解性学习与加速学习。罗伊历来对第三法则不甚满意：书中偏重记忆，而理解才是学以致用的关键。概念图是极佳的整合工具；《知道做到》亦指出，在知识过载时代，核心任务是整合与创造知识，为学员提供“少而精”的内容。

4. 在第四法则中引入联通主义理念，依托数字化学习技术与学习社群支持转化。除传统在线学习平台外，还需搭建“在线学习转化平台”与“在线绩效支持平台”，借智能化工具提升学习与转化效率——这也是未来学习技术的研究重点。

5. 引入学习服务理念。6Ds®法则与 ISO 29993:2017（《非正规教育中的学习服务——服务要求》）及 ISO 21001:2018（《教育组织管理体系》）的核心理念相通，涵盖学术性与非学术性的服务支持，可系统构建企业学习发展体系，并与人才、业务体系深度融合。我们拟联合更多企业，以 6Ds®法则为框架制定团体标准，推动学习项目设计的规范化。

近年来，我们还将 6Ds®法则引入职业教育与继续教育。职业教育之难，首在产教融合；企业视角下的人才培养，要求专业建设对接岗位标准与工作任务，职业院校亦须由“课程导向”转向“学习项目导向”。6Ds®法则与 PBL 融合，可形成新的职业教育方法论，用于专业建设与人才培养方案，助力院校在新“双高”建设、产教融合项目、“三教”改革等方面取得突破。未来，6Ds®法则将在职业教育产教融合中继续深耕，培养更多“双师型”教师，推动职业教育高质量发展。

在第 4 版翻译过程中，因志同道合者日增，我们共同发起成立“学习与人才发展智库”，打造可持续、可深研的实践社群，协力推动中国培训行业迭代升级。在此谨向所有共创伙伴致谢，并期待与更多企业及院校携手，开展6Ds®法则学习项目实践研究：理解、应用、创造知识，构建具有中国特色的项目化学习服务体系，持续创造培训的价值与意义。

张善勇
学习与人才发展智库主理人
中关村人才协会人才强国工作委员会会长
中国教育发展战略学会产教融合专委会副秘书长

关于本书

本书适合每一位关注学习项目的人员，包括：企业学习与发展项目负责人、学习专家、内部培训师、导师以及各级管理者；咨询培训机构负责人、在线学习服务顾问、学习项目设计师、教练以及培训师；职业院校各级管理者、产教融合部门负责人、继续教育部门管理者、专业带头人、实训项目导师以及教师。

基于我们过去二十多年在世界各地与政府、企业和学校合作开展学习项目的经验，并广泛借鉴大量已公开发表的研究成果，结合学习专家最新的行业洞察、理论研究和最佳实践，我们提出了一套行之有效且易于理解的方法论、流程和工具。这些方法论、流程和工具已经帮助众多组织在人才与学习方面取得了突破性的成就，并显著提高了组织在学习与发展方面的投资回报率。

在人工智能大爆发的时代背景下，我们对第 3 版的内容进行了全面的修订和完善。第 4 版更加突出了实用性和可操作性，提供了更丰富的案例、方法、工具、检查清单和行动建议，以帮助各类组织将培训转化为商业结果。

本书献给我们的家人，感谢他们对我们追求梦想的鼓励；献给我们的客户，感谢他们与我们携手追求卓越；献给全球各地学习与发展领域的伙伴，感谢他们一直致力于推动学习与发展更具战略性，为组织创造更多价值。

目　　录

引　言

如果管理得当，学习与发展部门可以成为一个不可或缺且具有战略意义的合作伙伴，对组织目标产生重大影响。

——大卫·万斯

本书的核心关键词是“机遇”和“乐观”。书中阐述了组织如何把握机遇，使学习与发展部门的工作比当下更具成效，同时提升学习专家的工作价值及其自身的价值。

根据过往经验，部分学习项目相较于其他项目更具成效，更具启发性、激励性、实用性，甚至具有变革性。这些项目通过提升绩效，能够为组织带来数倍的投资回报，如更优质的客户服务、更低的失误率、更高的工作效率、更有效的领导力以及更高的生产率等。然而，遗憾的是，尽管许多学习专家付出了诸多努力，但部分项目并未为组织带来显著的绩效提升，这些项目无疑是在浪费时间和资源。

这正是挑战与机遇并存的体现。挑战在于探究为何有些项目能够成功，而有些项目以失败告终。机遇则在于明确如何增强学习与发展部门的影响力，避免无谓的时间、精力和资源浪费。

世上没有灵丹妙药

二十多年前，我们就发现了一个问题：为什么有些学习项目比其他项目能够创造更大的价值。我们一直希望找到一种“灵丹妙药”（就像德国歌剧《自由射手》中的“灵丹妙药”一样，它似乎总是能够解决各种问题），将低效的学习项目转变为高效的学习项目。然而，结果并不令人意外，世上根本不存在什么“灵丹妙药”。

在这个过程中，我们发现高效的学习项目在定义、设计、实施和评估等阶段，都会遵循一套严谨的方法论。我们将这些最佳实践提炼为“6Ds®法则”（见图0.1），并于2006年出版了《将培训转化为商业结果》（本书第

1 版），在书中详细介绍了 6Ds®法则的理念与实践。

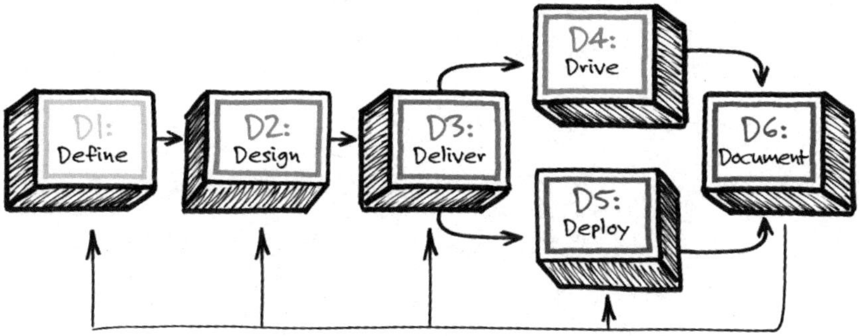

图 0.1　将培训转化为商业结果的 6Ds®法则①

自 2006 年以来，我们已为几十个国家的上千个组织提供了 6Ds®法则的培训与咨询服务。本书是《将培训转化为商业结果》的第 4 版（第 2 版于 2010 年出版，第 3 版于 2015 年出版——均已由电子工业出版社出版），书中所阐述的流程、方法与工具均来自这些组织的最佳实践以及众多学习专家的智慧结晶。6Ds®法则为那些期望提升人才培养质量和效率的组织提供了一套行之有效的路线图。在理论层面，第 4 版融入了学习科学与绩效咨询领域的最新研究成果。

对“培训”“学习”“教育”“发展”等术语的说明

关于“培训”“学习”“教育”“发展”这些术语，目前仍存在一些混淆和分歧。

---

① D1，即第一法则“界定业务结果”；D2，即第二法则“设计完整体验”；D3，即第三法则“引导学以致用”；D4，即第四法则“推动学习转化”；D5，即第五法则“实施绩效支持”；D6，即第六法则“总结培训效果”。

在本书中，我们使用“培训”一词来指代一个组织有意识地教授员工做正确的事以及如何正确地做事。员工需要掌握必要的技能以完成某项任务，这些任务可能相对简单，如下单，也可能需要更复杂的技能，如销售、修理喷气发动机、领导他人以及改进流程等。

我们对“培训”的使用并不预设任何特定的方法或技术，而是对所有目的性学习活动的统称。我们认为它应涵盖所有有目的的教学活动，如E-learning、课堂讲授、结构化学习、社会化学习、移动学习和面对面指导等。

一些学习专家反对使用“培训”一词，认为它暗示了低级的行为训练，类似于训练狗或仓鼠。他们建议在涉及人类时，用“学习”来替代“培训”，因此应使用“学习与发展”，而不是“培训与发展”。

学习是指个人获得新的知识、技能或洞察的过程。因此，“学习”与“培训”是不同的概念。我们发现，不可能将所有的“培训”都替换为“学习”，因为我们不接受类似这样的表述：“我们将要学习你如何成为一个更有效的领导者。”

组织学习是指推动组织共享见解、隐性知识、专业能力和组织文化，从而使其更具优势和竞争力。它远不止是组织中全部个人所知的总和。即使组织的成员发生变化，组织学习也会持续存在。为了保持活力，组织及其成员都必须持续学习和成长。“组织唯一持久的竞争优势，就是具备比竞争对手更快（以及更好）的学习能力。”（阿里·德赫斯，《生命型组织》，电子工业出版社）

教育与培训有所不同。我们认为，教育是为了培养人们应对未知（而且往往是不可知的）挑战的能力。因此，教育更注重通用技能（如阅读和数学）

或概念和理论的学习，而非具体的工作技能。教育通常由中小学和大学承担，一般不属于企业学习与发展部门的职责范围。

“发展”一词，如在“学习与发展”中所述，是指随着时间的推移，为个人提供有序的培训、教育和实践机会，以帮助其充分发挥自身潜能。

我们将使用“学习与发展”（Learning and Development，L&D，英文首字母大写，下文统一表述为学习与发展部门）来指代负责员工获得完成工作和实现组织目标所需的技能和知识的部门。而“学习与发展”（learning and development，英文小写，下文统一表述为学习项目）则指获得所需知识和技能的过程。我们倾向于使用“学习与发展专家”（下文统一表述为学习专家），而非“培训师”，因为学习与发展是一个专业领域，且学习与发展专家涵盖多个领域的专家，如教学设计、学习技术、讲授、教练、引导和评估等。

最后，我们通常使用“企业”“公司”“集团公司”等术语来指代为其成员提供学习机会的实体，因为我们预计大多数读者将来自营利性组织。然而，我们讨论的 6Ds®法则同样适用于非营利性组织和政府部门的学习与发展部门，也适用于职业教育和继续教育院校。

对于任何组织而言，无论其是否以营利为目的，拥有一支知识渊博、能力出众的员工队伍都是至关重要的。事实上，鉴于非营利性组织的资源通常更为有限，它们对效率和质量的要求往往更高。因此，我们希望来自慈善组织、教育机构、军队和政府部门的读者能从广义视角来理解“公司”。当提到“业务目标”时，也可以理解为“组织目标”。

6Ds®法则的核心理念

企业教育是达到目的的一种手段，其本身并不是目的。

——范·阿德尔斯伯格和特罗利

本书始终围绕四个核心理念展开，它们分别是：

1. 组织对学习项目的投资旨在提升绩效。

2. 绩效受多种因素影响。

3. 只有将学习应用于工作，学习才能产生价值。

4. 学习是一个持续改进的过程。

这四个核心理念构成了 6Ds®法则的基本前提：公司开展的学习项目不仅可以在当下提升绩效，还能够创造更大的价值。

在本章中，我们将分别阐述这四个核心理念。在后续章节中，我们将展示这些理念如何推动 6Ds®法则在学习项目中的实际应用，以及这些法则如何为组织创造更大的价值。

绩效至上

组织的成功与否、存续与否，取决于其相较于其他备选方案的表现。这些备选方案可能是另一种产品或供应商，也可能是选择不做或不购买。即使是政府部门，也无法确保其永久存在。任何不能满足客户需求的组织，最终都将被取代。表现出色的个人和组织能够繁荣发展，而表现不佳的个人和组织则会逐渐衰败。

要在不断变化的环境中持续繁荣发展，组织必须适应变化。学习至关重要。微软首席执行官萨提亚·纳德拉曾指出："始终要持续学习。如果你不学习，你将无法做有价值的事情。"杰克·韦尔奇则更加直白地指出："当外部变化的速度超过内部学习的速度时，末日就临近了。"

组织为员工提供学习与发展机会，以确保他们掌握必要的技能和知识，跟上变革的步伐，实现组织的使命和愿景。企业领导需要的并非培训本身，而是有效培训带来的好处：更高的生产率和更强的竞争力。当他们在学习与发展方面进行投资时，他们期望绩效能够得到提升（见图 1.1）。在企业中，学习只有对组织的可持续发展、使命和目标做出有意义的贡献，才具有价值。

图 1.1　组织对学习项目的投资旨在提升绩效

尽管有许多因素对组织的成功有所贡献，但越来越明显的是，人力资本是最为核心的因素。早在千禧年之初，菲茨-恩兹就富有预见性地指出：“人才，而非现金、建筑或设备，才是企业取得成功的关键因素。”根据他的观察，当今世界上估值最高的公司，如英伟达、字母表（谷歌）、Meta 和微软，更看重的是其知识产权、专有技术和人力资本等“智力资本”，而非固定资产“实体资产”。

服务业主要由智力资本驱动。

此外，在发达国家以及许多发展中国家，服务业的规模现已超过了制造业、采矿业或农业。例如，在美国，服务经济（包括智力产业、商业服务业、房地产、金融和医疗保健）约占国民生产总值（GNP）的近 80%。

这一趋势对学习与发展具有重要意义。在服务业中，客户体验的质量更多地取决于服务提供商员工的个体表现，而非公司的品牌、绩效水平或专业技术。如果与客户打交道的员工粗鲁无礼、浪费时间或无法解决问题，那么即使公司的口碑再好，客户也很可能会流失。

因此，公司若想在服务业取得成功，就必须缩小表现最佳的员工与表现最差的员工之间的差距（即所谓的“人本西格玛”，该概念由约翰·弗莱明博士和吉姆·阿斯隆德提出），并提高平均绩效。学习与发展在这方面发挥着重要作用，因为“在制造业中，可能需要对设备进行大量投资才能提高劳动生产率。相比之下，服务业主要由智力资本驱动”。

我们需要牢记，企业开展学习项目本质上是一种商业行为。学习项目是组织对智力资本的投资，旨在提升当前绩效并确保未来的竞争力。因此，作为职场学习专家，“我们的工作并非提供课程、学习工具，甚至并非学习本身。我们的工作是促进绩效的改善”。与其他任何投资一样，对学习的投资也期望获得更多的回报（见图 1.2）。

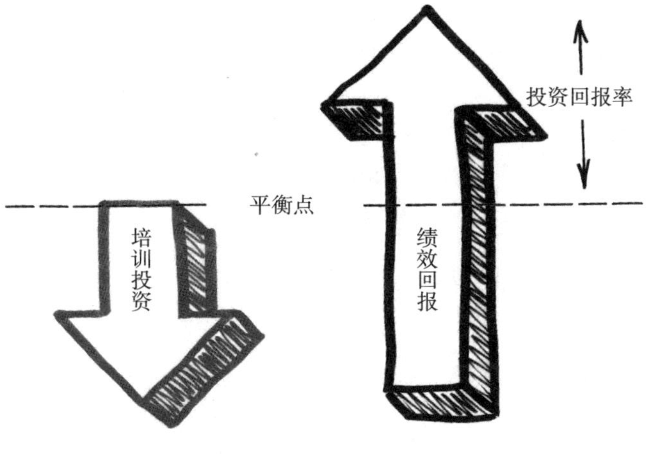

图 1.2　对培训的投资期望通过绩效改进获得更多的回报

托马斯·吉尔伯特是绩效改进领域的大师，他在其著作《人的能力》中提出了“增益绩效”这一概念。吉尔伯特将“增益绩效”定义为：绩效创造的价值高于实现绩效所花费的成本。他特别将绩效与单纯的活动（行为）区分开来。绩效不仅包括结果，还涵盖其对组织的价值。因此，在企业中，增益绩效是指以相对较低的成本产生更高价值的业务结果的行为。卓越绩效则意味着比竞争对手更快、更稳定、更低成本地产生有价值的结果。要实现卓越绩效，员工必须具备正确的知识和技能，且这些知识和技能必须不断更新，这正是设立学习与发展部门的原因所在。

影响绩效的因素

任何通过学习来提升绩效的努力都必须认识到，增益绩效存在许多潜在的障碍（见图 1.3）。例如，员工可能知道如何完成某项任务，也愿意去做，但可能缺乏必要的信息或工具；或者他们可能不清楚对自己的期望是什么，也缺乏激励和有意义的反馈等。

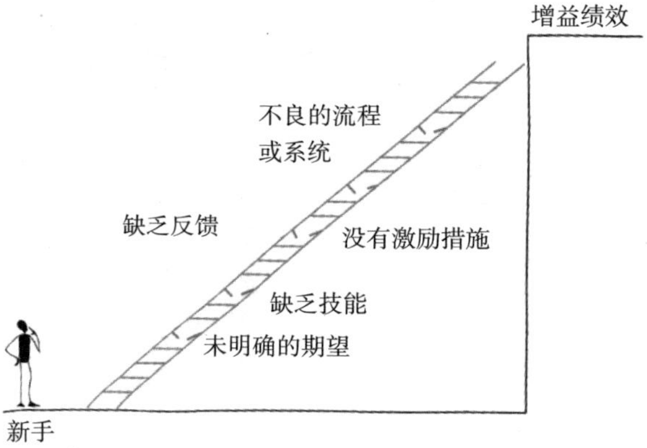

图 1.3　增益绩效的诸多潜在障碍

遗憾的是，当当前绩效（“现在的状态”）与期望绩效（“应有的状态”）之间存在差距时，许多管理者往往会认为问题出在员工身上，并认为培训是最佳解决方案。然而，只有当根本原因是缺乏技能或知识时，培训才能有效缩小绩效差距。如果还存在其他原因或影响因素，那么培训可能无法起到作用。

为了避免将时间和精力浪费在注定要失败的培训项目上，学习专家必须与业务部门负责人合作，找出并解决影响绩效的真正问题。这一过程被称为绩效咨询。

国际绩效改进协会开发的 4W 模型有助于我们找到影响绩效的因素。该模型认为，绩效受到四个因素的影响，这四个因素在英语中都以字母“W”开头：世界（World）、工作场所（Workplace）、工作（Work）和员工（Worker）（见图 1.4）。

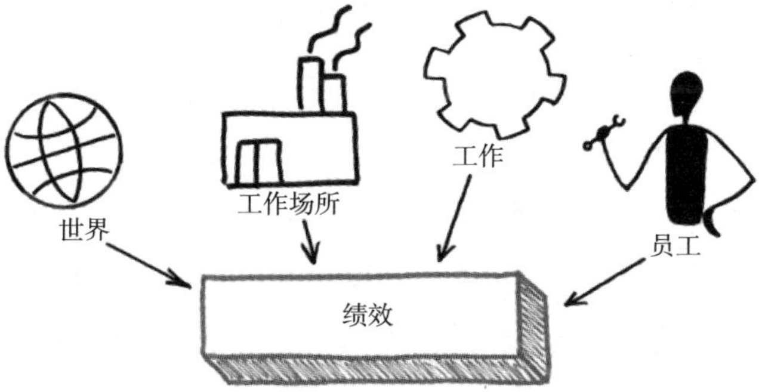

图 1.4　组织绩效的影响因素

- 世界是指商业环境中基本上不受公司控制的外部环境，如政府法规或竞争对手的行动。
- 工作场所是指公司的内部环境，包括资源分配、部门互动方式、员工关系和薪酬政策、企业文化和组织结构等。

- 工作是指工作本身的结构方式，以及为开展工作而提供的流程、工具、系统和信息。
- 员工是指员工的特征，如他们的知识、技能、态度和敬业度。

该模型的重要启示是，这四个因素的组合决定了绩效的优劣。因此，提高竞争力需要考虑并解决所有影响增益绩效的潜在障碍。例如，如果员工缺乏所需的工具、时间或信息，即使他们拥有必要的技能，也无法充分发挥自己的作用。如果工作流程存在致命缺陷，或者计算机系统过于陈旧或难以使用，绩效也会受到影响。正如吉尔里·拉姆勒的名言："让优秀员工与糟糕的系统对抗，系统几乎每次都会获胜。"

系统思维

孤立的措施很少能有效解决业务问题，因为业务问题本质上需要系统性的解决方案。"从根本上说，每个组织都是一个人力绩效系统。它由人创建，由人运营，其唯一目的就是为其利益相关人创造价值……一种全面的组织改进方法必须从这样的前提开始。"

"'系统思维'意味着采取整体的方法，在我们试图解决问题或进行变革时，将整个系统牢记于心。"这是一种根本性的转变，让我们不再孤立地看待问题和解决方案。系统的一个特点是整体大于部分之和；其各个部分相互作用，以形成一个整体，"把一头牛一分为二并不能得到两头小牛"。

"采取系统的观点至关重要，因为组织是一个非常复杂的开放系统……一种系统方法需要考虑影响流程和工作的更广泛的外部环境。环境包括投入，但更重要的是包括压力、期望、限制和后果。"例如，如果在设计学习干预措施时不考虑学员上级经理的影响，就可能导致失败。

一个系统的所有要素都必须相互配合、相互促进，才能取得最佳绩效。例如，如果目标是在销售团队中创建教练文化（将一线管理者培养成教练），那么仅仅提供有效的教练培训是不够的。系统的其他部分也必须强化这一点。绩效管理系统必须对一线管理者的辅导质量和数量进行评估和奖励。参训学员的上级经理必须阅读并评论现场辅导报告的质量，他们的上级经理必须指导他们。否则，"我们重视教练"就只是一句空洞的口号。

关键在于，当绩效不尽如人意时，你必须采取系统的方法；不能简单地认为问题出在缺乏技能上，或者认为单靠培训就能解决问题。作为一名学习专家，你的工作是帮助业务负责人更广泛地思考是什么导致了这个问题，以及真正需要做些什么来实现他们期望的结果。遗憾的是，"与流程不畅、领导不力、缺乏标准流程等相比，培训更容易成为被指责的对象"。

实际应用

- 不要认为每一个绩效问题都是由于缺乏技能或知识造成的，因此培训就是解决方案。
- 在分析问题和选择解决方案时要运用系统思维。

绩效咨询

学习专家需要掌握的一项重要技能是绩效咨询，即分析绩效问题、发现影响因素、确定培训是否需要成为解决方案的一部分，以及提出必须做出改变的建议。

我们一直尽量避免使用"培训需求分析"这一术语，因为这似乎暗示着培训是必要的。正如布罗德和纽斯特罗姆所指出的那样："培训设计和交付的成本很高；为了提高员工绩效，人力资源开发专家和组织应将培训视为最后的手段，而非首选措施。”

罗伯特·马杰提出，在分析绩效差距时，应问的关键问题是：“如果他们的生命取决于此，他们是否能够表现得足够好？”（见图 1.5）如果答案是肯定的，他认为这表明员工已经知道如何去做，因此应放弃将培训作为解决方案：对人们进行他们已经知道如何做的事情的培训并不能提升绩效。一定有其他原因导致了绩效差距，必须加以解决。

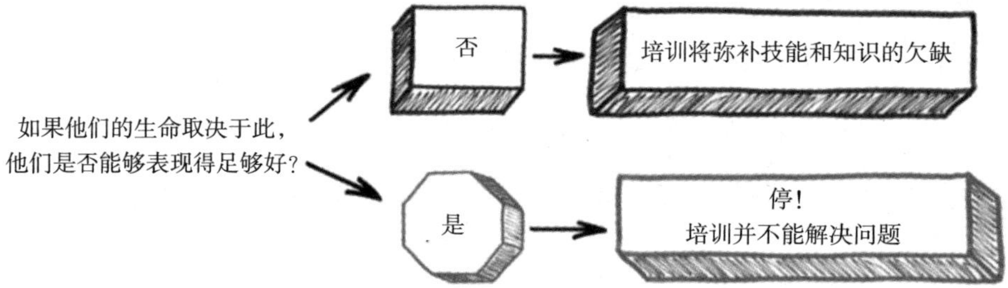

图 1.5　培训是否真的有价值

吉尔伯特的行为工程模型（见表 1.1）是阐释绩效影响因素的一个经典模型。吉尔伯特认为，绩效受到六个因素的影响，其中三个因素是信息、资源和激励，这些属于环境因素；另外三个因素是技能与知识、个人能力和动机与态度，这些属于员工个体因素。

表 1.1　吉尔伯特的行为工程模型

环境因素（工作、工作场所）	信息	资源	激励
员工个体因素（员工）	技能与知识	个人能力	动机与态度

为了实现更好的绩效，员工需要在公司层面获得信息、资源和激励措施的支持；在个人层面，员工需要不断提升自身的技能与知识、个人能力

以及动机与态度。这六个方面中任何一个方面的不足都可能导致绩效不佳。绩效咨询的目标是找出影响绩效的所有问题，找到问题的根源，并确保提出的解决方案切实有效。

表 1.2 列出了你需要收集的信息类型（通过观察、访谈、调查等方式），以确定是什么因素阻碍了员工的绩效。如果表 1.2 中任何一个问题的答案都是“否”，那么它就代表了一种需要尽量减少或消除的障碍。为保证调查质量，你需要倾听来自一线员工的意见，而不仅仅是高管或经理们的意见。

表 1.2 解决绩效问题所需的信息

<table>
<tr><td rowspan="3">环境因素</td><td>信息</td><td>• 员工是否清楚了解对他们的期望以及可接受的绩效标准？
• 员工是否能够及时且频繁地收到有意义的绩效反馈？
• 员工是否能够随时获取其工作所需的信息？这些信息是否准确、清晰且及时？</td></tr>
<tr><td>资源</td><td>• 员工是否拥有充分履行职责所需的资源，如工具、材料、设施和系统？
• 员工是否有足够的时间来完成任务？
• 工具和材料的设计是否便于使用？</td></tr>
<tr><td>激励</td><td>• 对于表现出色的员工，是否既有物质奖励又有精神奖励？
• 员工是否重视这些奖励？
• 奖励是否明确取决于出色的表现？员工是否相信这一点？
• 对于表现不佳或不遵守规定的员工，是否会有相应的惩罚措施？</td></tr>
<tr><td rowspan="2">员工个体因素</td><td>技能与知识</td><td>• 员工是否拥有足够的技能与知识来完成工作？
• 是否存在比目前使用的方法更好的方式来完成任务？
• 是否与其他员工分享优秀员工的最佳实践？</td></tr>
<tr><td>个人能力</td><td>• 员工是否具备执行所需任务的心理和身体能力？
• 如果需要特殊能力，员工是否必须证明自己具备这些能力后才能开展工作？
• 工作量是否合理？</td></tr>
</table>

续表

员工个体因素	动机与态度	• 员工是否有动机付出更多努力以取得更好的业绩？ • 他们是否全情投入工作？ • 他们是否对公司的愿景和使命充满激情？ • 他们是否相信付出会有回报？ • 是否已经消除了阻碍出色表现的不利因素？

吉尔伯特的行为工程模型和 4W 模型都强调了在分析绩效问题时必须考虑环境因素。正如凯西·摩尔所说，“很少看到一个绩效问题不包含大量的环境因素”。因此，必须同时考虑学习和非学习干预措施。例如，如果员工在“需要时刻”缺乏关键信息，一个简单的绩效支持工具可能就足够了。作为学习专家，若想从“接单员”转变为“值得信赖的顾问”，就需要培养一种新的思维方式。这意味着要放弃从课程、活动和学习目标的角度思考问题，而开始从商业结果、业务目标和流程的视角思考问题。（见图 1.6）

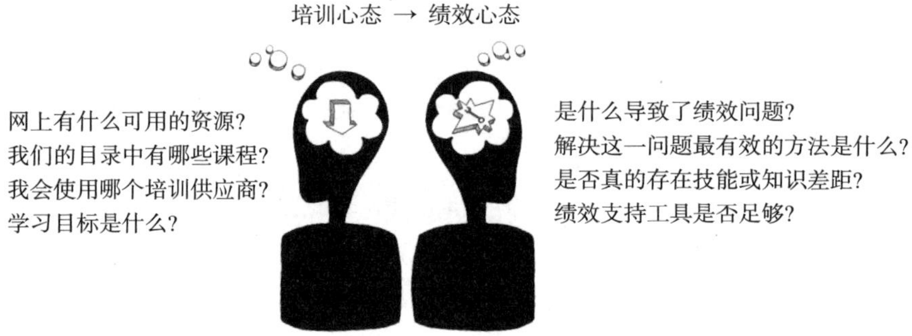

图 1.6　学习专家需要拥有绩效导向的新思维

我们的目标是帮助组织实现绩效目标，所以最终的解决方案不一定是传统的学习项目。示例 1.1 中的流程图将帮助你确定真正的问题，并制定解决方案。有关绩效咨询的详细内容，可以参考拉姆勒、布拉奇，范蒂姆、莫斯利、德辛格，艾迪生、黑格、科尔尼，考夫曼、格拉·洛佩兹，以及罗宾逊等。

实际应用

- 在没有进行绩效需求分析以确定员工是否缺乏必要的技能或知识之前，永远不要同意开展一个培训项目。
- 问问管理者：如果员工真的按照这样去做，他们的绩效是否会有所提升？
- 确保你或你的团队成员都能熟练掌握绩效分析的方法。
- 请记住，大多数绩效问题并非由单一原因导致。务必设计全面的解决方案，而不仅仅依赖于培训项目。

示例 1.1

流程图——寻找提升绩效的解决方案

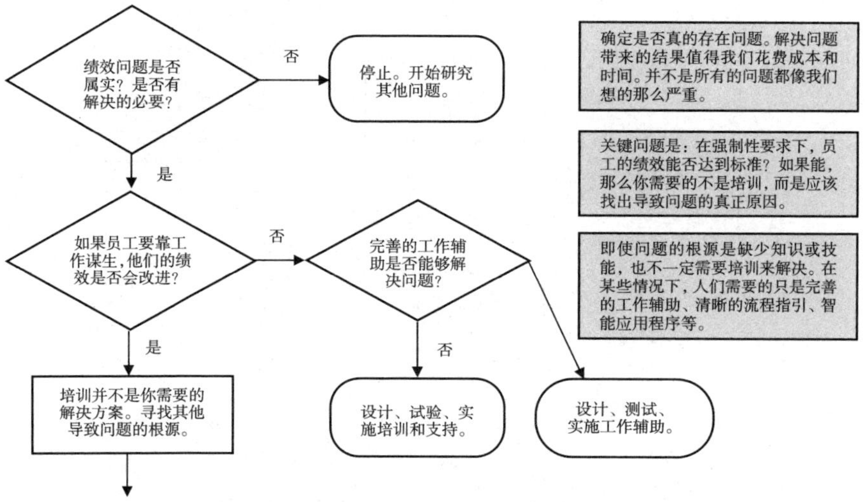

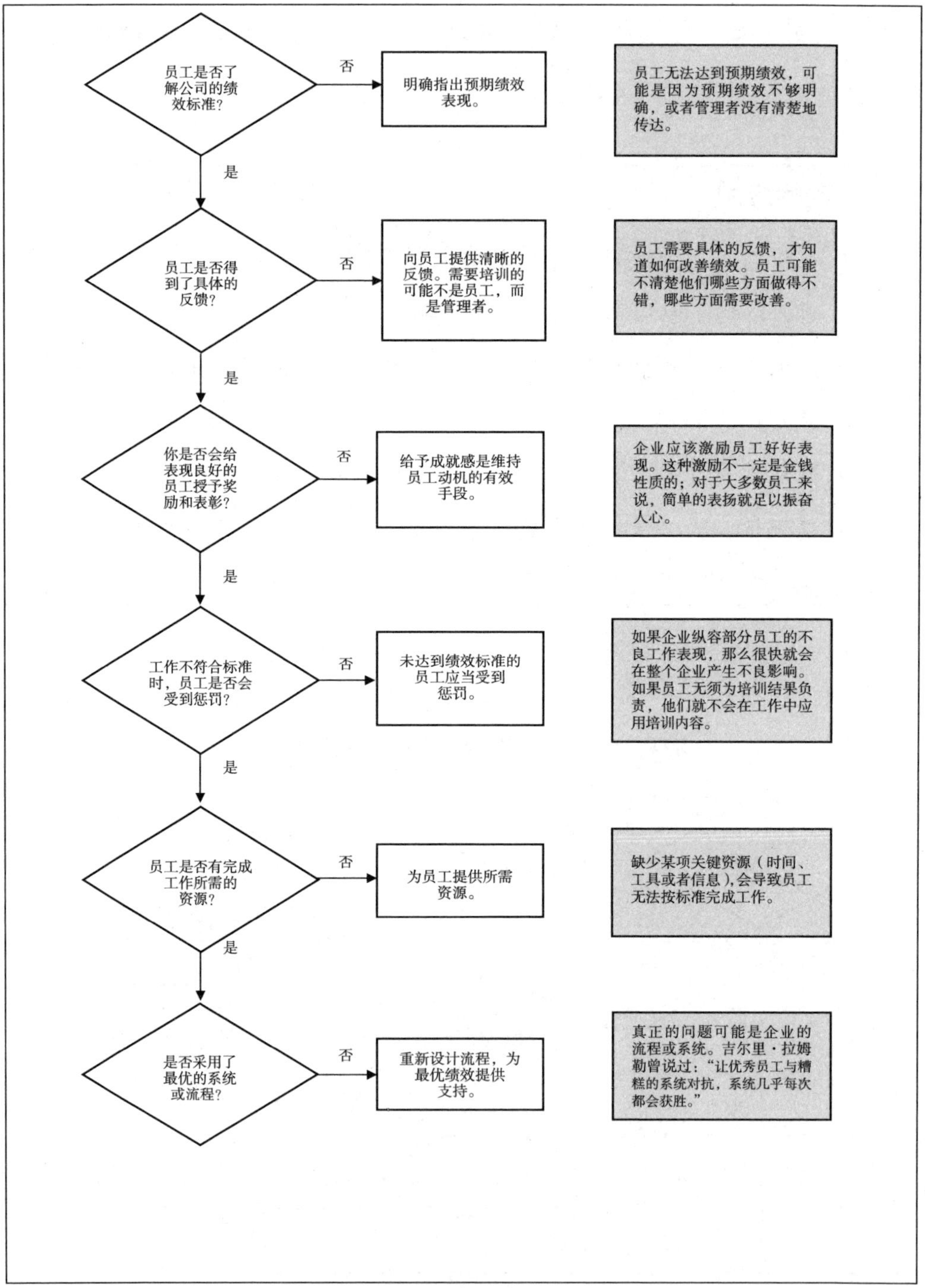
员工是否了解公司的绩效标准？
否
明确指出预期绩效表现。
员工无法达到预期绩效，可能是因为预期绩效不够明确，或者管理者没有清楚地传达。
是
员工是否得到了具体的反馈？
否
向员工提供清晰的反馈。需要培训的可能不是员工，而是管理者。
员工需要具体的反馈，才知道如何改善绩效。员工可能不清楚他们哪些方面做得不错，哪些方面需要改善。
是
你是否会给表现良好的员工授予奖励和表彰？
否
给予成就感是维持员工动机的有效手段。
企业应该激励员工好好表现。这种激励不一定是金钱性质的；对于大多数员工来说，简单的表扬就足以振奋人心。
是
工作不符合标准时，员工是否会受到惩罚？
否
未达到绩效标准的员工应当受到惩罚。
如果企业纵容部分员工的不良工作表现，那么很快就会在整个企业产生不良影响。如果员工无须为培训结果负责，他们就不会在工作中应用培训内容。
是
员工是否有完成工作所需的资源？
否
为员工提供所需资源。
缺少某项关键资源（时间、工具或者信息），会导致员工无法按标准完成工作。
是
是否采用了最优的系统或流程？
否
重新设计流程，为最优绩效提供支持。
真正的问题可能是企业的流程或系统。吉尔里·拉姆勒曾说过："让优秀员工与糟糕的系统对抗，系统几乎每次都会获胜。"

学以致用的价值

我们将讨论的第三个核心理念是，价值是通过学习的转化应用，而非单纯获取知识和技能来创造的。有一句格言可以概括这一点：“对疯狂的定义之一是重复做同样的事情，却期望得到不同的结果。”为了提升绩效，员工必须以更高效、更有效或两者兼具的方式去完成工作。这正是罗伯·布林克霍夫所说的“培训的基本逻辑”（见图 1.7）。

图 1.7　培训的基本逻辑：通过学习改进行动，从而产生更大的商业价值

除非所学的技能和知识能够被应用到个人和企业的实际工作中，否则培训就是浪费时间。正如吉姆和唐·柯克帕特里克所说：“如果学员不能学以致用，那么即使学到了知识，培训项目也是失败的。”

浪费是敌人

在竞争激烈的商业环境中，无论是营利性组织、非营利性组织还是政府组织，任何组织都无法承受资源的浪费，尤其是人力资源。这正是精益管理核心原则“浪费是敌人”的由来。浪费是指那些不为客户创造价值的时间、金钱、精力或其他资源的消耗。为了保持竞争力，公司必须通过流程改进，系统地、坚决地消除这些浪费。

自第二次世界大战以来，逐步消除浪费的做法极大地提高了产品质量，同时降低了成本。然而，总体而言，流程改进和精益管理的原则并未被严格应用于学习与发展领域。

因此，学习项目对组织绩效的影响仍然存在很大差异。有些项目能产生显著价值，而有些项目却收效甚微甚至毫无效果（见图 1.8）。这种差异创造了机会：与竞争对手相比，那些能够从学习与发展中获得更多价值的组织将更具竞争优势（见图 1.9）。原因何在？因为这些组织以较小的投入实现了相同的价值，或者反过来说，它们以与竞争对手相同的时间和金钱投入，却获得了更大的价值。这两种情况都能带来竞争优势。由此延伸，与那些只能带来平均价值的同行相比，能够提供高效学习解决方案的学习专家更具价值。

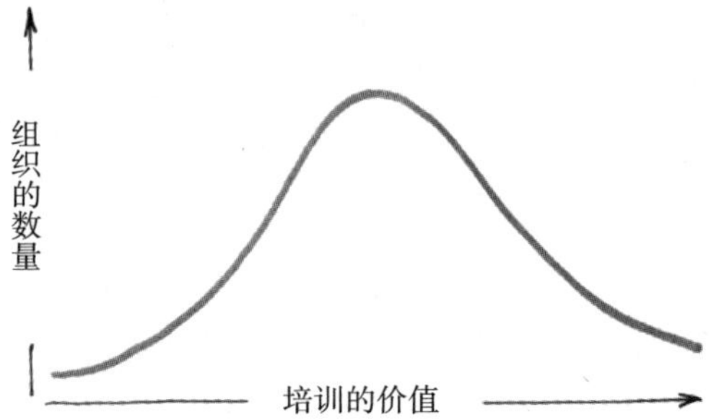

图 1.8　不同组织从学习与发展中获得的价值差距很大

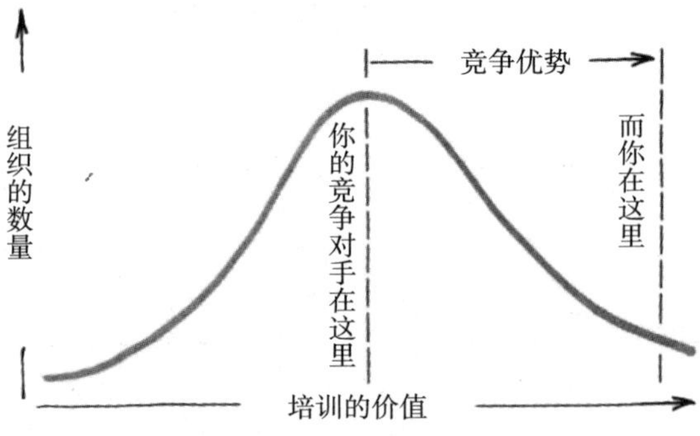

图 1.9　从学习与发展中获得更多价值的组织将具有竞争优势

废品的高昂成本

废品是指那些不能满足客户期望或质量标准的产品，因此必须丢弃或返工。废品的代价包括浪费原材料和劳动力（有形成本），以及有质量问题的产品对公司及其品牌造成的伤害（无形成本）。正如质量大师戴明所指出的那样："废品不是免费的。有人制造了它们，并且还因此获得了报酬。"废品还意味着机会的浪费，生产废品所占用的资源本可以创造更大的价值（见表 1.3）。

表 1.3　生产废品的成本

有形成本	无形成本
原材料	
劳动力	客户不满
运营成本	有损品牌形象和声誉
资金（建筑物、设备）	机会成本
返工/召回	

如今，质量更稳定、成本更低的制造商在市场上更具竞争优势。因此，制造商都在不遗余力地通过持续改进来降低废品率。

那么，生产废品和学习与发展有什么联系呢？在《将培训转化为商业结果》第 1 版中，我们提出了"学习废品"这一概念，用以指代员工虽然参加了培训，但未能应用所学知识来提升绩效。未能转化应用的学习相当于生产了不合格的产品；它未能满足客户对提升绩效的期望。

学习废品和生产废品一样，需要高昂的成本，并会导致公司在竞争中处于劣势。这两种废品的成本结构非常相似（见表 1.4）。学习废品既耗费了有形成本，如劳动力（培训师和学员）、差旅、材料、技术、供应商等成本，也耗费了无形成本，如机会成本（人们花费时间参加了培训，但不能或不会应用所学的知识）。总而言之，美国公司每年因学习废品损失数十亿美元，而在机会上浪费的资金可能是这个数字的数倍。

表 1.4　学习废品的成本

有形成本	无形成本
原材料	
劳动力（培训师和学员）	客户不满
运营成本	损害学习品牌/声誉
资金（培训设施、设备）	机会成本
差旅成本	

学习废品和生产废品都会引起客户的不满，进而对未来的项目产生不利影响。如果管理者将员工的时间和部门资源投入到学习项目中，却未能看到绩效的改善，他们就会感到不满。这种不满可能导致他们得出“培训失败”的结论，从而不愿再投资未来的学习项目。

房间里的大象

学习废品是“房间里的大象”：每个人都知道它的存在，但没有人愿意谈论它（见图 1.10）。

几十年来，培训对组织绩效的改善效果都不尽如人意。早在 20 世纪 50 年代，莫泽尔就指出：“大量证据表明，培训在工作行为改变方面收效甚微，甚至毫无成效。”30 年后，鲍德温和福特研究了相关文献并得出结论：“如今，人们越来越认识到组织培训中存在‘转化问题’。据估计，美国企业在培训与发展方面的投入已超过 1 000 亿美元，但只有不到 10%的投入真正实现了在工作中的转化应用……研究结论表明，大部分组织的培训都没有实现在工作中的成功应用。”

“问题就在眼前，为什么大家都视而不见？”

图 1.10 学习转化的问题

时至今日，情况是否有所好转呢？为了寻找答案，我们向数千位职场学习专家和业务负责人提出了同一个问题：

“在一个典型的企业培训课程结束后，有多大比例的学员能够在工作中学以致用，并提升他们的绩效？”

绝大多数参与调研的学习专家估计，只有不到 20%的培训能够改善绩效，而业务负责人的回答也大致如此。麦肯锡公司进行的一项调查表明，只有 25%的公司高管认为培训与发展项目可以有效改善组织绩效。

当然，这些数字仅仅是估计值。学习专家也承认，他们的回答仅仅是“最乐观的猜测”，很少有人真正去做学习转化和绩效改进的量化研究。一项针对学习转化的研究也得出了同样的结论：在超过 3 000 名的受访者中，60%表示评估培训效果的主要方法是员工反

培训未能提高绩效，却成为众人避而不谈的明显问题。

馈或者“猜测”。即使是人们普遍认可的10%这个数字，也是估计出来的。

尽管缺少精准的评估工具，业务负责人和学习专家仍一致认为，大部分培训都没有起到绩效改进的作用。因此，超过半数的企业高管认为，即使完全取消学习项目，也不会对员工的绩效造成任何影响，这就不足为奇了！

鉴于各级管理者在跟踪和减少企业其他部门的浪费方面投入了大量的时间和精力，对学习废品却缺乏关注是令人惊讶的。如果公司的其他部门也像大多数学习与发展部门一样效率低下，那么任何公司都不可能持续经营下去。试想一下，如果联邦快递的准确投递率只有20%，会发生什么情况？他们将在一夜之间倒闭。

成功的公司都明白，满足客户的期望至关重要。因此，他们投入了大量的优秀人才、技术和资源来改进业务流程，以实现零缺陷的目标。令人惊讶的是，他们并没有将同样的原则应用到学习项目中。自莫泽尔呼吁关注这一问题以来，七十年来，企业在提高学习项目的投资回报率方面毫无进展。公司高管似乎根本没有意识到，每年有多少时间、资金和机会被浪费在失败的学习项目上。为了我们自己的生存，也为了我们所服务企业的利益，学习与发展部门在减少学习废品方面需要有更大的紧迫感。我们需要遵循精益管理的原则，投入时间、人才和精力，减少浪费，提高学习的投资回报率。

为什么会产生学习废品

学习是增加价值，还是沦为废品，取决于我们所说的“关键时刻”。当员工有机会在工作中应用所学的知识或技能时，便是“关键时刻”。在这一关键点上，他们有两种选择（见图 1.11）：一是用刚学到的新方法完成任务，二是继续按之前的方法完成任务（旧方法），即维持现状。

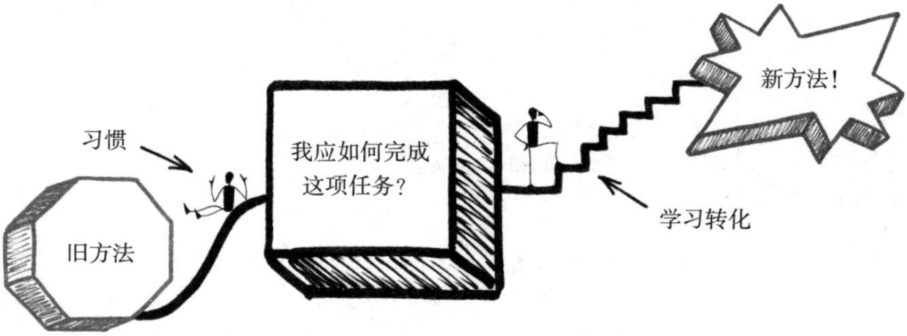

图 1.11　在新旧方法中选择的“关键时刻”

如果他们选择以新的（可能更好的）方法工作，那么这次学习就创造了价值。如果他们坚持（或恢复）以前的工作方式，那么学习就不会产生任何价值，绩效也不会改变，学习就成为一种浪费，即学习废品。因此，我们应该将学习与发展（L&D）视为“学与做”（Learning & Doing）的缩写，因为两者都是产生价值的必要条件。

问题在于，用新方法做事，尤其是最初几次，通常比用旧方法做事需要付出更多的努力。这就是为什么我们在图 1.12 中将新方法画成楼梯的原因。此外，在熟练掌握新方法之前，采用新方法可能会花费更长的时间，甚至产生较差的效果。相比之下，旧方法既简单又可预测，它背后有习惯的力量，所以重回旧习轻而易举。事实上，习惯的力量是如此强大，以至于“除非你全力与习惯作斗争，养成新的习惯，否则你总会屈从于（以往的）习惯”。

图 1.12　“我能吗？”与“我愿意吗？”

员工的选择基于两个关键问题：“我能用新方法来做吗？”和“我是否愿意为此付出努力？”除非他们同时回答“是的，我能”和“是的，我愿意”，否则，无论学到多少知识或技能，学习都不会给组织带来任何价值（见图 1.13）。

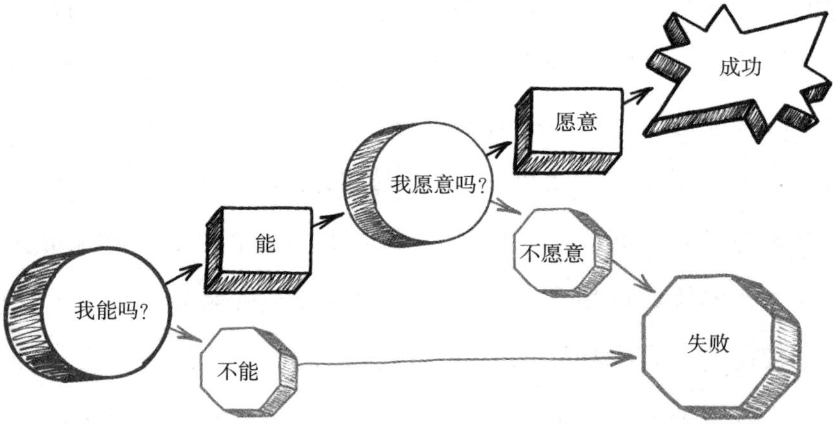

图 1.13　两个关键问题

在“从学习到结果”的过程中，任何不理想的环节都会阻碍员工学以致用。这一过程可能在最初（问题定义阶段）失败，也可能在最后（监督和奖励阶段）失败，还可能在两者之间的任何环节失败。斯皮策、菲利普斯、莱瑟姆、霍斯金斯等专家梳理了常见的失败点清单。

在我们举办的一个工作坊中，一位学员提出，或许还存在第三个问题："我可以吗？"也就是说，"我可以使用所学的知识吗？我的上级经理会同意吗？"我们一直将此归入"我能吗？"这一问题，但它值得单独考虑：即使员工有能力且愿意采取行动，但如果他们认为上级经理不会同意，他们仍然可能不会采取行动。我们将在第四法则一章中再次讨论这个问题。

关键在于，企业开展的学习项目若想取得成效，就必须以正确的方式、在正确的时间、针对正确的受众、在良好的环境中进行分析、设计和实施，以确保"我能吗？"和"我愿意吗？"这两个问题都能得到肯定的回答。员工对这两个关键问题的回答，不仅取决于学习本身的设计和实施方式，还受到吉尔伯特提出的六个因素的影响。在学习 6Ds®法则的过程中，我们将不断追问"我能吗？"和"我愿意吗？"这两个问题。

实际应用

- 牢记"浪费是敌人"，努力减少学习废品。
- 通过学习废品与生产废品的类比，帮助管理层认识到学习项目设计不周或转化不足所带来的损失。
- 建议通过学员事后回答"是的，我能"和"是的，我愿意"的可能性来评估学习项目的效果。

学习是一个持续的过程，而不是一次性事件

通过学习提升绩效是一个过程，而不是一次性事件。过程被定义为"一

系列有计划的活动，这些活动将给定的输入转化为预期的输出”。过程由多个流程组成，流程是指为完成特定目标或任务而进行的一系列有序操作步骤。良好的流程能够以更低的成本持续生产出更高质量的产品和服务。流程思维重塑了竞争的本质，如今，“竞争不再是人、产品或公司之间的竞争，而是流程与流程之间的竞争”。谁的流程能够以最低的成本、更可靠的方式创造出更大的价值，谁就能在竞争中胜出。

企业开展的学习项目符合流程的定义：通过一系列步骤，将人员、时间和材料等投入转化为提升绩效的增值成果（见图1.14）。与公司其他业务流程一样，学习结果的质量取决于流程链条中最薄弱的环节。例如，即使学习本身非常出色，但如果应用转化的环节比较薄弱，那么为组织创造的价值也微乎其微。

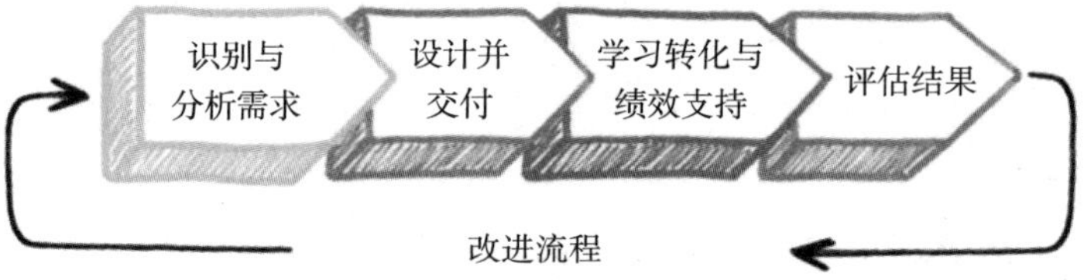

图1.14 从学习到结果是一个过程

质量管理大师爱德华兹·戴明认为，通过找出当前最薄弱的环节、设计并实施解决方案、检查结果并持续迭代，每个流程都可以“持续不断地改进……以提高质量和生产率，从而不断降低成本”。遗憾的是，在许多组织中，学习仍被视为“一次性事件”。要优化价值，就必须将学习作为一个过程来管理，并运用流程改进的工具。

培训还有存在的必要吗

有人可能会猜测，鉴于互联网上的信息量惊人——有超过十亿个网站和 64 ZB（十亿字节）的数据，员工所能获得的信息应该比他们所需要的要多得多，因此不再需要培训。然而，这一假设存在几个问题。首先，信息本身并不是知识。知识包含利用信息解决问题和实现目标的能力，仅仅拥有信息并不能确保信息的正确使用。其次，人们往往不知道自己不知道什么，所以即使资源可用，也不一定能学到他们需要了解的内容。最后，许多与工作相关的任务都需要技能，而不仅仅是知识，而技能只能通过实践应用来获得。因此，无论互联网信息库变得多么庞大和全面，对指导和培训的需求仍然存在（见专家视角 1.1）。

专家视角 1.1

培训，从未如此重要

维克拉姆·贝克特，世界周刊公司首席人力官

企业对培训的需求空前高涨，尤其是在印度、中国和巴西等高速增长的国家。经济的高速发展为更多年轻管理者提供了晋升机会。然而，他们常常在没有接受培训或不具备新职位所需经验的情况下获得晋升。在许多情况下，他们不知道自己不知道什么，这增加了他们失败的风险，给他们的职业发展、工作团队以及整个组织带来了损失。

我们还看到，越来越多的年轻人在没有做好充分准备的情况下进入职场。尽管他们接受了高等教育并拥有专业知识，但他们缺乏行业实战经验，也缺乏作为企业员工所需的背景知识、工作技能和社交技能。因此，企业

和大学必须更加紧密地合作，通过产教深度融合，使毕业生能够快速胜任他们的第一份工作。

不仅员工没有做好准备，许多企业也是如此。它们没有跟上商业环境的变化、技术变革（如人工智能和机器学习的应用）以及经济转型带来的商业模式的颠覆式创新。组织需要审视工作的本质，对其进行改造和重塑，以适应下一代人的需求和学习风格。有才华的个人希望从事有吸引力的创新驱动的工作，并希望能够接受挑战性任务、得到指导和支持，同时能够学习、成长并从事不同的工作。然而，许多公司仍然创造单调重复的工作，然后对优秀人才的离职感到惊讶。它们需要明白："优秀的人才希望为优秀的组织和客户服务。"

培训是一项核心业务功能，对企业的整体成功至关重要。它不仅仅是另一项人力资源流程。它需要与业务战略保持一致，并且需要像管理业务一样进行管理，也就是说，要有明确的目标、合理的过程以及对成功的有意义的评估标准。

广泛使用技术和互联网上无限的信息并不能替代教会人们如何领导、管理、满足客户需求以及完成工作的培训。对于许多工作来说，我们需要恢复更多的学徒模式，让年轻员工在工作中接受已经掌握相关技能的人的观察和指导。这种经验是无可替代的。

我相信，对培训的需求不会减少。我认为，最成功的公司将是那些将培训作为其业务战略的核心要素，并利用合适的技术工具在合适的时候为合适的人提供合适培训的公司。

那么，学习必须是正式的（有计划、结构化的）吗？大多数学习不都是在工作场所中进行的吗？根据经典的70-20-10模型，90%的学习都是非正式的（见图 1.15）。该模型基于隆巴尔多和艾辛格在 20 世纪 90 年代对名企高管的访谈。根据大量访谈，他们得出结论："卓有成效的管理者学习的方式如下：大约 70%来自挑战性的工作，20%来自他人（主要是领导），10%来自课程和阅读。"

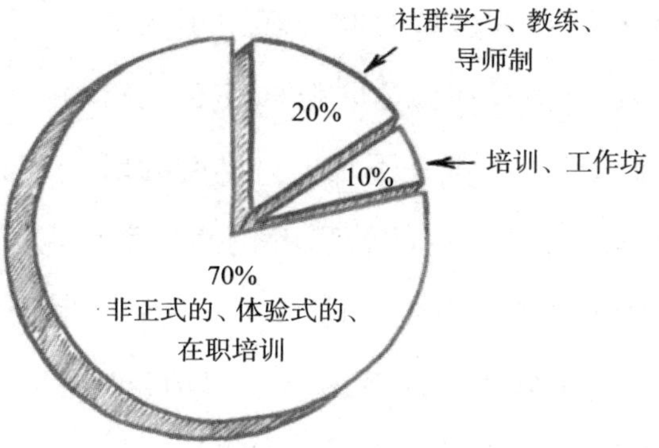

图 1.15　学习的 70-20-10 模型

麦考尔、伦巴多和莫里森通过进一步研究指出："管理者在正式学习上花费的时间极少，他们将 99.9%的时间用于发展。"如此研究成果，结合当下人们可通过多种技术渠道获取信息的现状，难免令人质疑培训的价值，甚至有人认为"当前员工学习一门新技能，仅需投入以往学习项目预算、时间和资源的 10%即可"。

第一，需明确 70-20-10 模型的"比例"是基于高管访谈的研究得出的，而非针对所有人。几乎可以肯定，对于销售、技术服务或研发等岗位，其比例会有所不同。第二，该比例是基于个人回顾性反思的概括，这一假设无法得到验证；在整个职业生涯中，不同学习来源的相对贡献是难以准确衡量的。第三，即使能够确定比例，它们也可能具有误导性，因为它们未考虑到学习内容的重要性。比例小并不意味着不重要或可有可无。例如，学习如何阅读在我们一生的学习时间中占比极小，绝对不会超过 1%，但阅读能力的重要性是不言而喻的。

因此，70-20-10 模型仅是一种宽泛的概括，并非最准确的比例。大家应该清楚，大部分学习发生在正式培训项目之外，然而许多人却将绝大多数时间花在了正式培训方面。70-20-10 模型对在合适时机面向合适对象进行合适培训的价值认识是不足的。早期的研究也表明，“包括总经理在内的管理者仍然非常重视正式课程”。

> 大多数学习发生在正式培训项目之外。

70-20-10 模型也使学习专家认识到，人们无时无刻不在学习。只有将指导、教练、文化和绩效管理系统与学习项目融合起来，企业的学习项目才能真正发挥作用。作为学习专家，我们应不断努力，寻找最有效、最高效的方法，让员工学会做正确的事以及正确地做事。毫无疑问，这将是多种方法论的组合，而最佳的种类和比例则取决于具体的学习项目要求。

人工智能会改变一切吗

在本书撰写之时，人工智能（AI），尤其是生成式人工智能，正处于快速发展的阶段。它无疑将对工作和教学产生深远的影响，尽管这种影响的具体程度尚未明确。正如尤吉·贝拉所言：“未来已难以预测。”

人工智能被定义为机器执行以往需要人类智能才能完成的任务的能力，例如面部识别或自然语言处理。1950 年，艾伦·图灵提出了一项测试，即图灵测试，用于评估机器展示智能行为的能力：人类将评估机器与人类之间的自然语言对话。如果评估者无法分辨哪些回答来自机器，哪些来自人类，那么机器就被认为通过了测试。如今，许多人工智能系统已经能够通过图灵测试。事实上，当我们试图联系客户服务部门时，越来越多地（且令人困扰地）发现自己是在与机器互动。

近年来，三项并行发展的技术极大地提升了人工智能的能力，并使生成式人工智能——系统根据自然语言查询生成新颖的文本或图像——变得易于使用。这些技术包括：

1. 大数据。具备存储和快速访问 TB 或 EB 级数据的能力。这些庞大的数据库为人工智能提供了识别模式和“学习”所需的原材料。

2. 大计算。计算芯片和系统在速度和性能上的巨大飞跃，使创建拥有数百万个互连节点的人工神经网络成为可能。

3. 软件。快速发展的大语言模型通过分析大量文本创建单词之间的关系统计模型，使系统能够解码和生成自然语言。

生成式人工智能的免费产品包括 OpenAI 的 ChatGPT、谷歌的 Gemini 和 Meta 的 LLaMA（用于文本），以及 Adobe Firefly 和 DALL-E2（用于图像）。办公软件系统，如微软和 Adobe Photoshop，越来越多地整合生成式人工智能功能。即使截至本书撰写时（2024 年末），这些功能已经令人印象深刻，而且只会变得更好。人工智能系统已经能够生成完整的课程大纲、测验、幻灯片和其他教学材料，并从文本中生成具有微妙变化的音频旁白。人工智能生成的角色扮演头像非常逼真。人工智能驱动的演讲或销售技能教练已经商业化。

那么，这一切将走向何方？人工智能驱动的系统会取代培训师和教学设计师，还是会让他们的工作变得更好？我们认为是后者。前世界象棋冠军加里·卡斯帕罗夫在输给 IBM 计算机深蓝（Deep Blue）后，对这些问题进行了深入思考。他得出结论，人类可以在这些非凡创造的技术帮助下达到新的高度；我们应该欢迎并利用它们的能力，而不是害怕它们。

我们也认为，在学习与发展领域，人机协作大有可为。其中包括：

我们应该欢迎和利用人工智能的能力。

加速开发学习材料。生成式人工智能已被用于加速学习材料的开发。例如，可以要求人工智能大模型生成特定产品和问题的角色扮演脚本初稿，两个角色分别是愤怒的客户与客服代表。虽然可以使用公开可用的人工智能大模型来完成这项工作，但如果人工智能大模型基于公司特定的材料和专有信息进行训练后，那么人工智能生成的角色扮演、笔记、绩效支持工具和其他学习材料就会更具相关性和实用性。我们预计，教学设计师将越来越多地使用人工智能大模型来开发各种学习材料，但仍需要人工干预来定义生成参数，并检查输出结果是否符合公司政策和政府法规。

由于生成式人工智能系统有时会出现“幻觉”，所以人类的监督很重要。委婉地说，它们会非常令人信服地编造内容。模型有时会生成在上下文中合适且语法正确的文本，然而这些内容却是错误的或没有意义的。这种坏习惯源于大型语言模型从互联网上大量的数据中进行训练，其中很多数据在事实上并不准确。由于模型只是试图根据所见内容预测序列中的下一个词，因此它可能会生成听起来合理但实际上没有现实依据的文本。

在这种意义上，聊天机器人是胡说八道的。它们被训练来产生看似合理的文本，而不是真实的陈述。ChatGPT 在任何一个可以想象到的话题上都能惊人地表现得令人信服。

自适应学习。鉴于每位学员均拥有独特的知识、技能与经验背景，故而会发现某些概念较其他概念更易于理解。理想的教学模式应当是个性化的，并依据学员的实时进度加以调整——这正是优秀教练及一对一导师所擅长的领域。直至今日，这种个性化教学对于广大学员而言仍难以实现，而人工智能则有望使真正的适应性学习成为现实。相关算法能够实时分析学员的数据，提供有针对性的反馈，并调整后续练习，以优化学习效率。倘若能够明确员工的职业发展目标，人工智能便能生成一条定制化的学习路径，助力其获取必要的技能与资格。

人工智能辅导与反馈。学习的一项基本原则是，完善技能需要借助反馈与刻意练习，且最好基于各种问题或场景开展针对性训练。直至当下，软技能培训在提供大量针对性练习方面存在困难，然而此类需求却日益增多，且场景要求越发丰富。鉴于此，部分培训机构开发了人工智能驱动的虚拟教练（人工智能陪练），其能够参与角色扮演，分析学员的表现，并提出改进建议。由于生成式人工智能系统具备实时创建独特互动的能力，它们为学员带来了前所未有的技能练习机会。不过，我们也不认为人工智能虚拟教练会完全取代人类教练，因为它们缺乏优秀教练所具有的情感因素。

增强绩效支持。生成式人工智能在提供卓越且具体情境的绩效支持方面具有巨大潜力（见第五法则）。给定一个问题的描述，基于公司产品和流程训练的人工智能可以生成包括文本、图像和视频在内的建议方法。如果这些努力的结果最终成功，并且问题的解决方案被反馈到系统中，随着时间的推移，系统将变得更加“聪明”和有效。

重要提醒

然而，将人工智能应用于学习与发展中可能存在这样的风险：它可能在无意中增加了学习废品。通过使培训更快、设计成本更低，人工智能可能导致被滥用，试图解决培训无法解决的问题。

底线

人工智能必将持续发展。它已经在深刻地影响着工作和教学。现在的挑战是了解如何在企业学习与发展中最有效地部署它，以提高学习的效率和效果。

但是，正如我们在后续关于6Ds®法则的讨论中所解释的，提高学习的效率和效果本身并不能保证绩效的同时提升。学习只是过程中的一步，我们的研究表明，学习并不是限制产出的瓶颈步骤。无论知识和技能多么有效和高效地传递，如果培训从一开始就不是正确的解决方案，或者在错误的时间提供给错误的受众，或者没有在工作中得到支持和转化，都不会改善绩效。简而言之，无论人工智能后续发展多么令人印象深刻，仍然需要学习专家，并且他们需要践行6Ds®法则。

实际应用

- 让自己熟悉人工智能工具和概念，并开始尝试使用。同时，注意不要过分夸大其作用。
- 请记住，学习——无论是否由人工智能生成，还是通过其他方式开展——只有当它是正确的解决方案并且能在工作中得到应用和转化时，才能创造价值。
- 通过从“作为事件的学习”（这是机器将擅长提供的）转向“作为过程的学习”，确保你不会失去工作，这将需要独特的人类技能。

行动指南

致学习负责人

- 鼓励你的团队更多地关注绩效，而不仅仅是学习本身。
- 不要因为领导要求开展培训，就认为培训是必要的或最佳的解决方案，因为影响绩效的因素众多。
- 与你的团队和业务负责人共同探讨学习废品的概念。
  - 将学习废品与生产废品的成本进行比较，并征求他们的意见，以尽量减少学习废品。
- 将学习视为一个持续的过程，并思考哪些流程步骤可以改进。
  - 如果你还不熟悉流程改进的基础知识，请学习这些基础知识。
- 关注人工智能的未来发展，但要记住，人工智能必须是始于问题分析、终于绩效评估的过程的一部分。

致业务负责人

- 承诺在学习与发展方面投入更多的时间和精力，这是一项战略性投资，能够带来比现在更大的价值。
- 鼓励你的学习负责人更多地从绩效和实现业务目标的角度考虑问题，而不是从学习目标和项目本身的角度考虑问题。
- 估算一下，由于缺乏学习转化，目前有多少比例的学习与发展投资被浪费（成为学习废品）了。

    - 考虑成立一个特别工作小组，调查学习废品产生的根本原因，并提出改进建议（参照第四法则和第五法则）。
- 鼓励你的学习团队尝试使用人工智能来提高工作的有效性和效率，但要确保他们将重点放在绩效上，而不是过程上。

认识 6Ds®法则

凡是值得做的事情，都值得把它做好。

——菲利普·多默·斯坦霍普

本章我们将概要介绍6Ds®法则，这些法则可以帮助学习与发展部门变得更具影响力。从下一章开始，每一章介绍一个法则，通过案例、工具和行动建议进行深入解读，以加深你的理解。你可以按照顺序从第一法则到第六法则通读全书，也可以在看完本章概述后使用6Ds®法则应用计分卡进行自测，看看哪个法则更能帮你改进学习项目，便从那一章开始阅读。认真践行任何一个法则都可以改善学习的结果，如果你能同时践行这六个法则，就可以为组织创造更大的价值（见案例6D.1）。

案例6D.1　6Ds®法则的力量

克里斯·詹金斯接手塞古里亚金融集团的学习与发展部门时，他面临着严峻的挑战：顾问的四年留存率远远低于行业平均水平，而且需要一年多的时间才能让新顾问独立为客户提供服务。这两个问题叠加在一起，让集团所属公司每年损失数十万美元。

詹金斯和他的同事说服了管理层，要解决这些问题，就必须从根本上改变现有的培训模式。他们构建的新模式严格践行了6Ds®法则，特别是强调了学习转化。

最后，他们取得了非凡的成果：

- 顾问从入职到能够独立为客户服务的时间从18个月缩短至90天。
- 在新模式下接受培训的顾问比在传统模式下接受培训的顾问业绩高出100%。
- 第一年的留存率提高了50%。
- 公司的项目成本降低了68%。

然而，这一切并非一蹴而就。詹金斯告诉我们："不要低估转型的难度，从旧的培训模式（单向的灌输模式）转变为新模式（真正改变行为并交付结果的学习）需要付出巨大的努力。”令人惊讶的是，变革的阻力大部分来自管理层，甚至最大的挑战来自业务部门负责人。詹金斯建议说：“要做好迎接‘我们一直都是这样做的……他们希望这样’的准备。”

为了找到变革的拥护者，詹金斯和他的同事找到了一家面临最大财务压力的公司，并说服公司负责人，如果他想扭转当前的困境，就得尝试做出改变。由于他承受的压力最大，而变革的获利也最多，因此他同意合作，并随着时间的推移逐渐成为坚定的拥护者。

新模式有三个关键要素：

1. 完整体验。从招聘过程中关于流程和期望的（脚本化）讨论开始，一直持续到十周后的严格认证过程。

2. 本地责任。辅导和支持的责任在于顾问所在的当地办公室。集团公司的学习团队通过提供一站式流程、脚本等——甚至与经理一起排练——承担了“繁重的工作”，但当地领导层有责任确保学习得到实践和应用。

3. 严格评估。设置掌握检查点，新顾问必须在十周的培训和在职辅导后，参加由高级经理主持的现场面试/考试，展示他们能够讨论、解释和演示的能力。

詹金斯说：“6Ds®法则为我们提供了一个更新、更有效的培训模式，我们能够取得如此多的成果就证明了这一点。通过回顾整个项目，我得出一个结论，除非对整个过程做出承诺，否则就不应该开展这个项目。直接送人百吉饼会更便宜，而且效果也差不多。”

6Ds®法则并不是为了取代诸如 ADDIE、SAM、Agile（敏捷设计）等传统的教学设计系统。相反，6Ds®法则是在超越 ADDIE 的基础上，扩大了学习与发展部门的工作范畴和影响力。它们以业务目标为起点，涵盖完整的学习体验——包括推动学习转化和实施绩效支持——并以业务结果的评估结束，而不仅仅是学习目标是否实现（见图6D.1）。

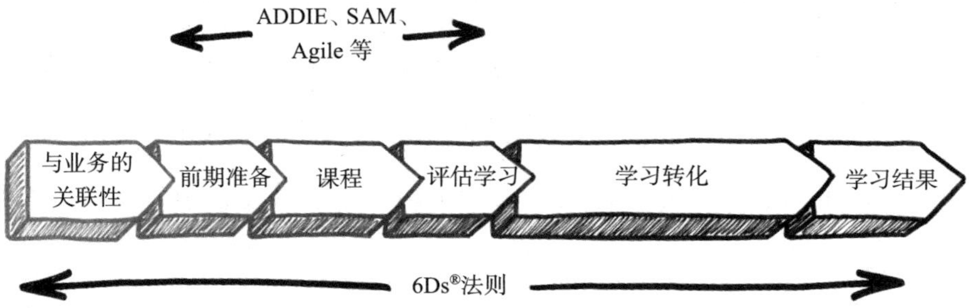

图6D.1　6Ds®法则超越了传统的教学设计系统，加强了学习与业务及业务结果的联系

像ADDIE这样的教学系统设计模型，做到了它们名称所暗示的：指导教学的分析（A）、设计（D）、开发（D）、实施（I）和评估（E）。它们只关注课程本身——规划正式教学的课时和教学方式。然而，正式教学之外——培训前和培训后也都有学习发生，因此超出了传统的教学设计范畴——在确定绩效影响方面同样重要。这并不是说高质量的教学设计就不重要了，它依然是非常重要的。但是，正如长期从事学习研究的弗兰克·阮所指出的那样："虽然我是教学设计专业出身，但我真的不愿意承认，仅靠教学设计是不够的。"

D1 界定业务结果

毫无疑问，第一法则最重要的理念是"以终为始"——清晰而明确地定义公司为员工提供的学习项目要实现什么样的目标。这与组织开展学习项目以提升绩效的核心理念是一致的。组织的存在是为了实现某个目标，如商业的、社会的、政治的、军事的等。开展学习项目是为了实现对组织成功至关重要的目标（见图 6D.2）。目标阐述得越清晰，就越容易设计出有效的项目策略。

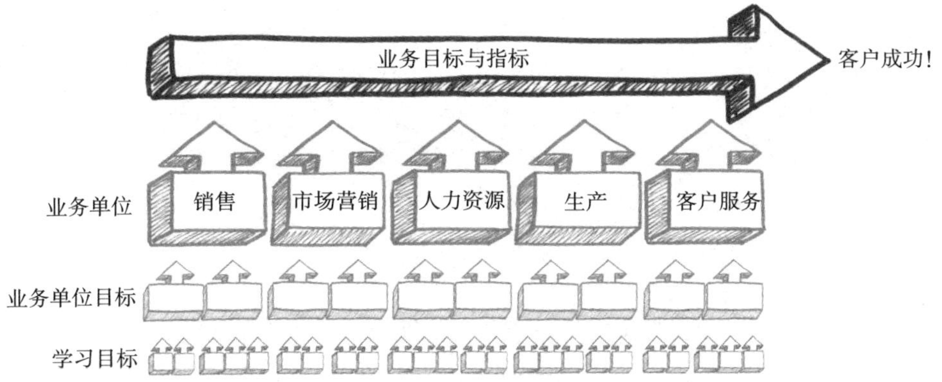

图 6D.2 开展学习项目是为了实现对组织成功至关重要的目标

组织通过人们的行动来实现成功——无论是服务客户、开发新产品、管理项目、达成销售、领导员工，还是公司（即使中小公司也是如此）要进行的上千项活动中的任何一项。人们执行这些行动的效率越高，组织就能更好地实现其目标，无论是盈利、拯救生命还是服务社会。

因此，让员工更好地、更高效地工作是公司竞争战略的重要组成部分。企业期望通过学习投资改善绩效以获得更多的回报，如增加销售额、提高客户满意度、提高员工的留存率、提高质量等（见图 6D.3）。公司开展的每一个学习项目，无论是课堂学习、电子学习、在岗学习、社会化学习、教练辅导、外出学习，还是其他学习项目，最终都是为了实现公司的目标。

所有这一切都说明，企业开展的学习项目被视为实现目标的手段——提升绩效——而不是为了学习本身而进行的。只要学习项目能够明显改善公司关键领域的绩效，业务负责人就愿意在学习项目上投入时间和资源。如果能做到这一点，那么学习与发展部门就会成为企业的战略资产；如果做不到这一点，那么学习与发展部门就会被视为成本中心，成为降低成本的目标。

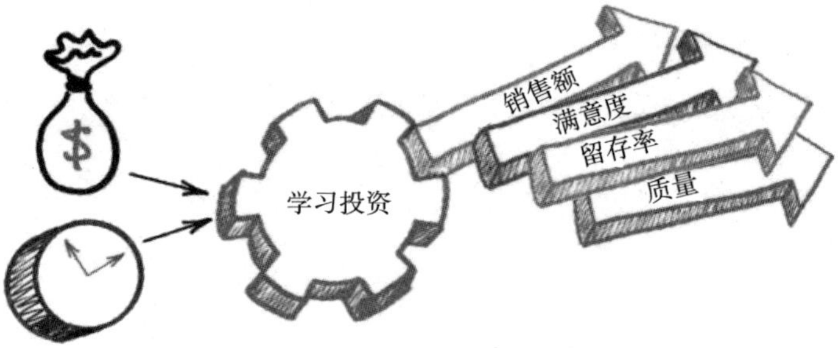

图 6D.3 企业期望通过学习投资改善绩效以获得更多的回报

这并不是说，每一项学习投入都可以立即获得财务回报，就像不是每一项研发投入都能取得技术突破一样。有些学习项目，如培养未来的领导者，是对组织可持续发展至关重要的长期投资。由于这些长期投资需要持续投入大量的时间、金钱和精力，因此明确定义目标、里程碑和进步证据更为重要。

学习目标不是业务目标。

在此需要明确一点，当我们提到“业务目标”时，并不是指“学习目标”。业务目标是组织为实现其使命和愿景而必须达成的关键绩效目标。在营利性企业中，这些目标通常被定义为关键绩效指标，这些指标被密切监控，达成后会受到奖励。企业的关键绩效指标可能包括实现一定数额的利润。对于制造企业，关键绩效指标可能包括质量、成本、产量或准时交付的生产目标。对于人力资源部门来说，关键绩效指标可能包括员工留存率或敬业度指标。对于慈善机构来说，关键绩效指标可能是受捐助的人数、捐款或志愿者人数的增长。

而学习目标定义了员工在学习体验后将掌握的知识和技能。我们认识到，精心编写的学习目标对教学设计的重要性。但我们强烈认为，仅靠学习目标无法充分传达投资的业务理由。学习目标定义了人们将学习什么，但没有说明这样做的好处。它们解释了“是什么”，但没有解释“为什么”。它们未能回答学员和业务负责人想知道的基本问题：“这个项目将如何帮助我实现目标？”

参加我们 6Ds 工作坊的学员告诉我们，他们做出的最有价值的改变是从讨论学习目标转向业务目标和关键绩效指标。这一改变不仅使设计有效的绩效干预措施变得更加容易，还有助于获得管理层的支持，这也是对结果进行有意义评估的前提。也许最重要的是，明确界定业务结果能让学习专家获得更多认可，因为这使他们能够明确展示他们对企业成功的贡献。无论是内部还是外部的培训机构，只要从学习转向绩效，都会得到管理者和学员更多的支持。

明确界定业务结果能让学习专家获得大家更多的认可。

从学习目标转向业务目标，是从被动接受订单的角色转变为值得信赖的学习顾问的关键。这一转变需要耐心和毅力，因为这需要组织转变观念。业务负责人已经习惯于将培训视为灵丹妙药，就像购买非处方止痛药或止咳药一样简单。因此，他们往往关注解决方案（培训项目）而不是问题或机会本身，并且最初很难清晰地定义真正的业务需求。

在第一法则一章中，我们强调了培训是一项能够创造商业价值的业务职能。我们提供了一系列指导原则、流程和工具，用于帮助业务部门和学习与发展部门之间达成共识，以确保学习目标与业务目标保持一致。我们强调了“从为什么开始”的重要性，并事先就定义成功标准达成一致。最后，我们还为实际应用提供了检查清单和建议。

D2 设计完整体验

最有效的学习与发展部门践行的第二法则是，设计并管理完整的学习体验，而不仅仅是一场学习“活动”。设计完整的学习体验意味着要主动规划培训前后的学习任务，而不仅仅是培训期间的任务。这一点至关重要，因为有证据表明，培训前和培训后的体验设计会对学习项目的结果产生重要影响。

一直以来，学习专家都将精力放在教学设计和讲授上，他们在很大程度上让培训之后的转化工作听天由命，只是期待有奇迹发生或者希望有学员主动去改变（见图 6D.4），这种做法是不可取的。在当今以结果为导向的商业环境中，企业需要更明确、更刻意地说明采取哪些步骤把学习转化为商业结果；坐等奇迹发生已经不再能被接受。正如 BAE 首席执行官琳达·哈德森在接受《华尔街日报》采访中所说：“如果你不去学习的话，下周你就有可能被淘汰。”

为了取得结果，必须将学习作为一个过程来设计和管理，并使用流程再造和持续改进的工具。这样做意味着要综合考虑所有能影响到结果质量的因素。在任何流程中，最终结果的质量取决于最薄弱的一环。要改进流程，就要找出目前哪些因素是常见的失败点，并系统地找到解决这些问题的方法。要改进“从学习到结果”的过程，就必须认识到，学习新技能和新知识只是绩效改进过程中的一个步骤而已（见图 6D.5）。

“你应该更加明确第二步中要做的工作。”

图 6D.4 通过设计完整体验取得结果，而不仅仅希望奇迹发生

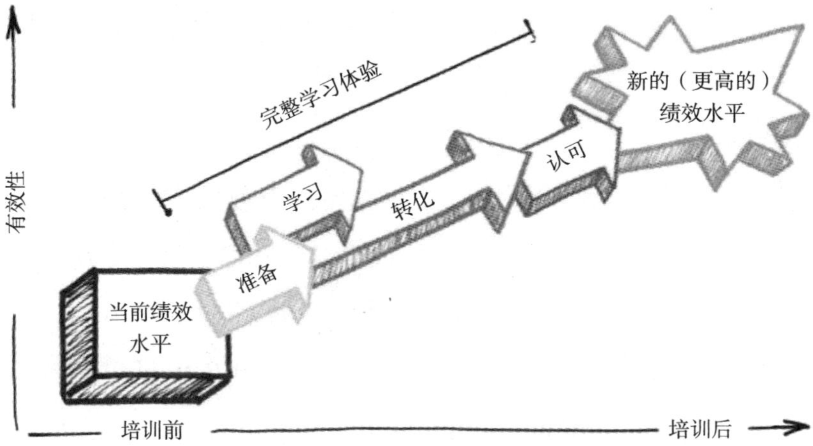

图 6D.5 学习只是将培训转化为商业结果的四个阶段之一

因此，如果学习项目在学习转化（应用）阶段出现问题，那么项目即使实现了所有的学习目标，也无法创造出任何价值。根据我们的经验，学习转化不足无疑是企业学习项目失败的首要原因，这主要是因为人们常常

忽视这个环节。高效的学习与发展部门都认识到了学习转化的重要性，并为这一环节准备好了指导、支持和问责制。

第二法则（设计完整体验）注意到，从学员的角度来看，学习体验是一个连续的过程。它始于正式课程之前，并在课程结束之后持续下去。通过观察管理者对培训的态度和学员的行为，以及绩效管理体系的考核要求，只有当学员的预期目标与学习内容一致时，学习项目才能带来真正的绩效提升。

第二法则的目的是优化学员的整体学习体验，而不仅仅是在教学过程中（如现场授课、在线课程、电子课程或在岗培训）取得学习结果。第二法则提供了一种全新的、令人兴奋且富有挑战性的学习模式，极大地扩展了学习专家的角色和责任。虽然学习专家无法控制学员在工作环境中的行为，但他们可以并且应该学会主动影响学员的工作环境，从而使他们自己、学员和他们所在组织三方受益。

第二法则的一个重要内容是重新定义学习项目的终点。大多数组织仍然在课程结束时就颁发证书或给予学分，但更有效的方法是要“移动终点线”。学员必须在工作中应用新技能和新知识并改善了绩效，这才算真正完成了学习项目。在第二法则一章中，我们探讨了完整学习体验包括哪些内容，以及哪些因素最有可能创造出更大的价值。我们提供了业务结果导向的方法和工具，这些内容对传统思维提出了挑战。

由于学习项目需要花费时间和金钱，因此，只有精心设计和管理学习项目，才能保证项目的成功，并使每一个人都能受益。践行第二法则才能真正展示学习专家的实力，并创造更多的业务结果。

D3 引导学以致用

6Ds®法则的一个核心理念是，只有在工作中进行转化应用，学习才能创造价值。无论教学效果有多好，“学员在课堂上所学的内容与回到工作中能够应用并取得成果的内容之间，还存在着巨大的鸿沟”（见图 6D.6）。除非学员能够跨越“学与做”之间的鸿沟，否则学习投资就会被浪费。

图 6D.6 “学与做”之间存在一个鸿沟，学员很难跨越

学习专家可以通过以下方式帮助员工跨越“学与做”之间的鸿沟（见图 6D.7）：采用新的学习策略，如主动学习、问题分析与解决、在职培训、技能练习和模拟训练，以缩小差距；实施绩效支持（将在第三法则一章中讨论）。

我们对很多企业开展的学习项目进行了调研分析，发现大多数项目仍然强调以记忆为导向的内容传递，过于依赖讲座、视频学习和电子化学习等被动学习方式。践行第三法则的学习专家通过采用包括间隔学习、支架式学习（脚手架）、参与式学习、预习、反思学习、精细复述和对练习的有效反馈等教学方法，取得了优于平均水平的效果。正如朱莉·迪克森所说的："好的学习体验不是关于内容的，而是关于内容的传授方式的。"

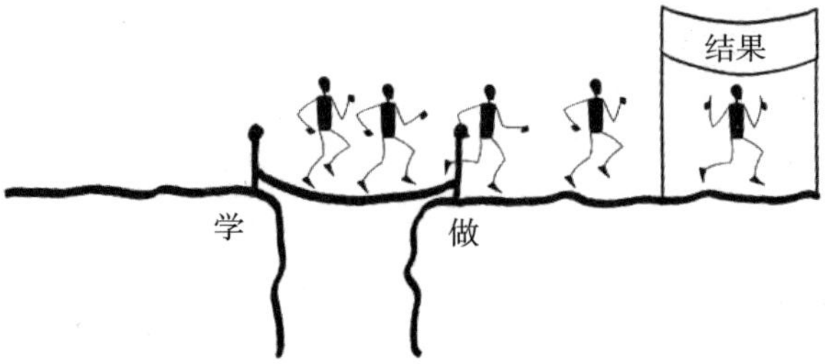

图 6D.7　第三法则有助于跨越"学与做"之间的鸿沟

与其他法则一样，第三法则的成功在很大程度上取决于第一法则所界定的业务结果目标、技能目标和关键行为目标。当员工能够清晰地看到从经验、技能、业务目标到期望结果的发展路径时，学习效果就能变得更好（见图 6D.8）。员工永远也不会怀疑"他们为什么要让我们学习这些内容"。

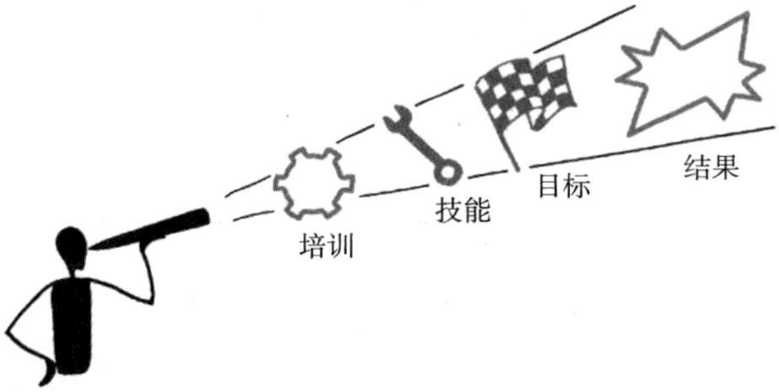

图 6D.8　当员工能够清晰地看到从经验、技能、业务目标到期望结果的发展路径时，学习效果就能变得更好

学习专家在践行第三法则时，应保持开放的心态，积极运用新的方法和技术，但同时也要避免不加鉴别地盲目跟风追求所谓时髦的方法。大家可以参考卡尔·卡帕的建议："我们应该关注学习项目可以为组织解决

在学习与发展领域，少即多。

什么问题，而不是盲目地追逐潮流。”

有效的学习与发展部门都明白这样一个道理：少即多。他们避免认知负荷超载——向学员灌输的内容过多，超出了学员在现有时间内所能理解的程度。他们也不拘泥于任何一种媒介或教学策略，而是根据主题特点、学员特征和技能需求，灵活选择适合的技术和方法。因为他们关注的是绩效改进，而不是培训本身，所以，他们愿意花费精力去研究优秀的工作辅助工具或绩效支持系统能否满足需求，最好只需少量的培训或根本不用培训就能实现业务的目标。

在第三法则一章中，我们将介绍有关学习、记忆、理解和绩效的研究成果。我们还将探讨如何让学习变得令人难忘且更具可操作性，以帮助学员跨越“学与做”之间的鸿沟。我们也将分析教学设计和实施如何影响学员的学习动机，以及如何将新技能和新知识应用到工作中。最后，我们还准备了一些工具和建议，以使学习项目更具实用性和相关性。

D4 推动学习转化

学习转化是从学习环境中获取新知识和新技能并将其应用于工作环境的过程。这是学习创造价值的重要一环（见图 6D.9）。如果缺乏有意义的学习转化，那么设计、开发和实施学习项目的所有努力都将付诸东流。

图 6D.9　学习转化是学习创造价值的重要一环

目标管理是在20世纪50年代提出的，如今大多数优秀的企业都在使用目标管理模式，形成了一套基于业务目标的制定、评估、监督和奖励的管理体系。然而，很多企业没有使用类似机制来建立学习转化体系，以制定、评估、监督和奖励整个学习项目的过程。因此，学员、管理者和学习专家都习惯于把学习项目当作一次性事件来对待；他们并不指望除参加培训课程外还能做什么。“如果你问一些人，无论是学习专家，还是局外人，当前学习项目存在的最大问题是什么，大多数人会告诉你，是培训后缺乏转化和跟进。”（见图6D.10）

图6D.10　缺乏培训后的转化和跟进，是产生学习废品的重要原因

下面这个等式说明了学习转化的重要性：

学习×转化=结果

即使学习过程非常出色（可以得到“满分10分”），如果没有学习转化（得分为0分），那么学习项目的结果也是0分。学习项目要创造更大的价值，就必须优化学习体验（主要由学习与发展部门负责）和学习转化（主要由业务部门负责）。因此，创造学习价值是学习与发展部门和业务部门的共同责任。

如果培训之后绩效没有提升，那么对企业领导者来说，“培训彻底失败了”，尽管失败往往发生在学习转化阶段。但失败发生在哪里并不重要，重要的是学习项目上的投资已经浪费（产生了学习废品）。基于这个原因，具有高影响力的学习与发展部门都会积极践行第四法则。学员回到工作岗位之后，他们会通过建立系统和流程来推动学习转化。在这个过程中，他们不会让学习转化听天由命，也不会让学员放任自流。

学习转化效果取决于组织内部的转化氛围——基于工作环境的一系列因素。转化氛围是支持还是阻碍转化，学员的直接管理者是一个非常重要的因素。因此，在践行第四法则的过程中，管理者的积极参与将起到非常重要的作用（见图 6D.11）。

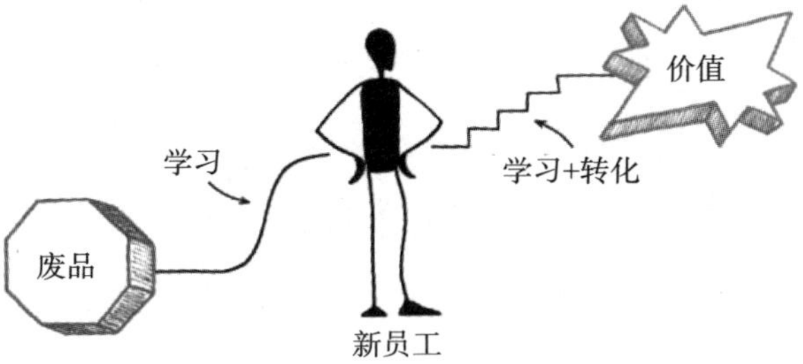

图 6D.11　如果没有学习转化，学习就是废品，它消耗资源，却不产生任何价值

在第四法则一章，我们将介绍影响学习转化氛围的因素，这些因素也决定了培训最终的成果。我们还将解释为什么仅有好的学习体验是不够的，为什么学习专家需要在提升学习转化效果方面发挥管理者的作用。我们将讨论改变传统行为模式的困难，以及为什么持续的提醒和鼓励至关重要。最后，我们将提供一些案例和行动建议，帮助你更好地提升学习转化效果。

D5 实施绩效支持

要想取得最佳绩效，员工需要在“需要时刻”获得正确的工具、信息和见解。第五法则是“从学习到结果”过程中不可或缺的一环。

绩效支持是指任何帮助员工在正确的时间以正确的方式做正确事情的工具或资源。绩效支持可以采取多种形式，从简单的纸质工作辅助工具到人工智能驱动的决策支持系统，再到人类导师和教练。新技术和几乎无处不在的互联网资源极大地扩展了提供绩效支持和在工作中持续学习的机会。因此，绩效支持在通过学习提升绩效的过程中将扮演越来越重要的角色。

绩效支持可以减少人们对记忆的依赖，而记忆本身又很容易出错。有了绩效支持，可以提高绩效改进项目成功的概率。那些学习投资回报率高的公司都会把绩效支持作为学习项目的一个不可或缺的要素，并在培训期间和培训之后都提供相应的支持。

尝试新事物总是伴随着失败的风险。在培训过程中看似简单的内容，在实践中却面临着巨大的挑战，具体步骤和操作方法可能会被忘记。正确的绩效支持可以增加员工初次应用新技能和新知识的信心和勇气。此外，早期的成功会极大地鼓舞员工士气，从而实现绩效改进的目标（见图 6D.12）。

此外，精心设计、有的放矢的绩效支持可以减少对培训的需求，甚至可能完全不需要培训。如果绩效支持工具能让员工只需很少的培训甚至无须培训就能圆满完成工作，就应该首先选择绩效支持。“把钱花在刀刃上”，企业会将宝贵的学习时间和资源重新分配，用在更有价值的学习项目上。我们需要记住：目标是提升绩效，而不是为了培训而培训。

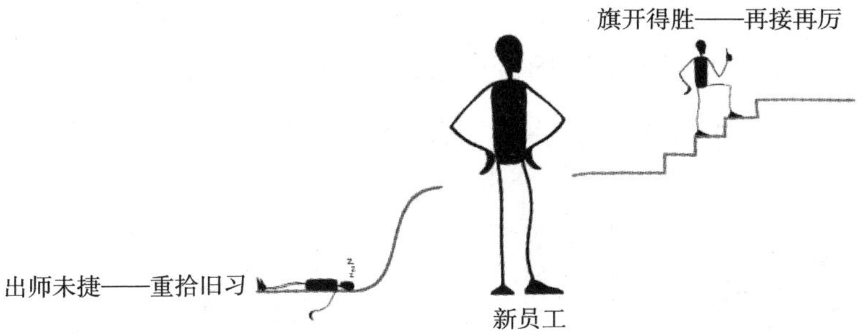

图 6D.12　旗开得胜，士气大振；出师未捷，一蹶不振

在第五法则一章中，我们就产品支持与绩效支持进行了类比。消费品公司都清楚，高质量的产品支持对客户满意度至关重要，它是完整客户体验的一部分。我们认为，学习项目也是如此，绩效支持是学习体验不可或缺的一部分。我们研究了优秀绩效支持的特点，以及在什么时候可以创造更多的价值。我们强调了为学员的上级经理提供绩效支持的重要性，因为管理者决定了培训的成败。我们还准备了实际建议和行动指南，以实施更有效的绩效支持。

D6 总结培训效果

每项投资都必须从其对组织使命和可持续性的贡献角度进行最终决策。领导者负有投资管理公司资源（时间、人力和资金）的责任，投资原则是必须确保公司的长期成功。即使在非常成功的公司，资源也是有限的，因此，领导者必须在众多相互竞争的需求和机会中做出选择（见图6D.13）。学习与发展部门需要与其他部门一起竞争公司的潜在投资机会，由于以往项目的结果会影响未来投资决策，学习与发展部门必须践行第六法则“总结培训效果”。也就是说，他们必须给企业领导者提供可信的、有意义的证据，对学习项目的成果进行衡量、分析、评估和总结。

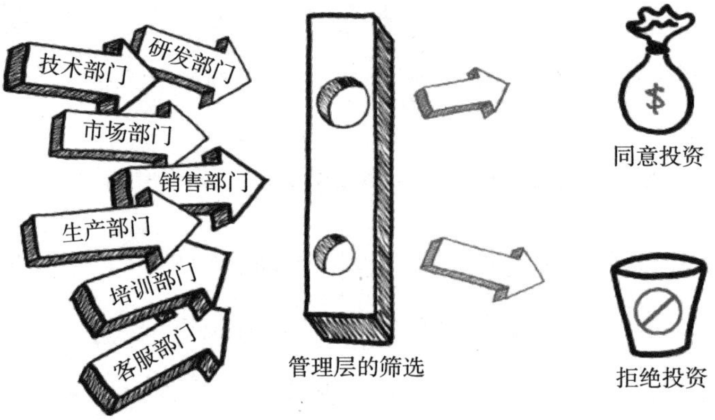

图6D.13　管理者掌管着项目的生杀大权

作为企业领导者，需要对要开展的项目提出两个问题：

- 做得怎么样？
- 现在怎么办？

无论是营销计划、促销活动、技术升级还是培训项目，都是如此。当我们问“做得怎么样？”时，我们想知道的是：“这些努力是否带来了变化？你是怎么知道的？”当问“现在怎么办？”时，我们的意思是：“你对未来有什么建议？我们应该做得更多，还是更少，还需要做出哪些改变？”学习专家要想赢得组织的持续投资和业务负责人的尊重，就必须回答好这两个问题。

这两个问题都很重要，但“现在怎么办？”这个问题更为关键，因为它着眼于未来。之前在项目上花费的时间和金钱已经一去不复返了，成为沉没成本。现在需要思考的是，继续加大投资能否产生更多的回报，这就需要对项目的成功以及所涉及的流程进行严格的评估。

总结培训效果有两个目的：

- 证明已经创造出来的价值。
- 为未来创造更大的价值，如乔什·贝尔辛所说的：“为未来获得可操作的改进信息。”

学习专家不仅要展示与业务相关的结果，还要提出符合公司——不一定是培训部门——最大利益的行动指南。如果学习项目的价值不能覆盖其成本，建议立刻终止该项目。

为了支持证明和持续提高培训价值的两个目标，重要的结果是在工作中的结果，而不是培训结束时的结果（见图 6D.14）。一项学习体验可能会受到好评并实现其所有学习目标，但如果它不能以产生比时间、金钱和机会成本更多价值的方式应用，则对公司来说仍然是净损失。因为转化对于学习创造价值来说是至关重要的，所以一个有意义的评估必须包括对转化氛围的评估。

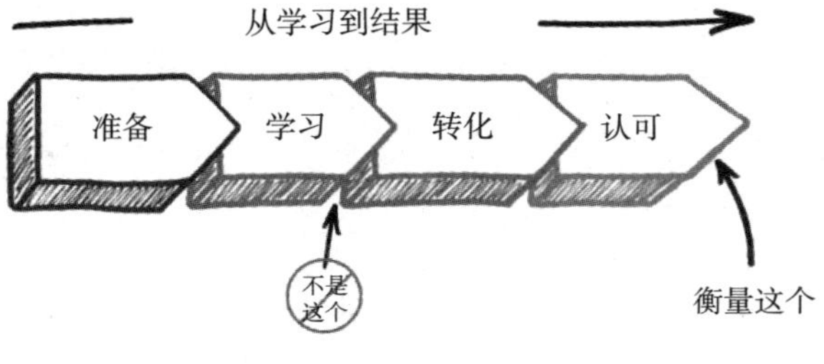

图 6D.14　领导层真正关心的是，学习是否达到了提升绩效的目标

在当今充满挑战的经济环境中保持竞争力，要求组织作为一个整体及其员工都要继续学习和改进。如果你的竞争对手在进步而你原地踏步，他们很快就会超过你，最终你会被淘汰出局（见图 6D.15）。企业要想在市场竞争中获胜，就必须不断提高所有流程（包括学习与发展）的有效性和效率。学习与发展部门在这一过程中扮演着至关重要的角色。事实上，学习与发展部门应该成为持续学习和改进的标杆。

图 6D.15　如果你的竞争对手在进步而你原地踏步，他们很快就会超过你，最终你会被淘汰出局

由于缺乏相关数据，不清楚哪些活动创造了价值，哪些活动正在生产废品，因此，第六法则是为持续学习、创新、调整和改善循环提供支持的关键。我们需要根据上一个项目的成果，为下一个周期界定业务结果、设计完整体验、引导学以致用、推动学习转化、实施绩效支持和再次总结培训效果（见图 6D.16）。这是一个不断创新、不断完善的循环，要让企业跟上变幻莫测的竞争环境、人员变动、技术创新和业务需求，学习与发展部门应当与时俱进。

在第六法则一章中，我们分析了为什么学习与发展部门必须与其他部门一样要总结培训效果。我们区分了评价学习项目的指标（如时间安排、成本、学员反馈和学习内容等），以及企业真正关心的问题（绩效是否有所提升）。我们阐释了为什么没有“放之四海而皆准”的评估策略——评估策略必须结合项目的目的、成本和公司核心战略。我们为项目评估总结了四个指导原则，并就评估什么、如何收集和分析数据，以及如何推广评估结果和建立学习品牌提出了建议。

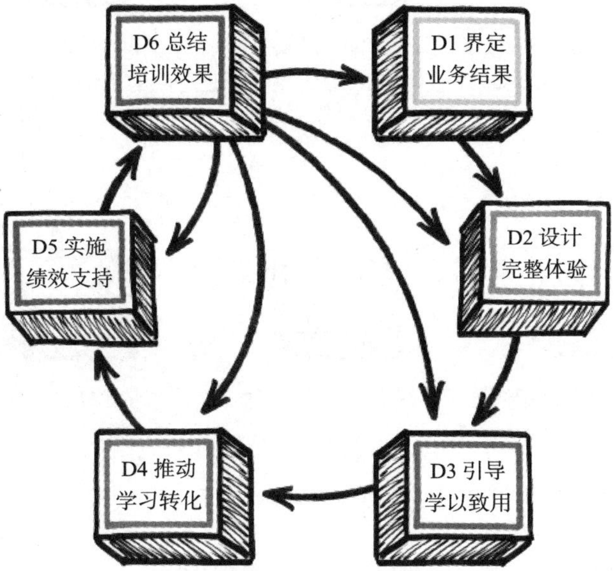

图 6D.16　根据上一个项目的成果策划下一个项目

小结

组织进行学习投资，旨在提升人力资本的效能，进而增强其实现愿景与使命的能力。管理层肩负受托责任与道德责任，确保此类投资能够带来绩效提升、增强竞争力以及促进可持续发展等方面的回报。

6Ds®法则能够助力学习项目取得突破性、高价值的成果（见图6D.17）。通过践行6Ds®法则，学习专家提升了学习对企业成功的贡献，因此，他们也获得了业务负责人的广泛认可与支持（见案例6D.2）。

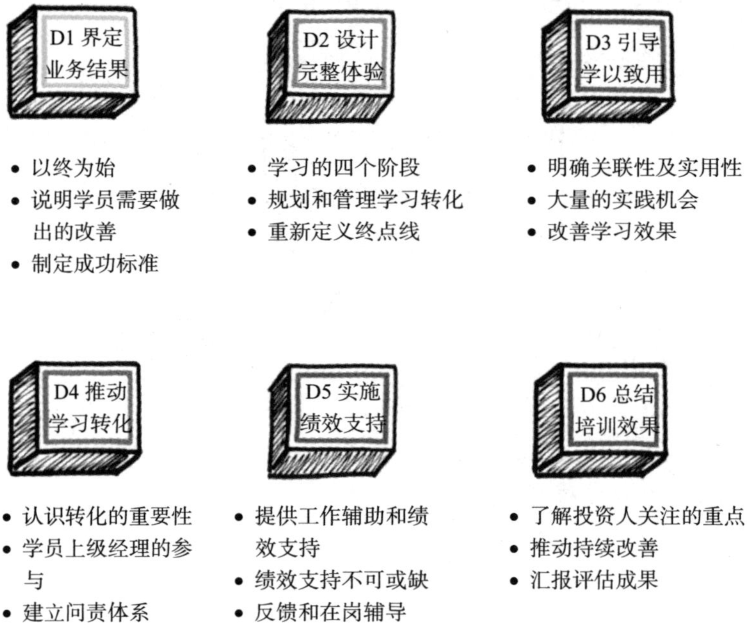

图6D.17　6Ds®法则的总结

案例6D.2　应用6Ds®法则

塞尔古·迪，可口可乐HBC（罗马尼亚）销售能力负责人

可口可乐HBC是一家以增长为导向的消费包装品公司，也是可口可乐公司的战略性装瓶合作伙伴，业务遍及爱尔兰西海岸、中欧和东欧以及最南端的尼日利亚等29个国家和地区。

作为一家以增长为导向的消费品公司，可口可乐HBC的成功取决于高质量的产品和让客户满意的服务。为了实现这些目标，可口可乐 HBC 在员工学习项目方面投入了大量资源。

其中一项重要举措是为销售团队领导提供在职培训项目，以提升他们的销售和客户服务的能力。鉴于该项目的战略重要性，我应用了 6Ds®法则来设计这个学习项目。

从第一法则“界定业务结果”开始。我与项目发起人会面，通过结果规划轮，与项目发起人达成了共识并界定了业务结果、需要改变的行为、衡量的标准以及预期的结果。随后，我与商业卓越部门四位领导沟通了这些信息，我们决定共同推出一款新的 App，可以简化销售团队领导的工作并为他们提供有效的绩效支持。

我为参加培训的学员、销售团队领导、区域销售经理和全国销售经理设计了完整学习体验（第二法则），充分考虑了效率提升、团队影响力和绩效改进。我还重点设计了一个课程，向销售团队领导介绍 App 的好处，这对推广 App 非常有效。我进一步强调，如果项目成功就可以为他们及团队赢得更高的奖金。这需要他们在工作中积极主动地应用 App。

教学和相关活动都侧重于应用第三法则（引导学以致用）。它们包括：为销售团队领导提供的关于在职培训流程及其好处的正式培训；针对区域经理的学习项目；每周任务，目的是探索报告、执行简单和复杂任务，并将任务与工作联系起来。

为了激励学员积极回答“我愿意吗？”这个问题，我创建了一个游戏化过程，在这个过程中每个销售团队领导都可以获得积分，从而在他们的同事、团队和高管团队面前获得认可。

认识到了学习转化的重要性（第四法则），我对学习转化氛围进行了评估，确定了需要改进的领域，并与销售经理一起举行了焦点小组会议，讨论了他们的期望和下一年的工作规划，并为他们提供了具体、实用且简短的建议，以支持学习转化。

在实施绩效支持（第五法则）方面，我与我的团队：

- 制定了一个循序渐进的学习过程，每一个步骤都清晰明了。
- 开发了工作辅助工具，以帮助学员应用最佳实践。
- 在技术团队的帮助下，开发了一个新的App，让销售团队领导使用起来更加方便和高效。
- 为所有学员提供持续的支持，并对他们提出的问题给予专业的回答。
- 建立在线支持社区，有问题的学员可以在社区里寻求帮助，还可以分享自己的见解。
- 通过每月的表彰会、电子邮件或口头表扬，持续对员工进行激励和精神奖励。

销售团队领导在培养下属时使用该App的比例高达97%，这充分证明了该项目的成功。

这次项目让我明白，将所有事情都安排在一个清晰的框架内是多么重要。第一法则和第二法则的规划使我能够更自信地与项目发起人和业务负责人进行交流，并获得他们的信任，让他们知道这个项目要取得成功需要做些什么。我给其他学习专家的建议是，虽然最初应用6Ds®法则的时候看起来很难，但是按照步骤逐一进行即可。通过从结果规划轮开始，我感觉充满了力量，做好了准备更深入地应用其他法则。

我们在帮助企业实施6Ds®法则方面积累了丰富经验，有信心更好地推动员工、学习与发展部门以及组织的成长。我们坚信，本书所提供的理念与建议将助力你把握机遇，创造更加卓越的成就。

行动指南

致学习负责人

- 与团队的其他成员共同学习并讨论这本书。这本书对你的工作可能带来哪些影响？
- 考虑对整个团队进行 6Ds®法则的培训，以建立共识。
- 本章中的哪些观点你认为你的领导需要了解，选择合适的时机与你的领导分享这些观点。
- 将 6Ds®法则融入你的项目和工作流程中，养成习惯后，6Ds®法则才能发挥最佳效果。
- 选择你负责的比较重要的学习项目。
  - 你首先需要确认培训是否为最佳解决方案。
  - 如果是，则使用 6Ds®法则应用计分卡（示例 6D.1）来确定哪一项法则可以带来最大的绩效改进。
- 从最近开展的具有影响力的项目中，对部分学员进行抽样调查。
  - 他们是否在工作中应用了所学的内容？如果没有，原因是什么？
  - 依据本书相关章节制定改进计划。
- 向领导团队汇报调研报告、项目目标、行动计划和业务依据。
  - 申请所需资源和相关支持，启动行动计划。
  - 评估和复盘项目结果，以推动持续改进。

致业务负责人

- 写下你对战略性学习项目的期望。
- 对当前项目结果的满意度进行评估，并与学习负责人进行交流。
- 在本章中选出你认为你的领导需要了解的观点，并与他们分享这些观点（除非是他们把这本书交给你的！）。
- 使用6Ds®法则应用计分卡对具有战略意义的学习项目进行评分。请你的学习负责人也进行评分，并对比双方的分数。
  - 共同制定改进计划。

示例6D.1

6Ds®法则应用计分卡

使用6Ds®法则应用计分卡评估学习项目，并寻找改进机会。在回答问题时，请选择最符合项目实际情况的选项：

0＝ 完全不符合　　1＝ 不太符合　　2＝ 部分符合

3＝ 基本符合　　4＝ 完全符合

		0	1	2	3	4
界定业务结果	1. 很好地了解业务目标，对预期的培训结果有明确的定义和衡量标准					
	2. 根据预期行动和业务影响（而不仅仅是学习目标），向学员及其管理者沟通课程目标					
设计完整体验	3. 教学设计包括教学前准备和教学后跟进的具体举措					
	4. 学员只有在工作中成功应用新技能和新知识，并改善了绩效才是培训项目的“终点线”					

续表

		0	1	2	3	4
引导学以致用	5. 培训的认知负荷是可控的，要有足够的时间让学员练习，并提供反馈，以帮助学员能够熟练掌握					
	6. 每个主题和每项练习均设有清晰路径，直指所需行为与业务结果。同时，我们积极收集学员对项目实用性的反馈，并据此采取相应行动					
推动学习转化	7. 项目结束后，定期向学员发送提醒，以鼓励他们反思、记忆和应用所学知识					
	8. 培训结束后，学员的上级经理积极参与学习转化阶段的活动，并对学员的应用情况进行监督和支持					
实施绩效支持	9. 学习项目设计包括培训后的绩效支持，根据学员的需要提供工作辅助工具、专家帮助、教练指导以及其他必要的支持，以推动学习转化					
	10. 课程结束后，学员坚持相互学习，推动相互之间的交流和最佳实践的分享					
总结培训效果	11. 在培训开始前与决策者界定预期的业务结果，并以此为标准，在项目结束后对学员在工作中的应用过程和成果进行评估					
	12. 主动收集、分析并处理数据，为项目的准备、教学实施及学习转化的持续改进提供有力支持					

D1

第一法则

界定业务结果

无论提供何种学习内容，都必须完全对齐并助力组织战略目标的实现。

——奈杰尔·佩恩

毫无疑问，界定业务结果是最重要的一个法则——在投资任何学习项目之前，都要明确界定预期的业务结果。你必须明确这项工作要实现的目标，因为正如戴维·坎贝尔所说："如果你不知道要去哪里，可能会到达另一个地方。"对于学习与发展而言，到达另一个地方就意味着你所投入的所有时间和资源都将付诸东流。

在本章中，我们将探讨为什么以业务结果为出发点如此重要，以及如何才能很好地践行这一法则。本章的主要内容包括：

- 以终为始。
- 如何界定业务结果。
- 结果规划轮。
- 学习目标不是业务目标。
- 管理学习项目组合。
- 第一法则的检查清单。
- 行动指南。

以终为始

用斯蒂芬·柯维那句名言来说，学习创造价值的第一步，也是最关键的一步，就是"以终为始"。你希望实现什么样的目标？对于企业学习来说，这意味着首先要确定绩效目标，然后再逆向确定人们需要学习什么才能实现这些目标（见图 D1.1）。

图 D1.1　从为什么开始，然后引申到做什么和怎么做

本书讲的是在企业环境中的学习与发展，与高等教育不同。企业环境中的学习与发展是一项有目的的活动，旨在通过学习项目实现业务目标。如果学习能够帮助企业实现目标，学习就有了价值，并且值得去投资。如果学习能够给个人或社会带来巨大价值，但与企业目标无关，无法为企业创造价值，那么这类学习就不值得投资。

管理学大师彼得·德鲁克将上述观点归纳如下：

> 在制定任何决策、采取任何行动时，管理层都必须把经济效益放在首位。管理层只能以所创造的经济成果来证明自己存在的价值和权威性。企业也可能产生大量非经济成果，如为员工带来幸福感、对社区的福利和文化有所贡献等，但是，如果未能创造经济成果，就是管理的失败。如果管理层不能以客户支付的价格提供客户需要的产品和服务，就是管理的失败。如果管理层未能令交付于他们的经济资源增值或至少保持不变，也是管理的失败。

德鲁克认为，“令交付于他们的经济资源增值或至少保持不变”是管理者的职责。无论组织有没有设定利润指标都应如此。有时，企业预期的学习结果非常直观且明显，例如，培训销售人员如何介绍新产品的优势。有时，预期的结果就不那么直接而且是长期的，例如，让管理者学会如何更有效地提供反馈，从而留住人才，降低人才流动的成本。总而言之，由企业组织和发起的学习项目，必须与企业的预期结果保持一致。

除非对你有明确的要求，需要首先界定学习项目的业务结果（以终为始），否则在设计教学或使用新技术时，人们很容易忽视业务目标。对于领导力发展、安全、多样性和包容性这些具有道德和价值导向的项目来说，尤其如此。即使是这类项目，也需要有与组织使命相关的可操作目标。

人们很容易忽视学习项目的业务目标。

通用磨坊公司首席学习官凯文·王尔德根据他的经验，分享了一个管理发展项目的案例：

> 一个才华横溢且勤奋的培训团队设计了一门完善的课程：学习活动精确到分钟、世界一流的外部师资、最先进的虚拟仿真技术——这一切都是以具体的学习目标为基础的。但是，这个团队没有首先明确公司将如何从这些课程中获益，从而导致了失败。我也曾犯过类似的错误——我们一心只想着设计出最好的学习项目，却没有意识到这一切都需要建立在真实业务的基础上。当这种情况发生时，最后的结果让我备感挫折，离我预想的学习效果差了十万八千里。

如何界定业务结果

理解学习项目的业务目标对组织成功至关重要。但如何明确企业真正希望通过培训实现什么目标呢？答案是显而易见的：询问业务负责人。但这并不像听起来那么简单，原因有几个。许多业务负责人已经习惯于像点外卖一样做培训，他们下单订购他们想要的内容，并指定交付时间（见图D1.2）。他们可能没有深入思考“我们需要一个培训项目”之外的目标，也可能难以清晰地表达他们真正想要的是什么。要成为值得信赖的学习顾问，你需要停止被动地接受培训订单，而是帮助业务负责人明确他们希望实现的目标（见专家视角D1.1）。

“抓紧时间，我们得组织一次领导力发展项目，
这样我在周五的董事会上就有东西宣布了。”

图D1.2　许多业务负责人像点外卖一样做培训

专家视角D1.1

抓住一切机会提供绩效支持

基思·基廷，教育学博士，BDO首席学习官

自正式职场学习兴起以来，学习与发展部门一直在听从他人的指令。当别人在组织中发号施令、做决策，并且告诉我们该使用何种学习干预措施时，我们只能无能为力。

我们可以选择安全且舒适的老路，继续做被动接受订单的角色；或者我们可以主动挑战现状，成为利益相关人、学员和组织所期望的变革推动

者，也就是值得信赖的学习顾问——组织期望我们成为分析问题、解决问题和提供有价值解决方案的领导者。

值得信赖的学习顾问作为组织的战略业务合作伙伴，与利益相关人紧密合作。他们不会告诉利益相关人该做什么，而是引导利益相关人找到正确的解决方案。

要成为一名值得信赖的学习顾问，必须具备以下特质：

- 站在利益相关人的立场做事。
- 投入时间和精力去理解利益相关人。
- 小心对待利益相关人的需求和背景。
- 始终如一为利益相关人增加价值。
- 能够在必要时主动对利益相关人提出建设性的意见，站出来说："也许有更好的办法来解决这个问题，原因如下。我们可以来帮助你。"

作为一名值得信赖的学习顾问，你的目标是持续推动为组织创造更多的价值。你不仅是学习项目的组织者，还是组织战略的推动者，通过纵观全局设计出适合的解决方案，明确对组织可持续发展的意义，以及如何采取最佳的方式去实施。

要成为一名值得信赖的学习顾问，首先就要相信自己能做到，并且坚信自己一定能做到。但是，你需要改变你的心智模式：

- 勇于接受变革。
- 主动采纳外部观点。
- 培养新的习惯。
- 具备学习顾问的特质和专业能力。

虽然组织把你视为“值得信赖的学习顾问”，但你要真正获得认可还需要取决于你的行为、专业知识和信念。

从被动执行者转变为业务部门值得信赖的学习顾问的关键做法包括：

- 将自己主动融入业务之中。
- 提高你的商业敏锐度。
- 更加关注关键业务和绩效指标，如季度的销售数据、客户服务的净推荐值、安全事故率等。
- 参加更多的业务交流会议。
- 主动识别员工对新技能的学习需求，并制定出相关举措。
- 建立学习与公司战略之间的联系。
- 在与利益相关人交流时，避免使用学习与发展的专业术语，而使用与业务相关的话语体系。

在知识经济和创新驱动的未来，学习与发展部门需要重新定义自己的角色，从培训组织者转变为组织学习的设计师。作为“值得信赖的学习顾问”，学习专家需要帮助组织培养和发展人才，以满足不断变化的需求，而不仅仅是提供传统的培训课程。

学习拥有改变生活的力量，你的学员需要你的支持和帮助。转变成为“值得信赖的学习顾问”能够帮你实现自身价值和拥有更好的未来。作为“值得信赖的学习顾问”，你不仅需要提供培训，还需要为学员提供长期的支持和指导，推动个人和组织的成功。

为此，你需要提升主动倾听和咨询的技能。尤其是你需要提出好的问题，帮助领导者更深入地思考他们的“目的”。QBQ（问题背后的问题）的创始人约翰·米勒曾指出：“答案就在问题中……如果我们提出更好的问题，就能得到更好的答案。”在后面的“结果规划轮”部分，我们对要提出什么问题给予了建议。罗宾逊夫妇的著作《绩效咨询》（该书第 3 版由电子工业出版社在 2023 年出版）也提供了一些有用的建议，探讨了如何从关注培训转向关注业务需求和绩效结果。

如何加深对业务的了解

学习专家常常感到沮丧的是，他们只是被视为培训的接单员，在管理层没有什么话语权。但是，管理层的话语权必须自己争取。若要从接单员转变为值得信赖的学习顾问，你需要加深对业务以及你所要服务部门的了解，这样你才能为业务发展做出贡献，并提出明智的建议（见图 D1.3）。

“如果安德森是 CEO、怀亚特是 CFO、你是 COO，
那我是谁，我在这里做什么？”

图 D1.3　学习专家要想在管理层拥有话语权，就必须清楚地知道他们为什么会在这里

> 卓越的可信度来自你对客户的了解。

若要掌握业务知识，没必要去读 MBA。你只需要对企业创造价值的过程保持强烈的求知欲和真诚的兴趣即可，并且愿意投入时间和精力在其中。这份投入会给你带来丰厚的回报，包括效率提升、成就显著以及业务伙伴的尊重。

作为一名学习专家，你需要具备教学设计、成人学习理论、学习技术等方面的专业知识，但是，只有这些还不足以让你成为业务部门的战略合作伙伴。若要被视为组织成功的重要贡献者，你必须掌握业务的话语体系，理解企业面临的具体挑战。杰夫·瑟尔在《掌握复杂的销售》一书中指出："仅仅依靠对自己解决方案的了解只能满足客户的预期，而真正赢得客户信任的是你对他们需求的深刻理解和关怀。"

首要任务是认真阅读业务部门的业务资料和战略规划。大多数比较完善的业务资料都包括SWOT分析（优势、劣势、机会、威胁），你要特别关注组织面临的关键机会和威胁。根据业务资料有针对性地进行学习和研究，将大大有助于你从同行中脱颖而出。

在学习和研究业务资料的过程中，你可以利用互联网或专业图书来帮助你更好地理解不熟悉的术语，也可以向导师或同事请教。此外，你还可以申请旁听预算审批和业务讨论会议。逐渐地，在耳濡目染之中，你将学到许多行业术语和商业概念。

当你将学习项目与具体的业务需求联系起来之后，你会得到学员及其管理者更多的认可。践行6Ds®法则的学习与发展部门发现，当他们把关注点转到业务结果后，会得到管理层更多的支持。甲骨文公司的帕特里夏·格雷戈里和史蒂夫·阿克拉姆指出：

> 有数据能够证明这一转变的价值：当我们刚刚开始将关注点从课程本身转向业务需求的时候，70%的销售培训项目是需要公开招生，只有30%的项目是由业务部门主动发起的。经过几年的运行之后，这个比例已经完全颠倒过来了：70%的项目是业务部门主动发起的，只有30%的项目还需要公开招生。

另一组数据也很有说服力。由于我们能很好地提前明确业务需求，并总结学习项目给业务带来的结果，因此我们接到了更多的培训项目。如今，培训部门已经被视为业务的合作伙伴，而不仅仅是培训项目的参与者。由于我们能更早地介入前期的讨论，获得了更多来自管理层的支持，而且我们的建议也得到了更多重视。

你应该知道的

示例 D1.1 列出了我们认为每个学习专家都应该回答的问题。你能回答吗？

示例 D1.1

业务知识自测题

请回答以下关于业务知识的问题：

1. 我们公司最重要的收入来源是：
2. 我们公司最重要的业务驱动因素是：
3. 我们公司的核心战略是（列出清单）：
4. 我们公司的主要竞争对手是：
5. 我们公司面临的最大威胁是：
6. 我们公司面临的最大人力资本挑战是：

为什么你应该知道这些事情

对业务知识自测题的分析见示例 D1.2。

示例 D1.2

对业务知识自测题的分析

1. 我们公司最重要的收入来源是：

在任何企业中，某些产品或客户群体往往比其他产品或客户群体更具盈利能力，或在企业的业务收入中所占份额更大。你必须了解这些产品或客户群体的情况，以便合理安排学习资源。即使是非营利性组织，也需要依赖客户带来的业务收入。重要的是，永远不要忘记客户是谁，以及他们的需求是什么。

2. 我们公司最重要的业务驱动因素是：

企业普遍面临持续增长的要求。增长来自哪里？是新产品、新市场，还是在现有市场中获取更多份额？公司的学习与发展策略应与业务增长战略保持一致。如果业务战略侧重于推广新产品，那么就需要培训销售人员掌握如何介绍产品优势和特点的技能。客户服务团队也需要接受如何支持新产品销售的培训。如果公司的发展战略是扩大市场份额，那么就需要培训员工提升比竞争对手更强的销售能力。

3. 我们公司的核心战略是（列出清单）：

管理良好的公司通常有几项核心战略，如创新、优质客户服务、低成本制造、零缺陷等。对于学习专家而言，了解这些战略至关重要，以便将学习项目与公司的核心战略相结合。学习与发展策略和业务战略之间的联系越紧密，就越有吸引力，学习项目也会得到更多的支持。

4. 我们公司的主要竞争对手是：

所有公司都有竞争对手。这些竞争对手可能是其他公司或产品，也可能是“不消费”的选择，例如，在家做饭而不是外出就餐，或者继续开旧车而不是购买新车。当公司从竞争对手手中抢夺市场份额时，公司就会实现增长；而当客户被竞争对手抢走时，公司就会面临衰退。因此，你需要清楚地知道公司的主要竞争对手是谁，以及公司拥有或可以创造的优势有哪些。在服务业，培训在维持和创造竞争优势方面发挥着极其重要的作用。

5. 我们公司面临的最大威胁是：

一份完善的商业计划中会包含一个部分，专门考虑组织在业务开展和实现成功过程中面临的主要威胁。其中一些威胁是外部的，如原材料价格上涨或政策法规的变化。这些威胁需要应急预案并提前做好准备。另一些威胁涉及人力资本，如失去顶尖人才或无法找到足够多合格的技术人员。正确的学习与发展策略有助于减少这些威胁。专门设计用于应对已识别的人力资本威胁的干预措施将获得管理层的强力支持。

6. 我们公司面临的最大人力资本挑战是：

在当今经济环境下，几乎每家公司都在努力招聘足够多的合格员工，让他们能快速胜任工作，并留住他们。学习专家应该清楚哪些人力资本挑战是业务负责人最为关注的，以及其中哪些可以通过学习项目来解决。

实际应用

- 要想获得话语权，就得深入研究业务挑战及行业术语。
- 要使用业务语言与业务负责人沟通，避免使用学习或人力资源的专业术语。
- “关联要点”——学习项目要与核心业务战略或关注点关联起来。

结果规划轮

虽然对业务的了解对你很重要，但你还需要更具体的信息来设计学习项目。6Ds®法则结果规划轮™（见图 D1.4，简称结果规划轮）是一个经过实践验证的、极具价值的工具。许多 6Ds 工作坊的学员告诉我们，这是他们学到的最有价值的工具之一。

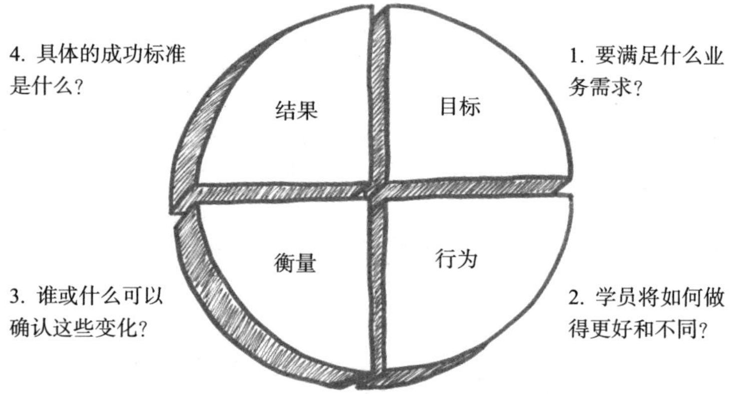

图 D1.4　结果规划轮的四个问题

在你与业务负责人进行沟通之前，你可以使用结果规划轮架构起一个沟通框架，推动双方就学习项目的最终结果及评估标准达成共识。《将培训转化为商业结果实践手册》（该书已由电子工业出版社出版）中收录了大量使用结果规划轮获得成功的案例。

我们建议，无论你是在企业学习与发展部门，还是在外部培训机构，当别人请你做培训项目时，你可以先问对方四个问题。这种情形大概如下：

业务负责人："我想做一场关于'X'的培训项目。"

学习专家："我们能帮助你解决这一问题。"

这时，无论培训是不是合适的解决方案，你都要肯定地表示自己能够提供帮助。这一点非常重要。不过，你不要承诺培训一定是解决方案。斯托洛维奇和吉普斯建议，在遇到这种情况时使用"我们能帮助你解决这一问题"作为回应，因为这句话传递了友好、鼓舞、支持等信息，它既展示了你的兴趣，又不会做出任何培训承诺。这才是真正专业的回答。

不要轻易承诺提供培训，这一点很重要，因为你还没有足够的信息来确定培训是不是正确的解决方案。正如我们在"6Ds®法则的核心理念"中所讨论的，导致绩效不佳的潜在原因有很多，但只有缺乏知识和技能才能通过培训来解决。避免不必要或不恰当的培训，与在组织开展有效的培训同样重要。

一旦你表明愿意并有能力提供帮助（但不一定是培训），你就可以转而扮演绩效顾问的角色，可以采取下面的方式进行交流：

"培训需要时间和金钱投入。我们需要确保你的投入一定能得到回报。所以，我们对你的业务挑战和预期目标了解得越多，越能设计出有效的培训项目。你愿意花一点时间回答几个问题并提供一些额外信息吗？"

当你以这种方式交流时，管理者很难说"不"，因为你已经表明自己是为他们获得更多利益着想。你与他们站在了同一阵线，也就是说，你与他们合作，而不是反对他们，为了实现一个共同的目标。

如果业务负责人同意马上开始讨论，你一定要抓住机会。如果他们没时间，你可以在之后安排一个30分钟的讨论时间。在会面之前，你需要做足功课，回顾一下业务资料或相关文件，包括业务需求的面谈指南（见示例D1.3）。

示例D1.3

业务需求的面谈指南

1. 准备

- 提前安排好与业务负责人的面谈，明确目的和所需时间。
- 做好功课：阅读相关的业务规划、报告和相关材料。
- 回顾一下就这一主题曾做过哪些培训。这是第一次培训，还是再次培训？
- 明确自己想从面谈中得到什么，需要回答什么问题。
- 让业务负责人知道你想问什么问题以及为什么要问这些问题。

2. 面谈

准时开始。

遵循经典的销售拜访开场：见面问候，陈述价值，提出议程，达成一致。例如，可以说：

> “感谢你在百忙之中抽出时间与我交流。此次讨论的目的是了解你希望从此次培训中实现的目标，以便我们能提供有效的解决方案。我想问你一些关于期望结果以及你对具体成功标准定义的问题。你看这样可以吗？还有没有什么需要我进一步解释的？”

简要讲述一下你当前对项目的理解，然后请他对你的理解做出回应：

“从我目前了解到的情况来看，你希望完成的最重要的事项似乎包括X、Y和Z。不知我是否遗漏了什么？”

使用结果规划轮来确定业务需求、期望的行为、评估变化的依据和成功标准。

使用开放式问题，必要时可以重复对方的话，以确认理解是否准确：“你刚才说的是……，我没有理解错吧？”

探讨更深层次的问题：“你能否进一步阐述一下出现这种情况的原因？”

准时结束。如果还有一些问题需要澄清，可安排后续交流或通过电子邮件解决。

3. 跟进

面谈结束后，立即以书面形式总结交流的情况。跟进备忘录模板见示例D1.4。向业务负责人致谢，并附上你所做的总结。

这样做的目的包括：

- 记录交流内容并进行总结，能够帮助你对所获知的内容进行反思，并起到加强记忆的作用。
- 该记录将在你执行整个学习项目的过程中起到关键的参考作用。
- 你的总结向业务负责人表明你非常重视他给予的时间和意见。
- 最后，与业务负责人分享你所做的总结，让他有机会对可能的疏忽或误解进行纠正，这对你完善解决方案有很大帮助。

示例 D1.4

跟进备忘录模板

日期：

主题：面谈总结

尊敬的________：

感谢你昨天能抽出时间和我讨论__________项目。为了确认我对业务需求和项目成果的理解正确无误，本人特别整理了这份备忘录供你参考。

此次培训项目需要满足的业务需求为________。因此，项目的预期业务结果包括：________。

如果培训及后续应用转化能够成功，学员在工作中表现出_________和（提升/降低）等变化。

评估这些变化的依据和标准分别是________和________。

为了确保这些变化发生，员工的管理者需要采取以下措施：________；同时，需要对工作环境进行以下调整：________。

如果项目能够满足________标准，就可以认定项目成功。

如果以上总结存在任何问题，或者需要更改或增删内容，请随时联系我。再次感谢你为优化项目成果所做的贡献。

此致

敬礼

使用结果规划轮既是一门科学，又是一门艺术。说它是科学，是因为你可以通过问题架构起整个面谈流程，将讨论的重点从解决方案（培训）转移到预期绩效和结果上。“成功架构面谈流程的关键在于提出深入有力、发人深省、逻辑清晰的问题。”使用结果规划轮的艺术在于如何提出问题，帮助业务负责人从专注于培训转向关注问题以及他们真正希望实现的目标。正如拉里·伊斯雷利特在《关于学习的谎言》一书中所写：“我们必须先停止直接考虑解决方案。”

在整个面谈过程中，应使用开放式问题（而不是那些可以用“是”或“否”回答的封闭式问题）。在交谈过程中，不时停下来重述对方刚才所说的内容，这不仅可以表明你在认真倾听，还能确保你的理解正确无误。例如，“你能不能帮我解释一下……”是一个非常有用的短语，既可以用来真诚地寻求帮助，也可以作为一种优雅的方式来沟通不一致或容易混淆的内容。例如，“你能不能帮我解释一下，你刚才要求的培训项目与你的业务目标之间有什么联系？”

具体建议如下。

四个关键问题

1. 要满足什么业务需求？

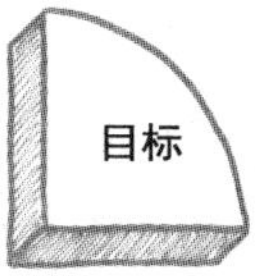

结果规划轮的第一个问题是明确讨论方向，将关注点从特定的解决方案（通常是培训）转向对业务需求的探索。你的目标是明确需求背后的问题或机会。这个问题至关重要，不仅可以为学习项目的设计提供依据，还可以确保培训是正确解决方案的一部分。

令人惊讶的是，许多业务负责人在回答业务需求问题时都很费劲，因为在之前他们并没有从这些角度思考过为什么要做培训。这就意味着，你可能需要提出一系列澄清性问题，以便从关键绩效指标的角度来定义业务需求。例如，有些管理者只是重申培训的必要性：“我们需要一场关于订单录入系统的培训。”这种情况的难点在于如何帮助客户调整关注重点。培训并不是他们的业务需求；培训只是众多潜在解决方案之一。我们的目标不是进行培训，而是通过培训取得成果。你需要继续了解对方的最终目标，即培训需求背后的业务相关结果。你可以追问以下问题：“你能不能帮我解释一下培训背后的业务驱动力？”或者“假设这场培训很成功，组织能从中获得哪些结果？理由是什么？”

另一种情况是，业务负责人可能会用过于宽泛和笼统的措辞来陈述业务需求，例如，“我们需要增加销售额”。在这种情况下，你需要进一步探究其中的细节，聚焦到需要关注的具体事项上：“你已经非常清楚地解释了增加销售额的迫切要求。你能详细谈谈我们需要解决和改进的具体领域或产品类别吗？流程在哪些方面出现了问题？如果失败会出现在哪里？”

你的目标是澄清问题，以及为什么要解决这些问题；需要改变什么，以及组织将如何受益。例如，你可以问：“你想解决什么问题？”或者“我们目前的绩效与希望达到的绩效之间有多大差距？”或者“目前的绩效水平让我们损失有多大？”

不仅仅是业务负责人在定义期望的业务结果时感到困难。在我们的工作坊中，许多学习专家也很难用学习目标之外的方式定义业务结果。为了帮助你，表D1.1提供了一些可接受和不可接受的业务需求陈述例子。可接受的陈述与关键绩效指标相关，这些指标是业务领导者被问责和奖励的依据，如销售额、质量、客户满意度、员工留存率等。

表D1.1　可接受和不可接受的业务需求

可接受的业务需求*	不可接受的业务需求
减少交通事故（或“避免工伤”）	为工厂所有员工提供安全培训

续表

可接受的业务需求*	不可接受的业务需求
实现新产品的销售目标	能够解释新产品的特点和好处
通过更有效的领导力提高员工敬业度	提高领导力，提高教练技能
提高质量，减少浪费	成为经过认证的六西格玛黑带
提高客户服务的净推荐值	能够解释优秀客户服务的五个特征

*每项需求都应附有目标数量和时间框架（何时达到多少）。

有关绩效改进的图书——如鲁滨逊等人的著作或古普塔的作品——经常使用“缩小绩效差距”的概念，但这并不意味着培训只能用于解决绩效问题。学习项目不仅能帮助组织解决现有的绩效问题，还能帮助组织抓住新机遇，如进入新市场或推出新产品。学习应该是一种前瞻性的战略投资。

事实上，赫伯特·汉高在担任英格索兰的首席执行官期间，就要求每份商业计划书中都要包含学习与发展部分。他坚信，每份优秀的商业计划书都应涵盖新项目，而新项目的成功取决于员工是否具备有效执行所需的知识和技能（见案例 D1.1）。

案例 D1.1　学习是一项业务战略

英格索兰是一家真正理解学习战略性本质的公司。正如企业学习副总裁丽塔·史密斯所说：“我们存在的唯一原因就是助力推动业务结果。我们需要了解业务战略、关键战略驱动因素、外部威胁和财务指标。我们必须精通两种语言，既能说学习的专业语言，也能说业务的语言。”

英格索兰通过一个管理委员会确保在学习方面的投资与业务的相关性，并与业务战略优先事项相挂钩。每个项目都必须有一位高管级别的发起人；

没有发起人就没有项目。

英格索兰的首席执行官赫伯特·汉高将学习视为关键的战略杠杆，甚至将其作为战略规划过程中不可或缺的一部分："当我们进行战略规划时，我们会提出想法、战略和未来愿景，然后决定投资什么以实现我们的目标。因此，我会关注我们在基础设施上投入了多少资金，在新产品开发上投入了多少资金，以及为了实现目标我们需要做多少培训。规划过程中有一个假设，那就是必须进行培训。因此，我们在投资决策中将培训与其他投资决策同等对待。"

2. 学员将如何做得更好和不同？

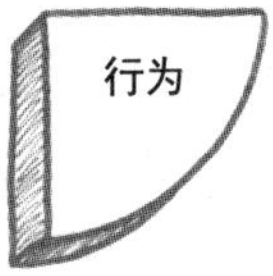

结果规划轮的第二个问题是确定实现预期结果的关键行为或行动。6Ds®法则的核心理念是，价值是通过行动创造出来的，只有在工作中采取行动才能产生结果。适当的知识和技能是必要的，但还不够。因此，必须了解员工需要做什么，以此确定他们需要学习什么，这至关重要。

这个问题包含"更好和不同"的短语。换句话说，它强调为了缩小绩效差距或抓住市场机遇，员工需要改变他们的工作方式。爱因斯坦曾说过："疯狂的定义之一就是继续做同样的事情，却期待不同的结果。"如果员工在培训后继续做与之前相同的事情，或者很快恢复了旧习惯，那么就不会有任何改进。

这个问题反映了罗伯·布林克霍夫的"培训的基本逻辑"。也就是说，学习项目的目的是帮助员工以更有效、更高效的方式完成工作，从而提升绩效，既有利于员工自身发展，也有利于组织。了解哪些行为需要改变是设计完整学习体验和学习转化策略的前提。

你可以用以下问题请客户描述期望的行为变化。一种方法是让他们想象成功的情景："如果培训成功了，我们会看到员工在培训后有哪些更好的行为且与现在不同？"另一种方法是询问表现较好的员工："表现较好的员工会做的而表现较差的员工不会做的有哪些事情？"或者"如果只能改变员工工作方式的一个方面，哪种改变会对绩效产生最积极的推动作用？"

虽然我们建议首先询问业务需求，但有时从第二个问题（期望的行为）入手，再回溯到业务收益，可能会有所帮助，尤其是当业务负责人难以确定期望的结果时。我们的一位全球合作伙伴——巴西诺维公司的创始人康拉德·斯洛夏厄尔这样说："想象一下，如果你有一粒神奇的药丸，能让所有员工都发挥出最好的水平，那会是什么样子？"他接着问："如果他们这样做，对业务会有什么好处？"

确定绩效障碍

此时，重要的是探究绩效不佳的原因，以确保培训能够创造价值。管理者联系学习与发展部门并要求培训，是因为他们觉得某些应该发生的事情没有发生（例如，"销售员没有向客户推荐相关产品"），或者某些不应该发生的事情正在发生（例如，"错误太多""行为不当"等）。一旦你帮助利益相关人明确了他们希望实现的目标以及员工需要做什么来实现这些目标，关键问题就变成了："为什么他们现在没有做到？"（见图 D1.5）

在承诺提供培训之前提出这个问题至关重要，因为如果技能或知识的缺乏不是绩效障碍的原因，那么培训就不应该是解决方案的一部分。而且，即使培训是正确解决方案的一部分，它也很少是全部解决方案。正如许多绩效改进专家所指出的，"大多数绩效问题都是由多种原因引起的，因此需要多种解决方案才能实现持续的改变，单一的解决方案很难奏效”。

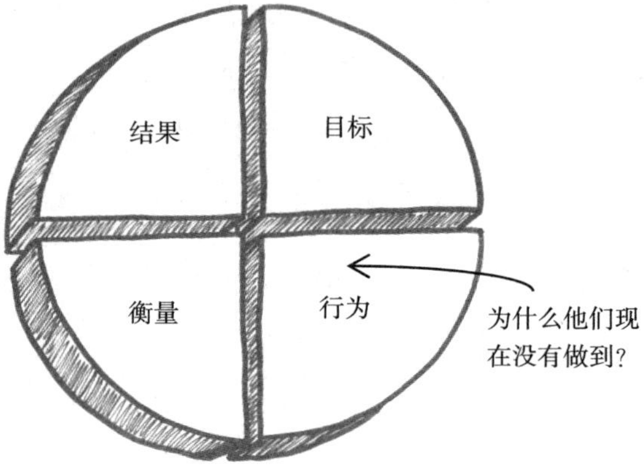

图 D1.5　通过提问了解绩效障碍

3. 谁或什么可以确认这些变化？

结果规划轮的第三个问题是启动更深层次的对话，讨论如何判断学习项目是否产生了预期的行为变化，因为行为必须先发生变化，绩效才会提高。与业务负责人合作，确定项目初期可以衡量的变化（通常是可观察到的行为）。你希望尽快了解学习项目是否有效并应继续推动，还是效果不佳需要进行调整。

第三个问题隐含的判断原则是：成功由客户定义，而非学习与发展部门。正如我们将在第六法则一章中详细解释的那样，最终决定项目成功与否的是发起人，因此也由其决定是否继续为学习与发展项目提供资金。你需要了解业务负责人认为哪些指标是相关且可信的影响证据（这些术语在第六法则一章中有更详细的描述）。

让客户（在商业环境中通常指支付费用的部门）参与讨论可以衡量什么，有助于讨论应该衡量什么，并定义成功（见下文第四个问题）。这些讨论应在项目启动之前进行，因为成功的定义会影响其他一切——从教学设计到绩效支持和评估策略。

第三个问题的初步讨论应是一次共同的头脑风暴会议，充分发挥你自己的专业知识，而不是简单地应和发起人的建议。你可以这样开始："考虑到培训需要投入时间和金钱，我们需要知道培训是否有效。我们希望能尽快知道，以便能及时做出调整。谁会首先注意到学员的行为改变呢？哪些变化是可观察或可衡量的？是否有我们可以使用的业务指标来追踪这些变化呢？"

你可能需要通过提供一些建议来"启发"客户，帮助他们思考潜在的结果以及如何评估这些结果。你可能还需要纠正发起人提出的过于宽泛或与培训本身无关的因素作为评估标准，如整体盈利能力。你可以提出的问题包括：

- 如果我们观察学员在培训后的工作表现，我们能否看到他们的变化？我们会注意到什么？
- 我们可以问谁？谁会在与学员的日常互动中注意到他们（如客户、管理者或直接下属）的变化？
- 我们已经跟踪的业务指标（销售额、质量、客户满意度等）是否发生变化？有哪些指标？学习项目是否可能对这些指标产生显著影响，还是影响太小而无法被注意到？

事实上，尽管培训的种类繁多，可能的学习成果也多种多样，但学习成果的类型和收集方法相对较少。在引导这些问题讨论的时候，可以参考表 D1.2。

表 D1.2　学习成果的类型和收集方法

成果类型	数据来源	数据收集方法
行为变化	客户 同事或直接下属 学员自己 学员的直接上级 受过培训的观察者	观察 问卷 访谈 焦点小组
利益相关人的意见	客户 直接下属 管理者 其他人	满意度调查 访谈 焦点小组
业务指标改进 （关键绩效指标）	公司 IT 系统 第三方信息调查	数据分析 数据购买
工作成果改善	工作成果材料（文案、战略规划、软件代码、汇报演讲等）	专家评审 标准对照 观察

通过第三个问题，你可以赢得发起人的支持，并了解他们最关心的问题。重要的是要探索各种干预措施，因为有些干预措施比其他措施更容易被快速、可靠地评估。尝试确定“先行指标”，以判断项目早期是否按计划进行，并能证明培训是否有效。

寻找先行指标是判断项目是否按计划进行以及确定潜在改善的重要环节。此外，早期出现的变化更能证明培训是否有效。面谈的内容大致如下：

“在开始讨论的时候，我们已经一致同意将改善留存率作为一项长期的业务需求和目标。问题在于，如果我们只凭这一点来判断项目是否有效，我们得等上好几个月才能看到变化。到了那时，我

们就没办法判断到底是什么因素导致了这些变化。如果我们能评估一些先行指标，就可以预测出项目是否有效。这些先行指标包括员工敬业度评分、360 度反馈等。”

下面我们将使用结果规划轮第三象限学到的知识来分析第四个问题：定义具体的成功标准（见案例 D1.2）。

案例 D1.2 满意标准

我们向畅销书获奖作家理查德·莱德（与人合著《吹着口哨干活儿：回应你生命的召唤》和《在火堆旁占据一席之地》等著作）询问定义目标的重要性时，他告诉我们目标非常重要，并进一步解释道：

“我们教给领导者如何设立 COS，也就是满意标准（Conditions of Satisfaction）。你的满意标准是什么？在这之后以及何时之前，我们应该做出哪些改变，何时完成？或者在什么时候能看到成果交付或者创造出来？

“你可以称之为责任感，但当领导者发挥领导作用时，他们就是客户。对于领导力发展而言，一线领导者就是客户。她提出要求，她给出某些满足标准。因此，这种将领导者视为客户的观念就融入了培训中，进而也融入了后续的实践中；领导者对于培训有特定的满足标准。

“领导者往往并不清楚他们的满足标准。为了使会议、培训以及事务处理行之有效，领导者需要学习某种特定语言以及具备一定的严谨性。这真的能清除所有那些模糊不清的状况。”

4. 具体的成功标准是什么？

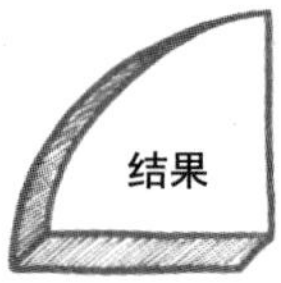

一旦讨论完可能出现的结果后，我们就需要讨论评估内容、评估时机及评估的成功标准了。第四象限可以视为学习项目的 SMART 目标。

事先与发起人就成功标准的定义达成一致至关重要，因为“如果你一开始就没有定义成功标准，你就不会知道你是否成功了”。“你可以把第四个问题看作学习与发展部门和业务部门签订合约的交付成果部分。”你对业务负责人如何定义成功标准了解得越多，就越有可能取得成功。你知道得越少，就越有可能失败——至少失去了目标。

对于学习专家来说，最令人沮丧的莫过于展示了他们认为非常成功的项目结果之后，却发现他们追求的结果并不是客户想要的。据我们所知，有一家公司在投资回报率的研究上花费了 10 多万美元，但首席财务官说：“这项分析毫无意义，我根本不是这样定义投资回报率的。”问题的关键不在于投资回报率是不是一种有用的评估标准，而在于对该项目来说这是一个错误的评估标准，因为利益相关人并不是这样定义成功的。在规划阶段，学习与发展部门就应该询问业务负责人他们是如何定义成功标准的以及希望如何评估项目成功。这样做可以避免浪费大量的时间、金钱和信誉。

SMART 目标

SMART 是一个在商业中广泛使用的缩写词，用来明确定义目标的属性。这五个字母分别代表具体的（Specific）、可衡量的（Measurable）、可实现的（Achievable）、相关的（Relevant）和有时间限制的（Time-bound）。其基本原理是，当个人、团队和业务部门的目标越清晰明确，他们的业绩就会越好。

具体的

这一标准是指预期结果准确、易于理解，而不是模糊、笼统。“将X产品的销售额提高6%”符合这一标准。而“增加销售额”则不符合这一标准。这一标准是评估项目成败的先决条件。

学习项目的具体目标可以是“让90%的新客户服务代表在入职60天内具备为客户提供合格服务的能力”或“将可晋升的经理人数量增加10%”。

可衡量的

目标需要设定明确的量化指标，以便评估进度和奖励成就。“可衡量的”是指你如何对项目进行赋分。衡量标准可能涉及资金、时间、百分比、人数、客户满意度、员工参与度或对组织重要的任何其他指标。

可实现的

那些负责实现目标的人必须相信目标是可以实现的。如果目标看起来不可能实现，那么就没有动力尝试。相反，太容易实现的目标也不会产生动力。太容易实现的目标无法充分发挥组织的潜力。我们面临的问题是设定“挑战性目标”——这些目标是可实现的，但只有通过持续且有效的努力才能达成。

这一标准同样适用于学习项目。有挑战性的目标很重要，但同样重要的是，学习专家不能接受完全不合理的学习与发展目标。这样做会使自己陷入失败的困境。

相关的

相关的目标是指与组织使命相一致并能进一步推动其实现的组织目标，无论组织使命是什么。当人们认识到自己的个人目标能够融入组织的“共同愿景”，可以为整个组织的成功做出更大贡献时，他们就会更有动力去实现这些目标。学习项目的目标必须能激励员工积极参与（见第三法则），成功的评估标准必须与业务目标相关（见第六法则）。

有时间限制的

要使目标行之有效，就必须设定完成目标的最后期限。当其他团队的目标或其他流程依赖于该目标的完成时，时间期限就变得尤为重要。没有时间限制的目标只是一个模糊的希望。

在确定学习项目的最后期限时，需要深思熟虑。有些学习项目几乎可以立即见效，比如如何使用新的订单录入系统；而有些学习项目则可能需要几周甚至几个月的时间才能产生结果，比如改变客户或员工的观念。

关于第四个问题的讨论应包括探索发起人认为什么是可信的（即可信的、值得信赖的）证据。例如，学员的自我报告是否足够？评估者是否需要独立于学习与发展部门？管理者的意见是否足够？

由于没有一个唯一正确的答案，所以在讨论中要充分发挥集体的智慧。成功标准的定义取决于项目的重要性、成本以及发起人的倾向。但是，这并不意味着你可以接受不可能实现的目标，因为那将导致你的失败。同时，不要试图逃避对绩效提升的责任。许多学习专家都不喜欢对特定的项目成果做出承诺，但正如巴萨拉布所指出的那样，这在企业中是一种常识。其他部门、个人和项目都有自己要承诺的目标，学习与发展部门也不应例外。与其他部门一样，清晰明确的预期业务结果将提高学习与发展部门的可信度，为其赢得一席之地，并使其成为真正的业务合作伙伴。

实际应用

- 在没有明确发起人如何定义成功标准之前，千万不要开始设计学习项目。

- 使用结果规划轮来构建关于业务目标和预期成果的讨论。
- 通过更详细的绩效分析（见下文）对结果规划轮的结论进行补充。

学习目标不是业务目标

我们想要明确一点，当我们谈到培训的业务目标时，并不是指学习目标。我们认可学习目标对于良好的教学设计是必要的前提条件："它们通过精确描述目标学员在完成既定学习体验后应该知道、做到或感受到的内容，来引导教学设计过程中的后续步骤。"但是问题就出在这里。虽然学习目标有时被称为"绩效目标"或"行为目标"，但其关注点始终是"在完成既定学习体验后"。它们描述了学员在教学结束时能够做到的事情，却没有解释这如何与工作岗位上的表现相关，或者如何创造业务价值。

在我们看来，学习目标应该只用于学习专家之间的交流。由于它们的局限性，所以不应用于与管理层或学员沟通。此外，学习目标过于关注内部，也无法说明业务结果或理由，"还让学员被迫忍受枯燥可怕的教学设计术语"。

我们得用一种新的方式与业务领导者、学员以及他们的管理者沟通，这种方式要能阐释学习项目背后的业务原理。要以他们熟悉且感兴趣的说法（例如以下这些说法），来阐明预期的业务收益（成果）：

- 增加销售额。
- 提高劳动生产率。
- 缩短交货周期。

- 减少废品。
- 提高员工敬业度。
- 提升客户服务满意度。
- 降低事故率。

所有这些最终都会增加收入或降低成本，进而提高盈利能力。它们能解决那些让业务领导者夜不能寐的问题。

每次讨论学习项目的时候——不管是审核预算还是课程安排——都应该考虑到整体业务目标，因为这不仅是项目存在的意义，也是项目存在的原因。艾默生电气公司全球学习总监泰伦斯·多纳休和他的团队都非常重视这一点。他们在所有课程简介中都增加了名为“业务结果（你会得到什么结果）”的部分。因此，他们的项目得到了管理者和学员的积极反馈。

在确定学习目标之前，必须先确定项目的业务目标（见图D1.6）。在企业学习与发展中，学习目标只是为了支持业务目标而存在。

图D1.6 在确定学习目标之前，必须先确定项目的业务目标

需要详细到什么程度

预期业务结果应该达到怎样的详细程度？这取决于沟通的目的和对象。如果只是面向管理层做简短汇报或者只是做一个项目简介，上面标签性的几句话就足够了，如“该项目的目标是增加X产品的销售额”。在设计新项目和评估项目成果的时候，就需要更精确的描述，如“在下一次年度

调查时，让员工的敬业度增加 5 分”。在对投资较多或具有重要战略意义的项目进行商业论证时，也需要对预期的财务回报进行预测。

由于大多数学习项目都针对销售、营销、管理、安全等方面，因此在陈述业务结果时，通常需要围绕培训的重点内容展开：“这个项目的目标是通过提升值班主任的沟通技巧来提高员工留存率。”可以参见《将培训转化为商业结果实践手册》中关于普拉斯蒂帕克公司的案例研究。

一些作者建议在多个层次上定义目标，如反应目标、学习目标、应用目标、结果目标和投资回报率目标或“预期—行动—结果”目标。尽管这种意图是值得称赞的，但我们担心这样的详细程度可能造成混淆，并阻碍将学习更紧密地与业务联系起来的努力。建议大家还是从简单的开始吧。

实际应用

- 确保每个学习项目都有明确的预期业务结果说明，以及实现这些结果精心设计的学习目标。
- 始终从制定业务目标开始。
- 与学员及管理者沟通时使用业务结果说明。
- 学习目标只用于教学设计师和培训引导师的沟通。

界定业务结果的好处

界定学习项目的业务结果，可以让企业受益颇多。

1. 明确了解企业希望通过学习获得的价值，有助于设计出更有效的干预措施。确定企业对学员今后工作的预期要求，有助于选择学习方法、媒介、时间安排、顺序及相关支持。此外，界定业务结果还可以避免我们设计出“华而不实”的培训项目。

2. 培训和组织使命之间应该保持明确紧密的联系，这样可以确保学员的上级经理提供更多支持和参与。我们会在第四法则一章中详细介绍学员的上级经理对项目成果的深远影响。了解学习和业务的联系之后，管理者会更愿意鼓励他们的下属参加培训，也更有可能为员工的学习转化提供支持。
3. 明确整体业务目标，回答学员提出的“这对我有什么好处”这个问题。我们会在第三法则一章中讲到，如果学习项目拥有明确的业务理由，那么学员就会有更高的学习意愿，以及在项目结束后也会主动应用所学的内容。
4. 预期结果为学习项目的优先级排序提供了合理的理由。不可避免的是，有巨大潜力的学习项目，但没有足够的人员、资金和时间来实施。项目的优先级可以根据结果的大小和战略重要性来决定，而不能只看项目的热门程度或学习与发展部门对某种特定项目的热情（见下文“管理学习项目组合”）。
5. 管理层预期的培训结果是评估培训成功与否的标准。企业需要评估这些结果，才能确定项目是否达到了预期目标。为学习项目制定SMART目标可以使学习与发展部门与其他部门处于相同的地位。
6. 学习与发展部门和业务部门对结果的共识是双方合作的基础。这种共识把学习专家从接单员变成了可信赖的顾问，让他们也拥有了一定的话语权。
7. 要想获得战略影响力，学习负责人必须了解公司的目标，并推动目标的实现，为公司及其客户带来结果。

不利因素

明确界定业务结果并非没有风险。奥斯卡·王尔德曾留下一句名言："这年头，话说得太明白就容易暴露了自己。"大多数人都抱怨不知道如何明确界定预期的业务结果："我们只能负责培训本身能不能做好，让我们怎么能承诺预期的业务结果呢？"我们并不能苟同这种看法，毕竟企业的每一个部门都需要承诺在无法完全掌控的局面下还要实现业务结果。例如，产品经理需要提前一年或更长时间预测销售额，然后实现这些目标，但是销售团队并不在他们的掌控范围内；工厂经理必须致力于提高产量和降低成本，但他们却无法控制供应商和生产环节中的诸多变量。

为了实现预期目标，其他部门的管理者都在学习通过优化流程以影响那些他们无法控制的因素。他们建立了可靠的流程和监控体系；偏离目标时，他们就能通过"预警机制"及时采取修正措施。如果学习与发展部门希望成为值得信赖的顾问，他们也需要这样做。

第一法则：一切的基石

界定业务结果是学习项目设计和实施的基石。如果这个基石不够牢固，那么整个建筑都会有倒塌的风险。因此，第一法则可以说是 6Ds®法则中最重要的（见案例 D1.3）。如果你没有做好第一法则，再精妙的设计、再完善的支持、再先进的技术也对项目的成功无济于事。

案例 D1.3 如何界定业务结果

阿拉斯泰尔·道格拉斯，美国外科爱尔康公司绩效发展部主管

6Ds®法则提供了一个全面的框架，能够确保培训成果在工作中有效转化应用，并实现预期的业务目标。第一步，也是关键的一步是第一法则“界定业务结果”。通过从一开始就明确业务结果，我们确保学习项目聚焦并与战略目标一致。我们发现以下方法有效。

1. 确定利益相关人和关键决策人。组建一个由主要利益相关人组成的团队，包括销售副总裁、销售经理、人力资源总监和学习专家。团队共同界定业务结果，并将学习目标与公司的战略目标对齐。

2. 理解业务背景。团队对当前的销售业绩、市场趋势和竞争格局进行全面的分析。他们审查销售数据、客户反馈和市场研究，以了解挑战和机遇。

3. 明确业务目标。基于这些分析，团队定义他们希望通过新的销售策略来实现的具体的、可衡量的业务结果。例如：

- 在未来 12 个月内，将季度销售收入增加 20%。
- 将销售周期缩短 15%。
- 将客户满意度评分提高 10%。

4. 定义绩效结果。团队将业务目标转化为销售团队的具体绩效结果。例如：

- 提高销售代表识别和筛选潜在客户的能力。
- 提高谈判和成交能力。
- 提高客户跟进的频率和质量。

5. 将培训与业务需求挂钩。该团队确保培训项目与业务结果直接挂钩。

他们设计的培训项目包括新的销售策略、潜在客户开发技巧、谈判技巧和客户关系管理等课程。

6. 设定评估指标。为了评估培训项目是否成功，团队建立了与业务结果对齐的关键绩效指标，如销售指标、客户反馈评分和培训评估结果。

将业务目标转化为可操作的目标

一旦高管团队明确了业务目标,就需要将其转化为销售团队易于理解和可操作的目标。

1. 高管团队参与。高管团队应积极参与定义业务目标。他们明确的承诺对于整个组织上下认真重视这些业务目标至关重要。

2. 将业务目标转化为明确、具体的目标。将宽泛的业务目标分解为与销售团队的日常工作相关的明确、具体和可衡量的目标。例如，如果目标是增加市场份额，则将其转化为针对不同地区或产品线的具体销售目标。

3. 传达目标背后的"为什么"。传达业务目标设定背后的原因。高层领导需要解释为什么这些目标对公司的成功很重要，以及它们将如何让销售人员个人也能受益，如通过奖金、职业安全感或职业发展机会。

4. 将目标与销售团队的工作对齐。将这些目标与销售团队的工作直接挂钩。例如，如果目标是提高客户满意度，请提供明确的工作指导，说明销售代表如何做才能实现这一目标，如通过改进跟进策略或通过培训产品知识和倾听技巧更好地解决客户的需求。

5. 提供必要的工具和培训。为销售团队提供实现目标所需的工具和培训。这可能包括新的销售技巧、客户关系管理工具，或关于新的销售策略的培训课程。

6. 明确目标路径。向销售团队展示他们的个人努力对整体业务目标做出的贡献。这可以通过定期更新进度、仪表盘或团队会议来实现，在这些会议上跟踪项目进展情况并庆祝取得的成果。

7. 建立双向沟通渠道。鼓励销售团队直接向高层领导反馈。这有助于确保制定的目标是切实可行的，并且能够及时解决所遇到的挑战。同时，这也让销售团队感到被重视和被倾听。

8. 认可并奖励成功。认可并奖励那些为实现商业结果做出贡献的人。这不仅激励了个人，也为团队其他成员树立了一个积极的榜样。

影响和结果

这种方法使我们能够有效地实施新的销售策略，提高业绩，并通过以下方式增加收入：

- 增强相关性。培训内容与销售团队的日常工作内容和挑战直接相关。
- 增加动力。销售代表了解培训将如何帮助他们实现个人和组织的目标，增加他们参与学习和应用转化的动力。
- 可衡量的成功。明确的业务结果和关键绩效指标，使公司能够准确地评估培训的影响，使其更好地证明投资的合理性，并随时做出调整。

科磊公司的学习负责人真切感受到了界定业务结果的重要性，所以他们制定了一项政策：所有的学习项目都必须有一个发起人和明确的业务结果；业务结果至少要符合公司四项战略目标（持续增长、卓越运营、客户成功和人才发展）中的一项。在高通公司，学习与发展部门每年会与各部门的负责人及员工进行业务需求评估。在英格索兰，学习项目和其他投资项目一样被优先考虑（见案例 D1.1）。

实际应用

- 制定政策，规定在没有合理、明确的业务理由的情况下，不得设计或实施任何学习项目。
- 确保使用业务语言来阐述学习项目的目标。

建立共同责任

还有一个关键问题与结果规划轮相关，但你需要在讨论完前四个问题之后再提出来。这个问题是：如何确保行为转变和实现业务结果？（见图 D1.7）

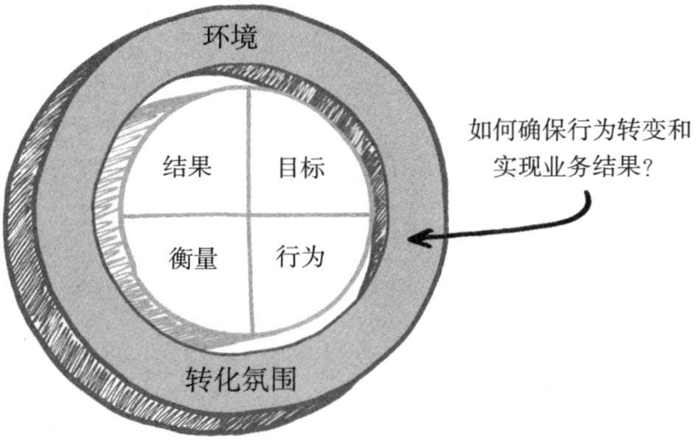

图 D1.7　最后一个关键问题是“如何确保行为转变和实现业务结果？”

这种情景就好像：“非常感谢你花时间阐明了你希望实现的业务结果以及实现这些结果所需的行为。我还有最后一个问题：‘如何确保行为转变和实现业务结果？’我想到的措施包括提升管理者的能力、管理者对学员表现的认可和奖励、对不采用新行为的学员进行惩罚等。学习与发展部门确保员工在完成培训后，可以掌握完成任务所需的技能和知识。但是，他们能否在工作中应用所学的知识，则取决于他们的工作环境。我们如何才能共同努力，确保员工的新技能和新知识在工作中得到有效转化？”

问题的关键在于，我们刚刚给管理者一个机会，让他们分享了他们希望通过学习项目要实现的业务结果，我们还得抓住这个机会告诉对方，学习项目能否改善绩效，不仅取决于学习本身，还取决于培训后的工作环境。除非我们所期望的行为转变在工作中能得到持续的支持和强化（这是管理者的直接影响范围），否则学习项目就不可能产生多大的业务结果。

一旦你把注意力从提供培训转向提供改进的绩效，你就会意识到“学习生态系统”的重要性——学员所处的工作环境，也是完整学习体验的重要组成部分（见表D1.3）。绩效管理系统、激励体系，尤其是员工的上级经理，都必须支持员工应用刚刚所学的技能和知识，否则这些技能和知识就会像种在不适宜土壤中的花朵一样枯萎死亡。由于培训后的工作环境由管理者控制，因此学员的上级经理要么是解决方案的一部分，要么是问题的一部分；管理者决定了学习项目的成败。你需要在项目一开始就向发起人说明这一情况，因为你需要对学员的上级经理改变工作环境给予支持，只有这样，学习项目才能取得预期的效果。

表D1.3 第五个问题（如何确保行为转变和实现业务结果）的相关例子

类　别	备　注
反馈	反馈是提升绩效的关键。人们想要并且需要知道他们与期望值相比做得如何。反馈的来源有很多，如经理、同事、系统，甚至自我评估。有效的反馈是及时的、具体的、平衡的，并且以绩效为导向

续表

类　别	备　注
认可	来自他人的认可是学习转化的强大动力，而且它无须花费任何成本。令人惊讶的是，来自管理者的直接认可往往比物质奖励更有激励作用
奖励	如果提供物质奖励，那么奖励什么行为就非常重要。奖励应与成就（有价值的表现）挂钩。如果无论绩效如何，每个人都能得到一样的奖励，那么奖励就没有效果了。 同样重要的是，要确保当人们按照他们所学的方式去做时，没有任何阻碍因素（如需要完成更多的工作或因为花了太长时间而被批评）
绩效管理系统	绩效管理系统、年度考评和员工评价体系都必须与培训的内容相一致，否则培训最终将成为学习废品
管理实践	“耳听为虚，眼见为实。”学员的上级经理必须积极推动学习转化，将培训内容与工作实际进行有效结合，培训才能发挥最大作用。摩泽尔曾在 50 多年前说过：“不管培训人员做了什么，企业高层必须通过改善组织氛围或奖励体系，才能真正推动培训向着预期结果前进。只有当培训内容和高层管理者每天传达的内容相一致时，培训才会发挥作用。”
惩罚措施	既然应用培训内容可以获得奖励和认可（萝卜），那么不这么做的话自然也会有惩罚（大棒）。有一句话说得很贴切：“你检查什么，他们才会做什么。”如果没人在意员工会不会应用培训的内容，他们肯定选择不做

实际应用

- 最后一个问题：“如何确保行为转变和实现业务结果？”——让管理者意识到在实现预期成果过程中他们的角色和责任。
- 时刻关注学员的工作环境，因为管理者决定着项目的成败。
- 通过书面讨论总结“如何确保行为转变和实现业务结果？”的要点。

管理学习项目组合

伟大的军事战略家卡尔·冯·克劳塞维茨写道，战略的首要原则是将资源集中于“关键点”。企业也是如此。业务负责人最重要的职责之一就是管理公司的产品和服务组合，将资源集中在“关键点”上：那些增长或盈利潜力最大的产品和服务。确定资源分配的优先级至关重要，因为即使在非常成功的公司，时间、资金和人才也是有限的。因此必须战略性地加以利用。并非所有产品都是平等的，出于各种原因，有些投资产品比其他产品更有潜力。潜力大的产品值得投资和关注；潜力小的产品则应该忽略或淘汰。

不管你愿不愿意，培训都要与其他潜在的时间和投资机会竞争。为了成功获得资源，学习与发展部门需要为学习项目提供一个商业论证。商业论证需要列出与全部成本相比的预期收益。其他部门也是这样做的。例如，营销项目的商业论证、购买新生产设备的商业论证、招聘新销售人员的商业论证等。在某些情况下，学习项目的预期效益可以用财务术语来表示，如增加特定产品的销售额。

学习与发展部门的挑战是为领导力或新员工培训等学习项目进行可信的价值估算。你可以从已发表的研究报告中找到支撑数据，或寻求财务部门的帮助，例如，因无能的老板而辞职的员工的替换成本。记住要包括员工参与度和公司声誉等无形资产和机会成本，如果没有安全培训，可能会发生的伤害或诉讼成本，或者如果允许培训不足的客户服务人员与客户互动，可能会导致客户不满。有关学习商业论证的详细讨论，请参阅万斯或史密斯的著作。

波士顿矩阵

波士顿矩阵是最著名的业务组合管理工具之一，它有两个维度——市场增长率和相对市场份额。每个坐标轴都分为高和低，形成四个象限。根据所处的象限，产品和业务被划分为四种类型（见图 D1.8）。

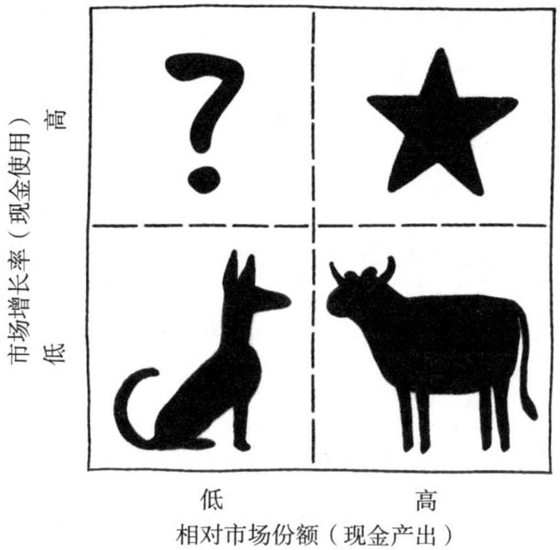

图 D1.8　波士顿矩阵

明星产品是指在快速增长的行业或细分市场中占有较大市场份额的产品。明星产品通常是在相对较新的市场上推出的创新产品（如 iPhone 刚推出时）。它们需要较高的投资来支撑增长，使其潜力实现最大化。

现金牛产品是指在增长缓慢的细分市场中占有很高的市场份额。它们之所以被称为现金牛，是因为可以带来大量的现金收入，以支持对明星产品和新产品的投资。它们需要的投资极少，因为它们已经非常成熟了。由于它们的未来增长潜力不大，对其加大投资也不会产生太多的回报。但企业还必须继续经营这些产品，不能让它们被市场淘汰。现金牛产品对任何公司都至关重要，应该得到足够的重视。

瘦狗产品是指在成熟、增长缓慢的行业中市场份额较低的产品或业务。它们没有真正的战略价值，贡献的现金很少，增长潜力有限，而且耗费时间和资源，而这些时间和资源本可以投入到其他领域，获得更多的利润。它们应该被淘汰掉。

问题产品（也称问题“儿童”）是指在高增长市场中未能获得更多市场份额的产品或业务。它们需要被认真对待，了解问题所在。如果能够扭转局面，它们就能成为明星产品，最终成为摇钱树；否则，它们就会成为拖累业绩的瘦狗产品。

因为商业环境是不断变化的，一个产品可以从开始的明星产品（理想情况下）发展成为现金牛产品，也可能因为技术或市场的颠覆性创新而变成瘦狗产品（想想胶卷相机或胶卷的发展路线图）。管理者的任务就是不断重新评估企业的投资组合，调整投资水平，确保时间、精力、资金和创造力都用在最有可能产生回报的业务领域。

选择不要做什么和选择要做什么一样重要。

波士顿矩阵在学习项目中的应用

这些原则同样适用于学习项目投资组合的管理。鉴于：并非所有的学习项目都具有促进组织成功的同等潜力；投入学习项目的资源是有限的。因此，学习与发展部门负责人与业务负责人一样，有责任确定学习投资的优先级，重点关注具有战略意义和高价值的项目，摒弃低价值或无效的项目。

在图 D1.9 中，我们将波士顿矩阵的坐标轴修改为“潜在业务贡献”和“当前有效性水平”，使其适用于学习项目的组合管理。有效性被定义为“帮助企业实现其业务目标的学习服务”。学习项目可按以下定义划分为波士顿矩阵的四个类别。

图 D1.9　学习项目的波士顿矩阵

明星项目是对业务增长具有战略意义的项目，如新产品的引入、新的市场渗透策略、提高领导效率、精益生产等。这些项目应该匹配最多的投资和最好的人才。

现金牛项目是一种比较有效的项目，它们并不性感迷人，却是必须做的项目。这些项目包括安全培训、入职培训和合规培训。就像现金牛业务一样，它们既不能放任不管，也不需要过分关注。

瘦狗项目要么没有效果，要么即使有效果，对组织成功做出的贡献也微不足道。它们可能是在很久之前设立的，以解决一个与现在无关的问题，也可能是一开始就不是正确的解决方案。迈克尔·波特在他的文章《什么是战略？》中指出，选择不做什么和选择做什么一样重要；总是要有取舍。瘦狗项目应该立刻停止，它们浪费了学习资源，也损害了学习与发展部门的声誉。

问题项目是指应该比现在做出更多贡献的项目。需要对它们进行深入研究，以确定问题所在：是高估了它们的潜力，还是对问题的误诊导致了无效的培训，抑或是缺乏学习转化的支持（见第三法则）。如果它们有潜力成为明星或现金牛，就需要解决这些问题。否则，就应该叫停这些项目，并将其资源重新分配，投资更有潜力的项目。

学习项目的优先级排序

确定学习项目的优先级排序需要与业务负责人共同完成，因为学习是一种业务支持功能，无论是否愿意，都会与其他潜在的投资项目相竞争。优先级排序比筛选预期投资回报率最高的项目要复杂得多，还必须考虑战略的契合度、时机和其他问题。许多组织都为此设立了学习咨询委员会。职场学习专家应全面、积极地参与学习优先级的排序过程。我们应该主动提出自己的观点，建议淘汰学习项目组合中的瘦狗，以腾出资源投资于更有前途的项目。我们应积极主动地为新的学习项目进行商业论证，以提高组织的绩效和竞争力。

对培训投资进行负责任的优先级排序应基于它们对业务结果的潜在和实际贡献，而不是基于学习目标、反应评分或是不是最新的学习技术。培训应该像管理业务一样来进行管理。这始于明确界定每个项目的预期业务结果。

实际应用

- 记住，并不是所有的学习项目都是有同等价值的；投资回报潜力最大的项目让你的贡献最大化。
- 做出战略决策，决定保留什么和淘汰什么。
- 将学习与战略规划关联起来，并为关键项目进行商业论证。

第一法则的检查清单

在学习与发展中，界定预期的业务结果是成功的第一步，这是至关重要却常被忽视的。优秀的学习专家会聚焦于绩效，并且总是从问“为什么”开始。他们与关键利益相关人合作，从预期的业务结果角度来定义项目的成功，而不是只关注将学什么内容。他们会明确员工需要做什么，而非他们会知道什么，以便设计出注重转化应用的学习机会。他们会优先分配精力和资源，专注于那些将产生最大影响且最有可能成功的项目。在着手设计之前，他们会与业务负责人一起提前确定成功标准的定义以及如何评估。

界定业务结果是一切学习项目取得成功的基石。如果学习专家忽略了这一步，没有投入足够的精力界定预期的业务结果，他们就把整个项目，甚至整个公司，都置于风险之中。

示例 D1.5 中的检查清单可以帮助你将第一法则付诸实践。

示例 D1.5

第一法则的检查清单

使用下面的检查清单确定培训是否为正确的解决方案，学习项目的目标是否为预期业务结果。

总体项目

- 所要做的学习项目与公司战略规划是一致的。
- 该项目能够解决由于缺乏知识或技能而产生的绩效问题（或机会）。
- 预期的业务结果已被确定，并包含在培训的商业论证中。
- 曾经尝试使用培训之外的其他解决方案，但证明是无效的。
- 已经通过需求分析确定了改善绩效所需的知识和技能。
- 已经确认并讨论过可能影响成功实施该项目的环境因素（如问责制、奖惩措施及工作辅导等）。
- 管理者已经了解转化氛围对学习项目成败的影响。
- 各级管理者已经明确了相关责任和角色，愿意为学习转化创造积极的环境氛围。
- 与发起人对成功标准的定义进行了讨论并已经确认。

单项项目目标

- 明显与业务需求或面临的机会高度相关，能够产生更好的价值。
- 能够说明项目将要达到的实际绩效（非知识、能力和技能）。
- 能够清晰地界定绩效达成的程度和需要的时间（SMART 目标）。
- 使用业务术语、业务概念和业务语言来描述。

行动指南

致学习负责人

- 阅读和理解这些业务规划。
- 积极主动地明确学习与发展部门对组织成功做出的贡献。
- 永远不要仅仅因为有人要求做培训就轻易开展一个学习项目；经常要问："这对公司有什么好处？"
  - 如果你不了解业务部门的需求和员工的学习需求就开展项目，就无法进行有效的干预。
- 检查你所负责的所有学习项目，以确保每个项目都与业务目标相关联。
- 使用结果规划轮与管理层达成一致，确定业务目标、评估方法以及成功标准。
- 一旦你明确员工需要做什么，就需要问："为什么他们现在不做呢？"
- 使用"如何确保行为转变和实现业务结果？"这个问题帮助业务负责人认识到，如果没有他们的参与、支持和激励，培训项目就会失败。
- 积极主动地管理学习项目组合。

致业务负责人

- 回顾你所负责业务部门的学习项目组合。
- 这些项目是否与企业最迫切的需求相一致？
- 是否存在没有解决的关键需求？

- 资源是否花在低价值的项目上了，这些资源是否可以转向高价值的项目？
    - 如果当前的学习项目与业务需求不一致，那么你和学习负责人有责任对其进行调整。
    - 与你的学习负责人合作，重新平衡项目组合，将资源转到具有更大潜力的项目上。
- 写下你认为需要学习项目才能解决的业务需求。
    - 与你的学习负责人沟通，以确认培训是正确解决方案的一部分。
    - 与你的学习负责人一起使用结果规划轮进行沟通。
    - 与学习负责人达成共识：培训之后期望学员的行为改变，以及如何确认行为改变。
    - 请学习与发展部门制定一个实现这些结果的方案。
    - 使用6Ds®法则应用计分卡对这些方案进行审查。
- 告诉你的学习专家你想要取得的结果——而不是如何去做；他们的工作就是要提出最好的解决方案。
- 让公司的学习专家与市场、销售和其他职能部门的专家保持同样的卓越水平。

第二法则

设计完整体验

审视整个学习系统至关重要。

——西里尔·柯万

就学习效果而言，学员的完整体验至关重要。试想你最喜欢去的餐厅，你会如何描述它呢？当然，你会首先提到美食，但肯定还会涉及诸多其他方面：进门时的接待方式、餐厅的服务质量、室内装饰、用餐氛围、服务员的素质等。换言之，你会描述在那里用餐的完整体验，而不仅仅是食物。同理，学员的完整体验所包含的内容，远远超过了单纯的教学，还包括学习环境的营造、师生互动的质量、支持服务的完善程度、技术平台的易用性以及整个学习过程中的情感体验。这些要素相互交织，共同决定着最终的学习效果。

在当代消费市场中，消费者越发倾向于为“体验”支付溢价，而不再仅仅满足于产品或服务本身的功能性价值。这一趋势被约瑟夫·派恩和詹姆斯·吉尔摩敏锐地捕捉到。他们开创性地提出了“体验经济”的概念，指出经济形态正从传统的产品和服务经济向“体验经济”转型，这种转变已成为推动经济增长的主要驱动力。这一理论在实践中得到了充分印证：在充满艺术氛围的咖啡馆里，人们慢慢享受专业咖啡师现场调制的手工咖啡，其价值远超咖啡原料成本本身；而亲身参加狩猎活动的体验价值更是观看野生动物纪录片的数千倍。

对于注重客户体验的企业而言，其面临的挑战在于服务过程中难以完全规避一些不和谐的元素，例如服务人员态度恶劣、餐具不干净、上错菜品等，这些都会导致不良的服务体验。值得注意的是，这种糟糕的体验往往通过人际传播和社交媒体平台迅速扩散，从而造成口碑不佳。类似地，在学习与发展领域也存在相同的道理：学习体验是一个有机整体，任何一个环节的糟糕体验都会影响整个项目的有效性，而令人不满的学习体验往往会通过员工之间的交流快速传播，进而影响组织的学习氛围和项目的声誉。

正是基于这些认知，高效的学习与发展部门都致力于践行第二法则——“设计完整体验”，而不仅仅局限于学习项目的内容交付。这种范式转变要求我们突破传统学习与发展的边界，将视角扩展到更大的组织生态中。在本章中，我们将深入探讨完整学习体验所涵盖的多维度要素——这些要素往往超出了传统企业学习与发展部门的范畴。同时，我们也将阐释如何通过系统性地扩展教学设计的外延，从而为组织和个人创造更大的价值。

本章的主要内容包括：

- 定义学员体验。
- 学习是一个持续的过程。
- 从学习到结果的四个阶段。
- 第二法则的检查清单。
- 行动指南。

从这里到那里

企业的学习项目旨在助力员工实现从新手到熟手、再到专家的蜕变。这一过程涵盖多个方面：帮助新入职员工快速胜任工作，提升技术人员的专业能力以维修新产品，以及为高级管理者加入董事会做好相应准备。这些都可以视为从现有绩效水平提升到更高绩效水平的过程（见图 D2.1）。虽然每位员工的起点和终点各不相同，但其学习路径都将包含一系列（在理想情况下）精心设计的活动和体验，这些活动和体验共同作用，帮助他们持续进步。值得注意的是，完整的学习体验不仅包括既定的培训内容，还涵盖了学习过程中所发生的一切。

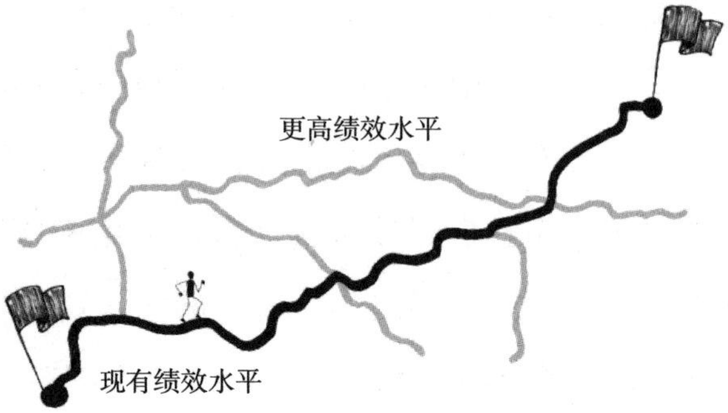

图 D2.1　学习是一个绩效提升的过程

学员体验

学员体验是客户体验这一概念的延伸。学术界对客户体验的定义是：“个体在与企业互动的过程中（包括消费前、消费中和消费后三个阶段），由所有刺激引发的认知、情感、感官以及意义建构等反应的总和。”客户体验的质量至关重要，因为它决定了客户满意度，并进而推动复购、增购、客户忠诚度以及推荐意愿。研究表明，在提供积极客户体验方面表现出色的公司，在市场上更具竞争力。

相应地，学员体验是“学员在参与学习项目的过程中（包括学习前、学习中和学习后三个阶段），由所有刺激引发的认知、情感、感官以及意义建构等反应的总和”（参见专家视角 D2.1）。与客户体验一样，不同的学员会对相同的干预措施产生不同的体验。学员体验也受到环境的影响；相同的干预措施在不同的情境下会产生不同的体验。例如，在公司危机期间实施的领导力发展项目与在公司上升期实施的项目，学员的体验会有所不同。

专家视角 D2.1

学员体验

穆罕默德·巴哈特，思伽集团创始人与《FIRST-ADLX 框架》的作者

在任何学习过程中，学员都应处于中心位置，这也是我们使用“学员体验”这一术语的原因。我们首先关注的是学员，其次才是内容、策略、工具和方法。学员体验涵盖了在学习过程中影响学员的一切因素。

“体验”这一概念最初是在软件行业中作为“用户体验”被普及的，其目的是优化软件界面的可用性和交互设计，提升用户的操作体验。此后，这一概念扩展为“客户体验”，以提高客户满意度和企业的盈利能力。最近，它又演变为培训和教育领域的“学员体验”，旨在提升学员的参与度、学习效果和业务影响力。

学员体验包含了学习期间发生的每一个互动、每一门课程和每一个项目，无论这些学习是通过传统方式还是非传统方式进行的。它是一次完整的学习之旅，涵盖了学员在心理、生理、情感乃至精神层面的全方位感受。

在我们的工作中，我们将学习比作旅行。我们将整个项目称为“学习之旅”，将培训日称为“行程”，将每个学习活动称为“冒险”（见图 D2.2）；与人员、物体和系统的互动则被称为“接触点”。一个学习之旅可能包含多个“行程”，通常由多次“冒险”和众多“接触点”组成。这种视角将学习视为一段旅程，而不仅仅是一个事件或目的地，强调了在整个学员体验中发生的持续学习过程。

区分体验式学习与学员体验非常重要。学员体验是一个更为宏观的概念框架，涵盖了学习之旅的所有要素和维度。学员体验包括体验式学习，即学员通过具体体验、观察反思、抽象概括和主动实验的循环过程来建构

知识（基于 Kolb 学习圈）。除此之外，学员体验还包括其他关键要素，如学习过程中的各类接触点、同伴互动、先前经验、培训师以及学习环境等。创建积极学员体验的关键策略包括反思学习、合作学习、模拟和角色扮演、小组活动、主题讨论以及教育游戏等多元化方法。

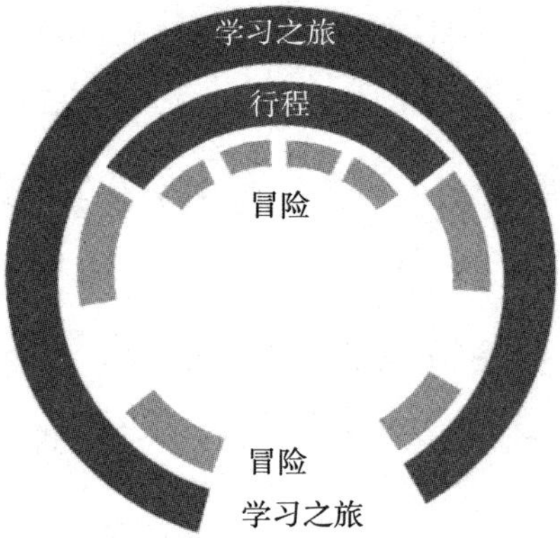

图 D2.2　学习之旅包括“行程”与“冒险”

我们创新性地提出了 FIRST-ADLX 框架，旨在为学习专家提供一个系统性的工具，用以设计、引导和优化全方位的学员体验。该框架整合了学员体验的不同关键要素，通过结构化方法将这些要素有机结合，从而构建出积极的深度学习体验。

我们在 FIRST-ADLX 框架中的目标是创造深入且可持续的影响，以便将学习有效转化，增强意识和理解（而不仅仅是死记硬背），并产生更大的责任感和信心，进而实现更高的绩效。这就是为什么我们的方法是创造一种积极的深度学习体验，以确保参与度和影响力（见图 D2.3）。以下是该框架五个维度的概述。

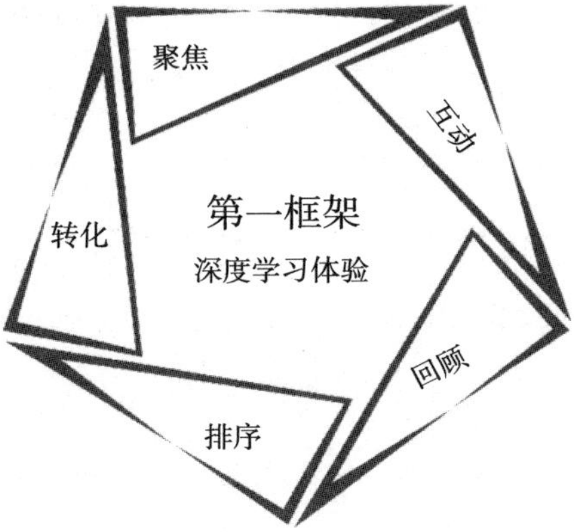

图 D2.3　FIRST-ADLX 模式的五个维度

1. 聚焦于学员。强调以学员为中心的设计理念，充分认识到每个学员都是独一无二的，他们带着各自不同的背景、需求和兴趣参与到学习过程中。这一维度包含三个核心原则：因材施教、探究与评估、信任学员。

2. 在积极的群体中进行互动。群体中发生的人际互动是学员体验的重要组成部分，在群体内部形成积极且富有成效的互动关系至关重要。这一维度包含三项核心原则：社交活动、积极氛围、动机与专注。

3. 积极进行回顾。深度学习是通过行动与反思的持续循环来实现的。这一维度包含三项核心原则：提升准备度、促进活动参与、积极回顾反思。

4. 在体验流程中对活动进行排序。学员与各个接触点的交互顺序对学习效果具有重要影响。这是一个经过精心设计的系统化过程，其中每个接触点的安排都需要充分考虑学员的心理、生理、情感和精神状态。这一维度包含三项核心原则：结构与排序、适度重复、联系与总结。

5. 将学习转化为绩效。学习的最终目标是提升绩效和组织影响力。必须将学习转化机制作为学习之旅的关键环节进行系统性规划和设计。这一维度包含三项核心原则：基于现实的反思、练习与体验、连续性与持续优化。

这些原则在我们的《第一框架》这本书以及众多研究论文中都有详细阐述。这些研究表明，它们在各种学习环境中都产生了积极影响。目前，该框架已在全球各地的组织管理、教育培训、医学教育等多个领域得到广泛应用。我们还将持续优化这一模式，以推动更多的学习模式创新。

我们强烈建议学习专家在设计和实施主动深度学习体验时，始终将人置于首位。FIRST-ADLX 框架可与 6Ds®法则进行有机整合，共同推动学习的变革。

学员的完整体验至关重要，因为它决定了培训是否能够产生业务结果。随着对学员体验重要性的日益重视，一些组织（如强生等领先企业）已经成立了卓越学习团队，专门负责提升学习体验的有效性。这些团队面临的挑战在于，尽管客户满意度调查（如净推荐值）能够很好地预测客户未来的购买行为，但学员满意度调查并不能很好地反映绩效提升的情况，具体原因我们将在第六法则一章中深入讨论。关键的评估标准是对业务的实际影响力，而不仅仅是学员的满意度。因此，学员体验的质量必须通过是否产生期望的行动和结果来判断。在这方面，学习体验的每个组成部分都很重要。

实际应用

- 必须认识到，学员体验涵盖了整个学习过程中的所有接触点，每一个体验要素都会对最终学习成果产生深远影响。

学习有效性的关键杠杆

伊娜·温鲍尔-海德尔和玛莎·伊贝希茨-曼德巴赫经过深入且翔实的研究，撰写了《什么让培训真正有效》一书。这本书通过系统研究，识别出对培训效果（即对工作的影响）影响最大的 12 个核心要素，并将其体系化为"学习转化的 12 个杠杆"（见表 D2.1）。这些杠杆不仅包含培训设计层面的关键因素，如清晰的期望与内容的相关性，还包括组织层面的元素，如同事和主管的支持，这些内容超出了传统教学设计的范畴。事实上，这 12 个杠杆中有近一半是组织层面的。研究表明，不考虑这些因素的学习体验设计都是不完整的，并且存在失败的风险。

表 D2.1　学习转化的 12 个杠杆

范　围	杠　杆
学员	转化的动机
	自我的效能
	转化的意志
培训设计	清晰的期望
	内容的相关性
	积极的练习
	转化的计划
组织	应用的机会
	个人的转化能力
	主管的支持
	同事的支持
	组织的转化期望

学习是一个持续的过程

学习之旅与一次精心规划的实际旅程类似，都包含多个阶段和步骤。想象一下你的旅程体验是如何逐步展开的：从你开始规划的那一刻起，就涵盖了沿途的风景、声音、互动、冒险、意外和惊喜等各个方面。你能否拥有良好的体验并顺利到达目的地，取决于你计划的质量、追求目标的努力程度、对新体验的开放态度，以及一些无法控制的因素。

同样，学习体验也是动态演进的。它始于学习动机的萌发，贯穿于整个过程中的知识获取、技能实践、人际互动、思维突破，乃至意料之外的顿悟与收获。最终能否获得良好的学习体验并达成预期目标，取决于四个关键维度：学习规划的系统性、目标执行的持续性、对新知的开放包容度，以及不可控的外部环境因素。

尽管绝大多数职场学习专家都认同“学习是一个持续的过程，而不是一次性事件”这一理念，但根深蒂固的事件思维模式仍深刻影响着我们的认知框架，以至于在讨论学习时，我们往往不自觉地陷入“事件导向”的话语体系。即便是艾伦和赛茨在其颇具影响力的《SAM 课程设计与开发》（该书由电子工业出版社于 2015 年出版）一书中，也不可避免地使用了“解析有效的学习活动”和“简练、高效的学习活动”这类表述。这种思维定式亟待突破。我们必须超越“学习即事件”的传统范式，转而强调：课堂教学事件或学习活动仅仅是整个学习之旅中的一个重要部分，而非全部。

托马斯·库恩在其经典著作《科学革命的结构》中系统阐述了范式理论，即被广泛接受的“真理”体系及其对思维模式的塑造作用。虽然范式对于库恩所说的“常规科学”以及日常问题的解决至关重要，但当主流范式阻碍进步时，就需要被摒弃并进行范式转换。在学习与发展领域，这一变革时刻已然来临。除非学习专家能够突破“学习即事件”的传统范式，转而采用更全面的学员体验视角，将关注点从单纯的事件交付转向体系化的绩效提升，否则学习效果难以取得真正的进步。（见案例 D2.1）

案例 D2.1 利用学习路径图缩短胜任时间

里克·斯旺森，里克·斯旺森演讲创始人

学习路径图是由史蒂夫·罗森伯姆和吉姆·威廉姆斯提出的方法论，旨在缩短员工胜任并完全熟练某项工作所需的时间。学习路径图是“通过系统化设计，从入职到独当一面为止的按时间顺序排列的活动、事件和经历”。换句话说，它就是完整学习体验的体现。

学习路径图的基本步骤如下：

1. 定义和衡量特定工作岗位的熟练程度。

2. 梳理和绘制当前的学习路径图，并明确达到熟练水平所需的典型时间。

3. 寻找能立即缩短时间且不影响质量的快速改进点。

4. 开发和优化一个全新的、端到端的学习路径图。

5. 实施并维护新路径，同时留意进一步的改进空间。

威士伯公司（现为宣伟公司子公司）是一家全球油漆和涂料制造商。该公司通过采用学习路径图，成功应对了多项业务挑战。以下是两个具体案例：

1. 减少操作大型化学反应器操作员的达到熟练程度的时间（这是公司培训要求最高且危险性最大的岗位之一）。

2. 在夏季繁忙期之前需要快速交叉培训季节性员工，使其掌握涂料混合操作技能。

在第一个案例中，制造部门管理层发现新员工需要18至24个月才能胜任反应器操作员的工作，达到无须监督即可独立操作整个反应过程。操作反应器需要极高的专业技能，但两年的培养周期显然过长。若员工未能充分掌握相关技能，可能会造成事故，甚至引发火灾、爆炸或人员伤亡等灾难性后果。

威士伯公司聘请了学习路径图专家，帮助分析操作员岗位职责，明确所需技能与专业知识，并制定了一套完整的学习路径。该路径涵盖培训、实践、辅导及关键里程碑，旨在以最短时间实现员工熟练工作。该项目通过优化培训过程，成功将员工达到熟练操作的时间从24个月缩短至12个月。此外，学习路径图还为工厂经理提供了一份检查清单，有效规范了操作流程，杜绝了经验丰富的反应器操作员可能出现的违规行为。这一系列改进措施为公司带来了显著效益：减少了风险（提高了生产安全性和产品质量），提升了生产效率（实现了人员优化，将原先需要两个人才能完成的工作精简为一个人即可完成）。

在第二个案例中，面临的挑战是对新入职且缺乏经验的员工进行培训，确保他们能够熟练掌握基本的生产操作技能（如安全进行化学品处理、混合、包装），以提高产量并满足季节性需求。虽然风险没有反应器操作员那么大，但员工培训不足也会造成诸多不良后果，包括不能按期交付、质量不达标和材料浪费严重。

在此情况下，学习路径图为工厂经理提供了一个可靠且可预测的缓冲时间，使其能够在繁忙季节到来之前及时启动新员工培训。此外，学习路径图嵌入的绩效检查点为主管提供了可靠的评估数据，有助于精准区分哪些新员工更有可能取得成功（从而值得留用），而哪些员工可能因不能胜任而遭到淘汰。起初，高层领导打算为制造车间的四个不同区域分别绘制学习路径图。然而，经过深思熟虑，他迅速调整了策略，决定绘制包含所有四个区域的整体学习路径图。这一变革让新员工在完成整个学习路径后，能够全面熟练掌握四个区域所需的技能，从而在生产高峰期灵活调配至任何所需岗位。

在这两个不同的场景中，可以开发一张整合的学习路径图：

- 缩短了达到全面熟练所需的时间。
- 降低了安全风险。
- 在高生产需求的高峰期，增加了产能和人员配置的灵活性。

成功的关键包括：

- 明确定义工作的熟练程度。
- 明确所有必须开展的学习活动。
- 为了使效率最大化而对学习活动进行排序。
- 消除过程中任何浪费的时间和不必要的内容。
- 设置进度检查点和熟练程度测试。

"学习即事件"的范式造成了诸多问题，其中最为严重的是将学员置于被动接受者的角色，如同观看足球比赛或戏剧表演的观众。这种范式暗示员工只需到场便算完成任务，活动结束就意味着一切告终，无须后续行动。一个典型的案例是在全国销售会议期间进行的培训：投入了巨大资源，营造了非常盛大的场面，却缺乏任何实质性的后续跟进。企业学习绝非旁观者的运动，它要求学员主动参与学习，并在学习阶段结束后持续转化和应用所学。真正的价值创造在于持续的学习转化，这一核心观点将在后续内容中反复强调并深入探讨。

实际应用

- 建议组织深入审视“学习即事件”的范式思维在培训理念和话语体系中的渗透程度及其潜在影响。
- 建议将学习视为一个持续的过程，而非一次性事件。

人们时刻都在学习

设计完整体验至关重要，因为人们无时无刻不在学习，这包括我们那些并非有意传递的信息。学员会从多个方面吸收信息：课程和项目描述的方式、课程设计的逻辑与交付的专业度、管理者对培训的重视程度及其沟通方式，以及同伴的行为模式与互动氛围等。这些因素共同构成了一个动态的学习系统。

例如，员工已经意识到他们可以安全地忽视课前准备工作，因为无论完成与否，讲师都会在课堂上讲解这些内容。他们也发现，培训结束后往往缺乏后续跟进，也不用对所学内容的转化负责。如果我们要提升学习项目的有效性，就必须全面关注项目所传递的信息，无论是显性知识，还是隐性知识。

事实表明，学习成效不仅取决于正式教学的阶段，更与课程前后的各个环节密切相关，甚至这些环节的影响可能比课程本身更重要。要实现最佳学习效果，必须系统性地关注所有影响学习成果的关键因素。克罗泽尔在《参与宣言：组织成功的系统方法》一书中写道：

> 学习项目的成功离不开组织各个系统的协同支持。项目还需要清晰传达其目的、目标、预期结果以及各方的收益，以确保全员对

学习项目的价值达成共识。领导者必须在绩效管理系统中关注行为的变化及其评估方式，以及如何奖励实现预期目标的员工。只有通过体系化的支持、明确的沟通以及持续的强化，才能确保学习项目能够带来切实且持久的改变。

四个阶段

从当前绩效提升到更高的绩效需要经历以下四个阶段（见图 D2.4）：

1. 学习的预期管理与启动阶段（准备）。
2. 新知识与技能的获取阶段（学习）。
3. 新知识与技能的应用阶段（转化）。
4. 成果认可与持续改进阶段（认可）。

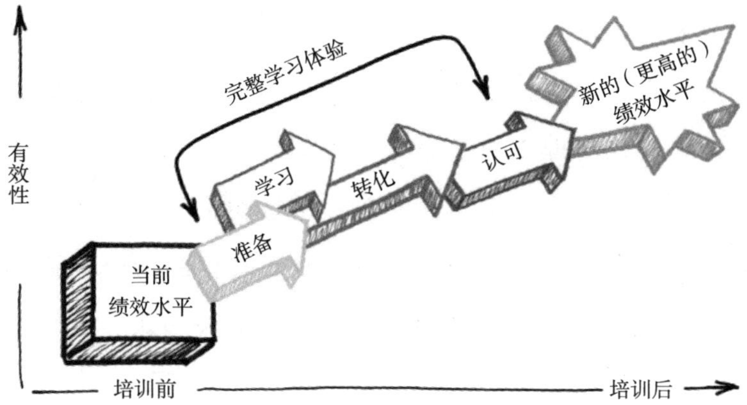

图 D2.4　绩效提升需要经历的四个阶段

每个阶段都对学员回答“我能做到吗？”和“我愿意做到吗？”这两个问题产生影响。这四个阶段对提升绩效、充分利用企业学习资源以及实现组织目标都至关重要。

第一阶段：准备

学习之旅的第一阶段在正式授课之前就已悄然展开。当人们意识到即将面临某件事情时，他们就会开始有所期待。这种期待可能满怀喜悦与热切的期盼，如对即将到来的节假日或亲人团聚的憧憬；也可能夹杂着恐惧与不安，如对牙科手术或出庭的担忧。期待之所以至关重要，是因为它会深刻影响我们对待事件的方式以及最终的体验感受。员工在参加学习项目之前，就已经基于自身认知形成了对项目价值的初步判断。这种判断直接影响他们愿意投入的精力和努力程度。换句话说，在踏入课堂之前，员工的心理状态已经为学习体验定下了基调——他们已经“准备好了”。

特沃斯基和卡尼曼通过一系列精彩的实验，揭示了“启动效应”的力量，这一突破性研究为他们赢得了2002年的诺贝尔奖。他们研究证实，期望能够显著影响我们对现实的感知与体验。

一个生动的例证来自艾瑞里的实验：他证明了学员对啤酒的偏好如何受到提前告知信息的影响。实验中，那些在不知情的情况下品尝啤酒的学员更喜欢添加“秘密成分”的啤酒；而那些提前被告知“秘密成分”是几滴醋的学员则不期待会喜欢它，事实上他们也确实不喜欢（见图D2.5）。

图 D2.5　不同的预期会产生不同的结果

凯利在麻省理工学院曾做过一个经典实验，其结果可以直接应用于培训领域。他发现一个有趣的现象：在课前，仅仅对讲师简介进行两个词的改动，就会显著影响学员对课程体验的评价。那些提前被告知讲师“热情”的学员，相比被告知讲师“冷漠”的学员，对教学效果给予了更加积极的评价，尽管他们参加的是同一个课程。这可能是证实偏见的具体案例。所谓证实偏见，是指人们在认知过程中，往往会倾向于更加关注、更加重视那些能够支持已有假设的信息，并且对这些信息的记忆也会更深刻。

因此，学员对待学习项目的态度会成为一种自我实现的预言。那些期待有高价值体验的学员会以积极的心态去参与学习，因此相比那些怀有消极心态和低期望值的学员，他们更有可能从中获得收益（见图 D2.6）。部分原因在于，那些有积极期望的学员动力更强，他们更愿意参与练习、接受新观点并将其付诸行动。将新技能和知识应用于工作的动机，与最初学习它们的意愿密切相关。“启动效应”如此强大，以至于学习项目的设计者如果忽视这一点，可能会导致严重的后果。

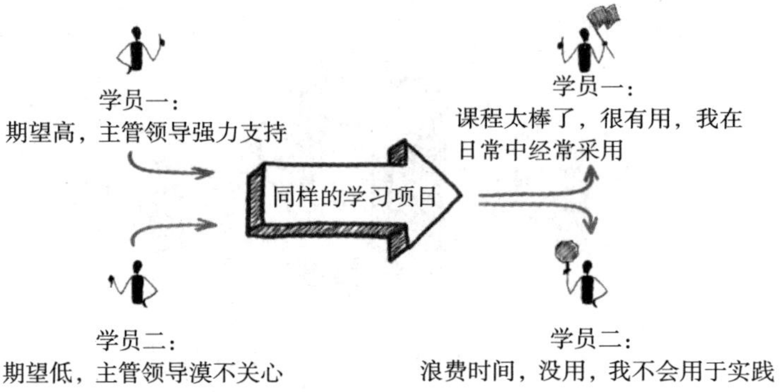

图 D2.6　参与者的态度决定培训项目的成败

影响培训态度的因素

鉴于对培训的期望会影响培训效果，那么了解哪些因素影响学员上课的态度就显得非常重要。有很多因素会起作用，其中主要因素包括：

- 过去的经历。
- 管理者发出的信号。
- 对项目的描述方式。
- 同事的看法。

过去的经历

如果学员过去的学习经历非常积极，他们就会怀着积极的心态参加这次培训；如果学校的学习或以往的企业培训给他们留下了糟糕的体验，他们就会对这次学习充满抗拒。遗憾的是，负面的学习经历往往影响更深远、更持久。这意味着学习与发展部门绝对不能开展任何设计不周或执行不力的项目。我们中有太多人在无关、无聊和无效的培训上浪费了大量时间。枯燥的数字化学习、不称职的讲师、杂乱无序的课程安排，或者不能解决问题的培训，这种培训的负面影响会持续很久。这些影响甚至让员工对今后的学习项目都抱有怀疑态度，严重削弱了学习项目的价值和效果。

还必须认识到，并非每个人都喜欢上学。加拿大一家电力公司的培训负责人告诉我们："我们的电力线路工人都是技能熟练的员工，掌握了很多知识和技能才能安全高效地完成工作。不过他们大部分人在教育系统的经历都不怎么好，尤其是特别讨厌学校。要是让他们老老实实地坐在教室里听课的话，他们就会牢骚不断，非常抗拒。所以面对这些员工，我们避免安排他们在教室里上课，重点在现场进行实操培训和其他非课堂式的培训。"

实际应用

- 将每项学习项目与实际工作和业务需求紧密联系起来，创造积极的预期。
- 努力工作，持续改进学员体验，使每一次学习体验都是积极向上的。

管理者发出的信号

员工从他们的管理者那里了解什么是重要的、什么是不重要的事情。如果管理者对新的学习项目持积极态度，员工可能会予以重视。正如我们工作坊的一位学员所说："我只做管理者认为重要的事情。"

相反，如果一名管理者对新的学习项目表示不屑（"你们又要去培训了？"），那么这次学习项目的价值就会大打折扣，员工的学习意愿也会降低。如果管理者对学习项目不闻不问，员工就会觉得培训这件事根本不重要，最终导致他们缺乏参与的热情。"闭口不言、拒绝沟通，或者缺乏主动性，这些行为也会向外传递信息——这事肯定不重要。”

员工从管理者那里了解到什么是最重要的。

罗伯·布林克霍夫和蒙特西诺的研究发现，那些在培训前后均与管理者进行过有效沟通的学员，在工作中应用技能的可能性显著高于其他学员。费尔德斯坦和布斯曼的研究证明，在影响学员绩效的诸多因素中，有一半与管理者的态度相关。高绩效的学员表示，相较于低绩效学员，他们的管理者更频繁地（高出三倍）表达对绩效提升的期望。当实施一项旨在增加培训前后与管理者互动交流的措施后，学员及其管理者均获得了更高的转化率。牛顿的研究指出，培训前进行的讨论与管理者三个月后对该培训态度的看法之间存在极强的相关性。莱昂内的研究表明，管理者的参与度显著提升了培训的投资回报率。

当然，学习的首要责任在员工。正如彼得·德鲁克所说：“发展归根结底就是自我发展。如果企业认为自己承担着发展员工的责任……那肯定是在自说自话。这份责任最终是在个人身上。”然而，倘若管理者向员工传递的信号是学习不重要，却期望员工能努力学习，这既不现实也不明智。考虑到管理者对学员态度的影响之大，高效的学习与发展部门会鼓励管理者与直接下属在培训之前进行积极的讨论。有些组织甚至将这样的讨论作为参加培训的前提条件。

为了促进管理者与其直接下属之间在培训前进行积极的讨论：

1. 让管理者参与定义培训的业务结果，以获得他们的支持。
2. 通过分享上述提到的研究结果，邀请管理者参加前期的项目讨论。
3. 保持简单！让他们能够轻松完成，建议提供一个简短的脚本和流程。

实际应用

- 鼓励管理者与其直接下属在培训前进行讨论。
- 对参加培训的学员进行调查，了解有多少人进行过此类讨论，并将结果作为项目评估的一部分进行汇报（见第六法则）。

对项目的描述方式

针对员工为何有动机参加学习项目的研究表明，成年人仅愿意学习那些对其生活及职业发展具有实际价值的内容。塔伦努的研究进一步证实，员工对学习项目的期望，尤其是对其实用性的预期，会显著影响其积极参与的决定。

布德罗和拉姆斯特德在其经典著作《超越人力资源管理》中写道：

> “为学员提供一条清晰的学习路径，使他们能够看到自身的价值，并明确项目与业务及战略成功之间的逻辑联系，确保学员的投入不会被浪费。否则，学员可能会很快得出结论，参加学习项目并不值得投入时间和精力。”

这正是我们强调说明项目价值重要性的原因，即项目将如何助力学员个人的成长以及组织目标的实现。为了赢得认可并推动学习项目的有效性，必须明确“为什么”，即学员能够获得的好处是什么。简而言之，你需要像推销产品一样来推销你的学习项目。

从为什么开始

在其 TED 演讲《伟大领导如何激发行动》中，西蒙·斯涅克强调，若想激发人们采取行动，必须首先明确他们为何要这样做。他提出的“黄金圈理论”（见图 D2.7）中，“为什么”居于核心位置。他指出，卓越企业的领导者始终以“为什么”为起点，他们为人们提供了行动的意义和动机。相比之下，低效组织往往从“做什么”或“怎么做”切入，却忽视了激发行动的动机。

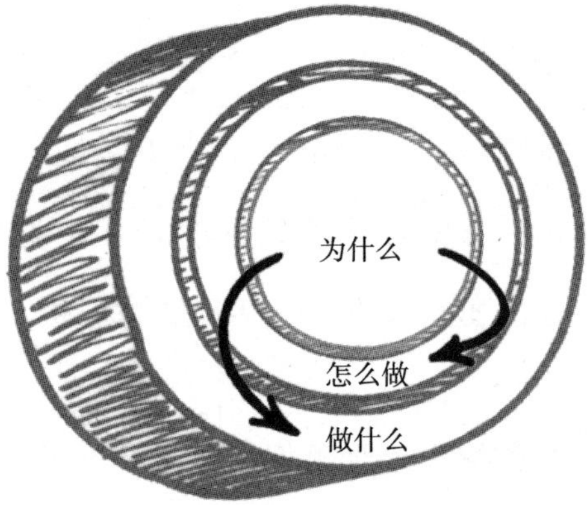

图 D2.7　黄金圈理论：从“为什么”开始

西蒙·斯涅克的这一洞见同样适用于培训。如果我们想说服员工主动学习并将所学的知识转化为行动，或说服管理者主动安排员工去参加培训，或说服高管愿意投入时间和精力去推动学习转化，我们都需要从回答“为什么”这个问题开始。我们需要解释学习项目能为学员个人和组织带来什么价值，而不仅仅是介绍其功能或特性。正如我们的同行、助力成功公司的雷·潘所说：“特性只能传递信息，利益才能让他们行动。”

特性只能传递信息，利益才能让他们行动。

虽然大多数学习专家也知道强调利益的重要性，但他们在课程简介和邀请函中描述学习项目时却没有做到这一点。他们往往关注项目的特性（如时长、讲师、学习目标和方法等），而很少或完全不提及项目对学员个人的利益。这里有一个典型的例子，摘自一个在线课程简介：

> 战略成本管理是一个为期两天的课程，课程通过案例研究将理论教学和实践学习有机结合起来。
>
> 你将：
>
> - 学习如何确定构建成本模型的数据来源。
> - 了解采购服务及材料的成本结构。
> - 区分管理价格与管理成本之间的差异。
> - 理解并应用一套先进的成本管理工具与方法。
> - 学习在谈判中如何有效运用成本模型，提升谈判优势。
> - 学习在长期合同谈判中如何使用定价策略。

这份简介仅仅提供了课程特性，而没有给学员明确课程的利益。如果学员仅被告知要“学什么”，却不明白“为什么学”以及学完之后如何为其个人和组织创造价值，学员怎么能积极参与呢？

与上面的例子相反，下面这个例子就很好地运用了“这对我有什么好处”这个问题，清晰地说明了为什么要参加这个课程。

> 撰写文件不再有压力！让你轻松搞定各类文件——信函、备忘录、报告、提案或者绩效评估等。
>
> 本课程为你提供最全的格式和模板，让你轻松应对各类写作任务，并能精准传达读者想知道的信息。聚焦“写什么”而不是“怎么写”，进一步简化写作过程，显著提升写作效率并节省大量时间。请带着你的问题和正在撰

写的文件来，现场我们将提供一对一的专业指导和反馈！

请注意上面这个例子是如何清晰阐述课程利益、如何开门见山讲清楚课程的好处的。在亚洲的一次工作坊中，一位学员生动地证明了聚焦利益的力量。经过讨论之后，她重新撰写了项目简介，重点强调了组织和个人的利益（结果），而不仅仅是课程特性（活动、产出）。虽然项目本身没有任何改变，但是员工及其管理者对项目的兴趣却显著增加——这一切仅仅是因为项目的描述发生了变化。

尽管我们这里关注的是课程简介，但这一原则同样适用于学习项目的邀请函。遗憾的是，如今大多数企业学习项目的"邀请函"——尤其是由学习管理系统自动生成的——读起来根本不像参加一个有价值的学习项目，反而更像判决书（见图D2.8）。第一印象至关重要，请确保你的学习项目从一开始就传递出积极且有吸引力的信息。

很多学习项目的"邀请函"读起来更像判决书。

图D2.8 很多学习项目的"邀请函"读起来更像判决书

在通过电子邮件发送信息时，应将关键信息置于最前面。若不能在几秒钟内吸引读者的注意力，他们很可能不会费心去阅读邮件的其余部分。

黛安娜·韦斯特是 2Connect（一家专注于沟通辅导的培训公司）的创始人兼总裁，她倡导人们在口头和书面沟通中运用 2Connect 的框架——CORE、CARE、DO®，以提升沟通效果：

1. 你的关键信息是什么？
2. 人们为何要关注？
3. 你期望他们采取何种行动？

在推广学习项目时，尤其是那些具有战略意义的关键项目，需采用更具吸引力的沟通方式。一些公司采用高层领导的个人邀请，而另一些公司则更具创意。例如，瑞银银行通过制作一个充满活力、令人印象深刻的营销视频，用作领导力项目的邀请函。埃默里大学学习与组织发展总监万达·海斯则邀请了往期学员在视频中现身说法，清楚传达参加该校“卓越领导力项目”获得的利益以及项目所需的时间和管理者的期望。如果你不希望你的项目被视为一个枯燥无聊的任务，就不要以平淡无奇的方式推出它。

实际应用

- 确保你的课程简介不仅强调了课程特性，还强调了课程带给学员的利益。
- 要有创意，让你的信息在公司众多的信息中脱颖而出。

为改变做好准备

人们是否会改变以及改变的程度，取决于他们是否做好了改变的准备。普罗查斯卡和迪克勒蒙特基于他们在戒烟方面的研究，提出了一个行为改变阶段模型。该模型适用于所有行为改变类项目，也包括企业学习项目。

行为改变阶段模型认为，可以把行为变化分为五个阶段：无意识、有意识、准备、行动和维持。在此过程中的任何阶段都可能重拾旧习（见图 D2.9）。

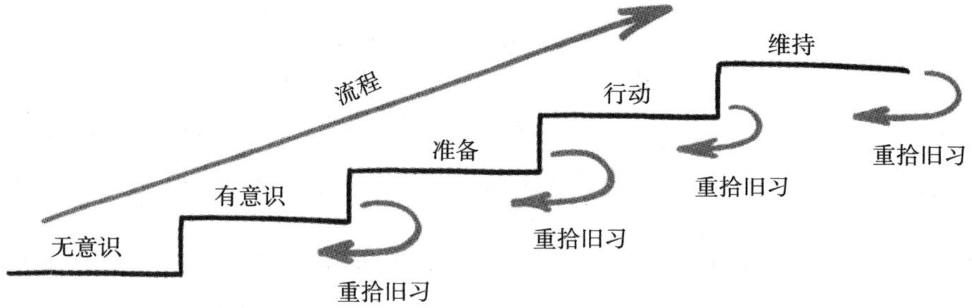

图 D2.9　行为改变阶段模型

如果改变的举措能够按步骤逐步推进，则更有可能取得成功；反之，如果人们试图跳过任何一个阶段，整个过程就可能会失败。例如，让没有任何改变意识（无意识）的人直接跳到行动阶段，这种做法往往难以奏效。因此，在开展培训之前，通过清晰传达业务目标和个人利益，将员工从无意识阶段逐步引导到有意识阶段和准备阶段，是至关重要的。此外，行为改变阶段模型还强调了学习转化和绩效支持的重要性，以帮助巩固改变成果并防止倒退。

实际应用

- 通过清晰传达即将开展的学习项目的目标和利益，将学员从无意识阶段逐步引导到有意识和准备阶段。

同事的看法

无论我们是否愿意承认，他人的看法总会对我们产生影响。如果同事和朋友对某部电影评价很高，我们更有可能去观看这部电影；反之，如果人们对当地一家新开的餐厅评价很差，我们通常就不会去这家餐厅。如今，线上评论对产品和服务的选择产生了越来越明显的影响。同样，学员对企业学习项目的态度也在很大程度上受到同事评价的影响。

当前，社交媒体已经高度发达，员工之间的联系比以往更加紧密，对“舆论导向”也更加敏感。过去，同事的影响主要局限于能够直接交流的员工之间。如今，信息可以通过“病毒式传播”在几小时内传遍整个企业。员工对某个项目的真实看法以及彼此之间的私下交流，往往与他们在课后调查中所说的大相径庭。因此，你需要通过非正式沟通渠道掌握员工的真实想法。

人们听到或看到关于某个项目的信息会影响他们的学习动机以及后续的转化应用。这意味着作为学习专家，我们需要更加关注“舆论导向”，因为它直接关系到项目的成败。如果某个项目被普遍认为“无用”“无聊”“浪费时间”，那么就需要深入分析根本原因并加以解决，否则这些问题会损害学习项目的品牌形象，其未来前景也将堪忧。忽视产品缺陷会比及时召回和维修对一家企业造成的伤害更大。

实际应用

- 关注有关学习项目的“舆论导向”。
- 遇到负面评价，应尽快寻找问题的根本原因并加以解决。

重新设定预期

在学习的准备阶段，需要完成的另一项关键任务是重新设定员工对学习项目的预期。长期以来，员工习惯于将学习视为“一次性事件”。他们参与的企业培训项目通常除了上课或考试，几乎没有其他要求。即使在那些包含“行动计划”的项目中，员工也极少被要求对知识的实际应用负责。

瑞士军刀品牌公司前董事长彼得·吉尔森曾说过：“我在年轻时就成为企业高管，那时候我参加了数十个学习项目，但从来没有人跟进我如何在工作中应用所学知识，问我最多的问题是我对讲师的评价。”

> **大多数培训后收集的信息是对讲师的评价。**

我们必须改变的一个做法是，在培训结束后立即给予学分或“结业证书”。我们的同事康拉德·斯洛夏厄尔常说，培训结束后立即颁发结业证书，就像参加减肥培训班之后拿到一张写着“恭喜，你现在变瘦了”的证书一样。减肥的艰苦历程是在学会减肥方法之后才开始的。企业培训也是如此：“真正的工作始于课程结束之后。”

我们需要重新设定学员对“完成任务”的理解，这一过程被我们称为“移动终点线”。这一点至关重要，因为组织期望是推动学习转化的关键杠杆之一。企业发起的学习项目终点线应当是在工作中的成功应用，而不仅仅是完成某个模块、活动、模拟训练或工作坊（见图 D2.10）。只有在有明确证据表明学员确实在工作中应用了所学内容，才可以获得学分、证书、徽章、纪念品或其他形式的“完成”标志。这种做法能够强化一个核心理念：培训的真正目标是实现绩效提升（见案例 D2.2）。

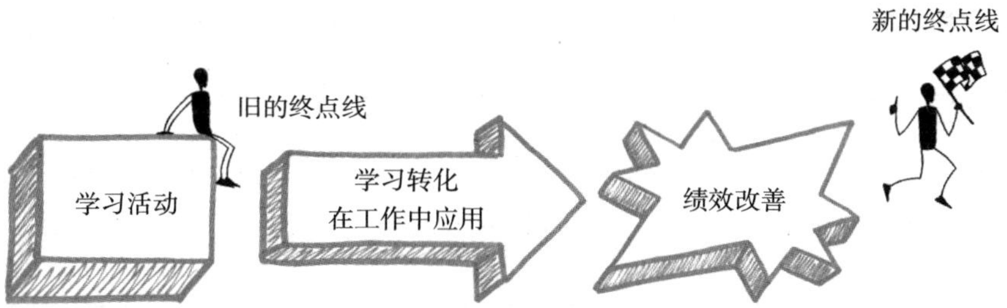

图 D2.10　真正的终点线是提升绩效

案例 D2.2　将销售培训的目标从“学习”转向“绩效”

杰里米·麦克比恩博士，柯尼卡美能达商业解决方案部学习与发展总监

6Ds®法则为我的团队带来的重要启示之一，就是将关注点从“学习”的成果转向“绩效”的成果。我们在实践中应用 6Ds®法则，是通过重新设计销售培训项目的逻辑结构和评估体系，以实现项目的目标。

销售能力如同肌肉，要想提升其力量和技巧，就必须通过持续的练习。完成指定的学习活动虽然是必要的，但这并不足以提升绩效。在线课程、讲师主导的培训课程和测验可以帮助我们构建培训体系，但这些还不足以实现行为改变和绩效提升。没有人能仅通过听课和考试就学会驾驶飞机或仰泳。卓越的绩效需要基于真实场景的练习和及时反馈。

我们重新定义了项目的成功标准，将培训目标从单纯的学习成果转向绩效成果——由学习团队和现场销售经理共同负责学习的转化和应用。我们将销售培训课程改为认证项目，从自主学习课程这一最低要求开始，不断增加刻意练习和模拟场景训练。为了获得认证，销售代表不仅要完成学习内容，还必须在真实模拟的客户互动中向评估专家展示其熟练程度。

这种方法要求我们与销售领导层进行更紧密的合作，定义并衡量他们

认为能带来结果的行为（应用结果规划轮）。同时，我们还需要向学员展示“优秀”的标准。在介绍学习项目时，我们会向销售团队播放一些简短的案例视频，展示他们的同事如何在工作中应用新的销售技能。这些视频不需要制作得过于精良，只需通过智能手机拍摄的真实互动场景或录制 Zoom/Teams 会议即可。我们的重点不在于制作精美的视频，而在于为销售代表提供真实的练习和反馈。

在实施第六法则时，我们的方法很简单，即我们不断询问管理者：“在培训和展示之后，你看到团队的行为发生变化了吗？”然后，我们将管理者的观察（通常是简单的调查）与学员的实际销售结果进行交叉验证，从而评估我们对销售代表技能提升和绩效改进的贡献。

这种方法要求我们时刻关注销售团队的最佳实践，从中提炼出真实的客户场景并将其融入学习项目中进行模拟训练。同时，这也需要我们团队有勇气对学员的实际绩效保持关注，并愿意为此承担部分责任。我们并不试图证明我们所做的培训是销售成功的唯一原因，但我们也不满足于仅仅通过课程和学习项目的完成率来衡量我们对业务的贡献。

对于希望创造更大价值的学习专家，我们的建议是：

- 将目标转向业务的结果，而非学习的完成率。
- 与利益相关人共同定义成功标准并达成一致。
- 提前展示良好的表现，向他们说明需要改变的行为。
- 减少授课的时间，增加真实练习和反馈的时间。

新的终点线可以通过多种方式定义和评估，项目的目标决定了终点线的时机和标准。例如，参加我们 6Ds 工作坊的学员只有在将 6Ds®法则应用到工作中数周，并向其他学员汇报他们的进展和经验教训后，才能获得结业证书。表 D2.2 列举了一些公司如何重新定义学习项目终点线的例子。

表 D2.2 重新定义学习项目终点线的例子

项目目标	新的终点线	企业名称
通过更有效的客户互动技巧提升销售业绩	销售经理必须在学习管理系统中证明他们已观察到销售电话中与客户的互动行为发生了改变	诺华制药
改善对 PPT 的使用技巧	培训结束 90 天后，提交三张重新设计的幻灯片。只有幻灯片通过了标准化的评分测试，学员才能获得证书	科磊
提高教练技能，以提高领导效率	完成在线学习课程，强化关键概念并测试对教练原则的掌握情况，同时与班级同学在 SharePoint 平台上就应用目标和进度展开讨论	卫理公会-博内尔医疗保健
通过应用精益生产原则提高质量和降低成本	应用精益生产原则，完成一个需要改善的项目，并进行评估和汇报	海宝公司
更有效的军事领导力	分享他们一个领导力发展项目取得成功的故事，包括应用情况和令他们最为自豪的进步	美国西点军校

这些期望需要在一开始就明确传达，让员工在参与学习项目前就十分清楚，他们不仅被期望学习知识，还需要将所学知识付诸实践。课程简介以及与学员及其管理者的沟通都应明确指出：参加学习项目的同时，还肩负着将其应用到工作中的责任。应重新设计学习项目的日程安排，要涵盖整个学习之旅，特别是要包括学习转化，而不仅仅是正式的授课部分（见图 D2.11）。

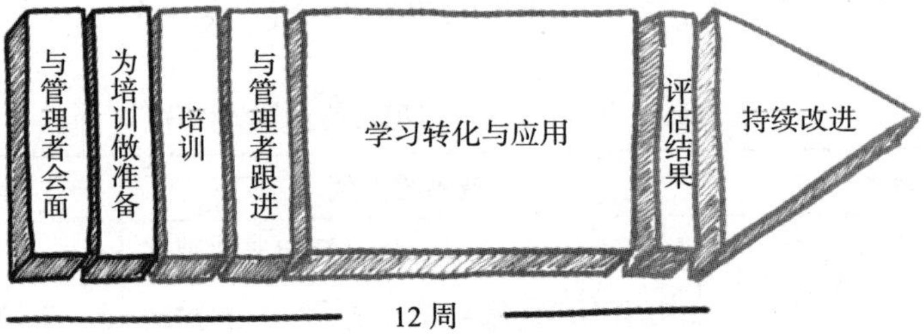

图 D2.11　展示完整学习体验的项目进度图

实际应用

- 重设学员对学习项目的预期。
- 确保所有的材料和交流都强调了学习转化的重要性。

底线

公司可以通过投入更多精力和时间来改善学员参加培训的态度，从而提高学习项目的效果。这是因为他们的态度基本上能预示他们的学习效果。如果他们预期这是一次非常有价值的学习体验，那么他们很有可能获益匪浅；如果学员觉得培训是在浪费时间，那么他们的学习效果通常也不怎么样。

第二阶段：学习

学习之旅的第二阶段是帮助员工获取（学习）与当前工作相关的新技能和新知识，或为他们未来的工作角色做好准备。这一阶段如果包含有意义的课前准备工作，则效率更高。

课前准备

我们曾试图避免使用“课前准备”一词，但未能成功，因为这个说法可能会让人误以为课前准备部分不重要，而上课才是“真正的”工作。然而，由于这个词已经被广泛接受，为了方便理解，我们在这里仍然继续使用它。需要强调的是，课前准备是（或至少应该是）获取新技能的重要组成部分，其重要性与接下来的任何环节都是一样的。

表 D2.3 列出了布置课前准备最常见的原因。

表 D2.3　布置课前准备的原因

目　　的	原　　因
建立统一的知识基础	通过讲师授课进行简单知识传递是低效的，效果也不理想。事实性知识可以事先通过在线课程学习，这样线下培训就有更多时间用于讨论和技能训练
消除原有知识的差异	员工的知识水平参差不齐。适当的课前准备工作可以让知识水平较低的员工尽快进入状态，从而使后续教学能够更快、更高水平地进行
创造学习和转化的意愿	如果员工以学以致用的态度参与学习，他们就更有可能做到这一点。而设计得当的课前准备，尤其是体验式课前准备，能够激发好奇心、展示利益，并点燃他们的求知欲望
收集数据，因材施教	课前准备工作可用于收集学员的信息，以便根据他们的兴趣爱好、技能或知识差距对课程进行调整。真正的自适应学习将是人工智能最有价值的应用之一

所有学习本质上都是将新知识与现有认知框架相连接的过程。确保学员具备相关背景知识（包括教育背景和实践经验），不仅能提升学习效果，还能提高学习效率。这种做法可以有效避免教学内容对一部分学员过于深奥，而对另一部分学员又显得枯燥乏味的情况。正如教育心理学研究所指

出的："在教学设计中如果高估学员的基础知识水平，往往会导致知识传递效率的显著降低和教学目标的偏离。"

大多数课前准备工作都未能创造价值

当我们询问学习专家有多少人布置了课前准备时，绝大多数人都表示布置了。但当我们问他们有多少学员能真正完成课前准备任务时，他们通常的估计是"不到一半"。如果只有不到一半的学员完成了课前准备任务，那么学习项目的开端就不理想了。

为什么有这么多学员没有完成课前准备呢？其症结如下：

- 缺乏约束机制：不完成这项工作不会有任何不良后果。
- 课堂重复覆盖：反正讲师在课堂上也会讲这些内容。
- 设计枯燥乏味：往往只是一些无聊的阅读任务。
- 加重工作负担：对本就超负荷工作的员工形成了心理压力。

我们的观点是，如果你不能严肃对待课前准备任务，那么建议取消课前准备。所谓"严肃对待"，意味着在课堂上绝不重复课前准备的内容，迫使学员重视前置学习，让未完成者在开始上课时处于明显劣势，通过课堂互动使其意识到差距，从而养成完成课前准备任务的习惯。

为使课前准备任务更有效并确保完成，你可以采取以下策略：

1. 设计沉浸式任务，取代传统的枯燥阅读任务，让学员更愿意主动学习。例如，你可以设计"高管访谈任务"，要求学员访谈公司高管并汇报其建议；或者让学员在上课前完成一个模拟任务（如课前做高难度的测试，激发学员的求知欲）；让学员分析竞争对手的网站，提出对抗性的营销策略；或就安全问题访谈工伤员工，反思安全管理的隐患。

2. 减少课前准备任务，精准聚焦学习内容（具体到段落），而不是要求通读整本书。用微课替代大段文字，单次学习时长控制在 15 分钟内。

3. 引入“测试豁免”机制，允许具备相关专业知识或丰富经验的员工通过技能认证测试直接获得课程免修资格。测试需包含真实业务场景模拟，确保能力测试的有效性。

4. 建立强制完成规则，将课前准备设为必修环节。例如，有些公司要求学员在参加销售课程的互动环节之前，必须通过产品知识测试并达到及格分数。将课前准备完成度与培训考勤学分挂钩，纳入绩效考核。

实际应用

- 课前准备是学习之旅的一部分，要确保它有意义、简短、有趣且必不可少。

引导式学习

教学设计的艺术与科学旨在通过系统化的方法，使引导式学习的过程实现“高效性、精准性及参与性”的目标，这一理念由尼伦和基尔什纳提出。引导式学习涵盖了所有经过精心设计的活动与体验，旨在系统性地提升员工胜任工作所需的技能、知识及洞察力，以确保其能够实现绩效目标。

引导式学习可采取多种形式，包括但不限于：

- 结构化在岗学习（如轮岗实践）。
- 讲师主导的引导式教学（课堂培训）。
- 数字化学习。
- 行动学习。
- 体验式学习/沙盘模拟。

- 教练辅导/导师。
- 上述形式的组合。

无论采用何种方法或媒介，均需关注以下核心原则：

- 目标一致性：确保引导式学习体验、必备技能与业务目标之间的一致性。
- 知识连续性：衔接课前准备内容，强化既有知识体系。
- 方法适配性：根据目标行为匹配合适的教学策略。
- 成人学习法则：遵循成人学习的规律，强调相关性与即时应用。
- 应用意愿保障：确保学员有意愿且有能力将所学内容应用到他们的工作中。
- 学用无缝过渡：确保知识/技能的获取与应用之间的平稳过渡。

我们将在第三法则一章中深入探讨引导式学习。接下来，我们将讨论的重点转向完整学习体验中经常被忽视的两个环节：转化和认可。

第三阶段：转化

学习之旅的第三个阶段是转化，即将新技能和新知识应用到个人和组织工作中的阶段。这一阶段是“真刀真枪见真章”的时刻，也是大多数项目容易失败的地方。这一阶段的成效（或失效）直接决定了学习创造的是价值还是废品。无论在第二阶段学习了多少知识，如果没有得到转化应用，对组织而言都是成本。学习的全部价值——因此也是学习与发展部门的价值——都取决于学习转化的有效性。因此，学习专家必须在转化阶段承担更多的责任，并积极影响培训后的转化氛围。

当前企业学习项目中，学习转化一直是最薄弱的环节（见图 D2.12）。正因如此，提升转化效果是学习与发展部门为组织创造价值的最佳机会。强化学习转化符合多方利益：员工个人、学习与发展部门、学员的管理者，以及整个公司。第三阶段理应获得比过去更多的关注。

图 D2.12　学习转化和应用是大多数学习项目中最薄弱的环节

既然学习转化如此重要，为什么企业学习与发展部门没能对其进行有效的管理呢？我们认为阻碍学习转化主要存在三大障碍：

1. 传统设计范式局限。培训被视为一次活动，这种想法仍然占主导地位，并且将关注点主要集中在教学设计上，忽视了学习转化的系统设计。

2. 责任归属真空。培训后的转化阶段就像“三不管地带”，培训部门和管理部门都没有明确的责任分工。

3. 管理机制缺失。一直以来缺乏监测与管理转化过程的系统性工具。

如何破解上述障碍，我们将在第四法则和第五法则两章中做更详细的论述。我们在此处提及这一点，是想说明第三阶段（转化）是设计完整学习体验中的关键一环，转化成效决定了学习项目的成败。不包含学习转化的学习设计是不完整的，优秀的学习与发展部门都会把资源聚焦到学习转化这个环节上。

第四阶段：认可

认可才是学习之旅真正的终点线，它通过确认学员取得的进步来完成学习闭环。将认可纳入完整学习体验中有三个理由：

1. 它可以带来强大的动力。
2. 它为学习项目设定清晰的目标。
3. 评估本身就是一种学习体验。

认可机制和“我愿意吗？”

事实表明，一个人的努力得到认可会产生强大的动力。学员只有觉得自己取得了进步并且获得了反馈，才能自信地回答“我愿意改变”这个问题，并愿意持续付出努力。阿马比尔和克雷默在分析了上万份工作日志后发现，在有意义的工作中取得进步的成就感，可以带来更高的生产力、创造力和敬业度。

取得进步的成就感可以带来更高的生产力、创造力和敬业度。

相反，如果员工觉得自己一直没有任何进步，或者觉得工作毫无意义，他们的动力、创造力和工作效率都会急剧下降。遗憾的是，阿马比尔和克雷默发现了一个令人担忧的事实：“太多的管理者都没有意识到进步带来成就感的重要性，所以他们也不会费心去考虑或者采取行动去提供相应的支持。”

取得进步带来的成就感是实现持续行为改变的关键（见图 D2.13）。即使改变已经启动，行为倒退仍然是常态。例如，美国全国体重控制登记处的研究表明，定期测量体重的人，更有可能减肥成功并且保持体重。“哪怕只是轻了半磅，也会让我们有一种成就感，鼓励我们坚持控制饮食。我们需要定期看见阶段性成果，才能让自己相信这场持久战终会成功。”

图 D2.13　成就感是持续行为改变的关键

如果我们想激励员工在工作中继续应用新技能和新知识，就需要让他们有成就感，能感受到自己的进步，看到学习转化的意义和价值——这才是他们最本质的动力。丹尼尔·平克在《驱动力：关于动机的惊人真相》一书中，通过研究大量的文献和案例，得出了这样的结论：对于大多数人来说，获得自我效能感和自我满足感的内在驱动力，远比金钱和职位等外在奖励更有激励作用。

相反，如果努力被忽视则会极大地打击积极性。艾瑞里对三组人进行了比较：一组人的工作获得了认可，一组人的工作完全被忽视，还有一组人的工作刚完成，成果被直接毁掉。令人惊讶的发现是，工作被忽视的那组人几乎和工作成果被销毁的那组人一样快放弃了。换句话说，缺乏认可和把工作被毁掉一样，都会扼杀他们的内在动机。

如果我们希望人们能应用所学的知识，就需要认可他们的努力。

这给学习专家的关键启发是，如果我们希望人们能应用所学的知识，就需要认可他们的努力，让他们的成就得到奖励。我们可以让他们做自我评估看到自己的进步，还可以通过评估他们的应用转化情况给予学分、颁发徽章或结业证书。另外，我们还可以采取更有效的激励措施，如请学员向公司高管汇报自己的努力和成果（见案例D2.3）。过去，学习与发展部门没有采取有效的措施激发学员的内在动机，如学员在努力在工作中应用所学内容的时候获得认可。因此，第四阶段（认可）是完整学习体验中不可或缺的一部分。

案例D2.3 杜邦如何实现学习价值的转化

杜邦通过创新产品、材料和服务将世界顶尖科技带入全球市场。为了确保产品成功推出和占领全球市场，杜邦采用了战略营销方法——杜邦营销卓越体系（DMX）。DMX总监兰德·门德斯负责将DMX的基本原则转化成业务影响力。

DMX团队项目从强化能力发展入手，以体验式和项目式学习为主要学习方式，重点围绕四个高优先级增长项目展开，每个项目都需制定战略营销规划。这些项目的真实工作场景成为DMX团队学习的基础。

6Ds®法则被用于设计这一过程。DMX团队首先从第一法则入手，以确保对预期结果的清晰理解。他们还使用第一法则制定了项目章程。

跨部门的学员相聚一堂，将在六个月内共同参加三次为期三天的课程，在此期间，他们需要转化他们学到的战略营销知识，把这些知识应用到优先级较高的真实工作项目中。兰德·门德斯告诉我们："如果学习内容和重点工作密不可分，学习转化就会容易得多。"

为了进一步确保转化，DMX团队在整个过程中部署了教练和绩效支持。该项目的"终点线"是向高管团队展示战略营销规划，并将其纳入杜邦销售流程的价值流中。

"项目成功的一个标志是，业务部门不再要求计算投资回报率。他们已经看到项目创造的价值了。"

实际应用

- 设计学习体验的时候，应该确保员工在应用新技能的过程中能够获得成就认可，哪怕只是一个自我评估。

检查一致性

最后，需确保学员的整个学习之旅“内在统一、逻辑自洽”。从项目简介、教学设计到管理者支持与效果评估，所有环节必须相互对齐、形成合力。若课程内容与企业实际工作存在冲突，学员将失去应用的动力；如果不一致问题非常严重，则会引发员工对培训和管理层的双重质疑。

在这方面，学习专家需要做到“身体力行、感同身受”。这一观点源自夏皮罗、兰加和史维奥克拉三人在《哈佛商业评论》发表的一篇里程碑式文章。他们认为，真正理解客户体验（及如何改善）的唯一方法就是让自己融入其中，做到“感同身受”。换句话说，就是全程跟踪一个订单的过程，历经从下单、交付到完成配送的所有过程，从客户视角观察公司是如何运作的，才能真正理解客户体验的痛点。

将这一理念应用于学习与发展中，就是想象自己也是一个学员，跟随他们经历学习的所有旅程，从他们首次接触项目的信息到接下来几天和几个月内的学习和转化应用。在每一个阶段，都要像学员一样思考，并问自己：

- 我是否理解公司对我的期望？
- 我是否清楚该项目是如何与其他系统、公司价值观及公司业务发展规划进行关联的？

- 学习项目与我的工作之间有没有明确的相关性？
- 课程结束后，我是否能够说“是的，我能以新的方式做事？”
- 我是否会回答“是的，我愿意！”并积极尝试应用所学的知识？
- 这样做，对我个人能有什么好处？
- 如果需要帮助，我应该去找谁？
- 是否有人知道或在意我在工作中应用了所学知识？
- 我的上司是怎么想的？他支持这个项目吗？我怎么知道？
- 绩效评估系统是强化了我所学的知识，还是与之相悖？
- 是否有任何形式的认可或奖励机制？

每当我们与客户一起进行这项练习时，他们都发现了完善学习体验和影响力的机会。

实际应用

- 使用第二法则的检查清单（见示例 D2.1），帮助你设计完整学习体验。
- 确保学习体验的所有要素都能协同运作。

第二法则的检查清单

最有效的学习与发展部门践行的第二法则强调：确保学习项目设计能涵盖学员的完整体验——从项目描述、绩效支持、效果评估到成果认可等各个环节。设计完整体验已经远远超出了我们对企业传统学习的认知。我们需要学习新的技能，摒弃长期以来的范式和习惯。这是实现学习有效性真正突破的唯一途径。

更全面的学习体验和学习转化显著提高了学习与发展的感知价值和实际价值。将终点线重新定义为绩效提升，而不是课程的最后一天，是一个充满挑战的工作，但它也会带来丰厚的回报。

设计完整学习体验远远超出了传统企业学习的范畴。

示例 D2.1

第二法则的检查清单

使用下面的清单，确定学习项目能够提供完整体验。

第一阶段：准备

	要　素	标　准
❑	选拔	在选拔过程中，确保合适的人选参加项目；他们应具备一定的知识和经验，并能从中获益
❑	邀请函	邀请函应清晰且引人注目。它包括参加项目的好处，并明确在工作中应用的期望
❑	对齐	鼓励学员的经理在培训前参加讨论（理想情况下，这是强制要求的）。学习与发展部门向经理和学员提供项目指南和工作表单
❑	准备（经理）	向经理提供项目指南，包括项目概述、目标、业务需求、好处及如何最大化价值等内容

第二阶段：学习

	要　素	标　准
❑	课前准备	安排有意义的准备工作，如阅读、体验式学习、模拟、反馈等，以最大化学习阶段的价值
❑	提前预习	要求学员提前预习大量内容，未完成的学员在学习中将处于劣势（或理想情况下，不允许参加项目）
❑	一致性	学习设计师和培训师就每个活动与期望行为、能力和预期业务结果之间的关系达成共识，并清晰传达给学员
❑	相关性	学习内容包含相关的例子、故事、模拟、讨论等，帮助学员了解如何将所学应用于工作。利用骨干员工和/或往届学员分享，强调项目实用性
❑	实践	预留足够时间让学员练习新技能，经理为学员提供行为改变的指导和反馈
❑	评估	对学员的评估应与真实工作相关，而非简单的记忆测试

第三阶段：转化

	要　素	标　准
❑	绩效支持	将工作辅助工具或其他材料和系统纳入学习项目，确保学员在需要时可获得支持。这些工具在培训练习中使用
❑	经理参与	强烈建议学员和经理在课程结束后进行面谈。提供面谈指南，促进经理积极参与
❑	问责制	设立问责制，定期提醒学员他们的责任，确保他们对自己的进步负责。同时，表彰那些付出额外努力和取得成就的人。经理也需对指导员工负责，并因此获得认可
❑	过程管理	设有流程和系统，使学习专家能够监测、支持和管理学习转化过程

第四阶段：认可

	要素	标准
☐	结束	工作中的应用才是项目的“终点线”。制定评估计划，并让学员知晓该计划
☐	进步	评估项目应让学员意识到自身的进步
☐	认可	建立对优异表现和成就进行认可和奖励的机制

行动指南

致学习负责人

- 回顾你团队负责的学习项目，确保该项目真正从学员视角设计了完整学习体验。
- 务必警惕信息不一致的现象，即所学内容与实际工作中存在矛盾或缺乏协同的情况。
- 回顾课程简介和邀请函，以确保它们强调的是利益，而不仅仅是特性。
- 向直线经理解释他们在学习过程的四个阶段中给予支持的重要性，以实现更多的投资回报。
- 确保项目简介、日程和其他沟通交流中不会强化“学习即事件”的范式。
- 重新定义终点线：学员应用转化所学内容之后方可给予学分和证书。
- 确保有一个机制，让学员在应用阶段能感受到进步，并认可绩效的提升。

致业务负责人

- 请对你职责范围内的重要学习项目进行回顾：
  - 业务目标是否明确？
  - 该项目是否包括学习之旅的四个阶段？
  - 这些活动有意义吗？
- 留意你和其他经理谈论学习的方式。你们传递了怎样的信息？你们是在强化积极的心态，还是在无意中贬低培训的价值？
- 构建一套机制，让直线经理为学员在学习与发展中取得的结果负责。
- 评估并奖励在项目中积极参与的管理者。
- 请确保“知行合一”。也就是说，要确定管理层所说的、所做的以及绩效系统所奖励的是一致的。
  - 如果做不到，培训就是浪费时间和金钱。
- 确保有一个流程来评估、认可和奖励因应用所学而取得的成果。

第三法则

引导学以致用

所有培训方案的设计都应基于学员信息的处理方式，否则项目注定会失败。

——查克·霍德尔

6Ds®法则的第三法则专为实际应用而设计。这意味着所采取的教学策略应最大限度地促进学习成果在个人及公司实际工作中的可应用性。因为创造价值的关键在于新技能和知识的应用，而不仅仅是获取。“培训的真正目标是改变人们的行为，而不仅仅是提升他们的认知。”新技能和新知识的应用效果取决于其教学方式。教学内容的顺序、方法、结构、节奏，以及评估机制、反馈机制和练习机会的设计，都会影响学员对“我能吗？”和“我愿意吗？”这两个关键问题的回答，从而决定学习项目是创造实际价值，还是沦为无效的投入。

在本章中，我们将深入探讨人类的学习机制、知识的分类，以及帮助员工跨越“学—做”鸿沟并有效应用新知识与技能的学习项目设计方法论。同时，我们将聚焦企业学习项目中最常见的问题，并提供针对性的解决方案。

本章的主要内容包括：

- 学习是实现目标的手段。
- 记忆与学习。
- 人们是如何学习的。
- 影响成功的四个因素。
- 第三法则的检查清单。
- 行动指南。

学习是实现目标的手段

企业出资的学习是实现目标的一种手段。企业为员工提供学习机会，旨在提升绩效。学习——获取新技能和新知识——是这一过程中的关键一步，但员工还必须付诸实践：将新知识和新技能转化并应用于工作中，以推动实现组织的使命和愿景（见图 D3.1）。在这方面，企业培训与大学教育有所不同。因此，企业出资的学习需要以实际应用为目标，而不仅仅是传授知识、研究理论或提升理解能力。

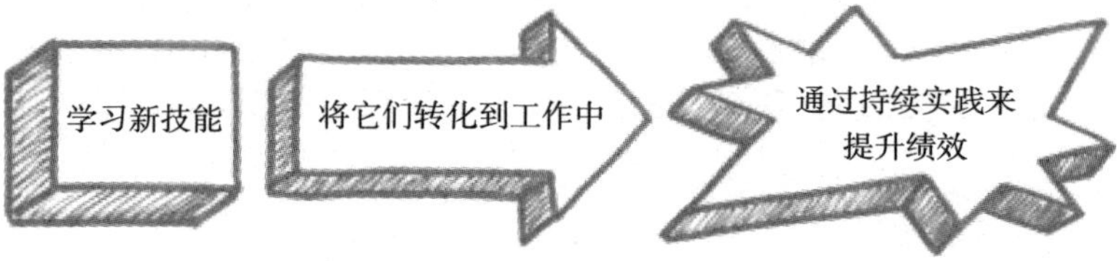

图 D3.1　学习是绩效提升的关键一步，但它只是实现目标的手段

既然实际应用如此重要，我们就需要一种注重实效的教学方式来强调技能培养和实践。此外，我们还需要通过评估来了解学员在工作中应用新技能和新知识的能力——学员仅靠死记硬背知识是不够的。

记忆与学习

记忆与学习密不可分。记忆保留了所学的内容，当一个人能够回忆和/或使用所学内容时，我们就知道他已经学会了。记忆可以分为陈述性记忆和非陈述性记忆（见图 D3.2）。

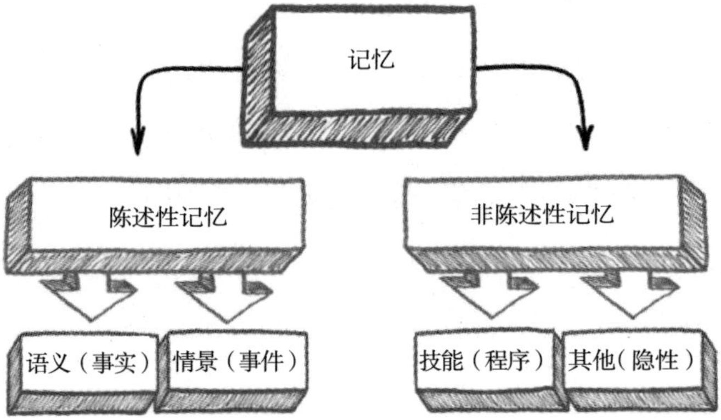

图 D3.2　记忆的主要类别

陈述性记忆，也称显性记忆，是我们可以用语言描述的事物，如中国的首都、六边形的边数或产品的关键特征。陈述性记忆有两个细分：

- 语义记忆：关于事实的知识，如前文中的例子——这是我们通常所说的“知识”。
- 情景记忆：对特定事件的记忆，如你最近的一次度假或你参加的颁奖典礼。

非陈述性记忆，也称隐性记忆，是我们知道但难以或无法用语言表达的事物。非陈述性记忆中最重要的一部分是程序性记忆——知道如何做事情，如骑自行车、系鞋带或使用手机等——这些我们通常称之为“技能”。

因此，当我们谈到向员工传授新知识和新技能时，实际上是在帮助他们形成新的语义（显性）和程序性（隐性）记忆。虽然陈述性记忆和程序性记忆是不同的，并且主要依赖于大脑的不同部分，但它们在获取、保留和检索方面有许多共同特征，这些特征为如何最好地传授和学习它们提供了指导。例如，两者都可以通过练习得到提高。

遗憾的是，当前企业培训中的许多做法与目前已知的最佳学习方式相悖。为了阐明这一观点，我们需要简要回顾一下对学习科学的相关研究。

人们是如何学习的

随着认知心理学和学习研究的不断深入，我们对学习过程的理解以及哪些教育方法最有效的认识也在不断加深。许多优秀的著作总结了这些研究及其意义，包括约翰·安德森的《认知心理学及其启示》、大卫·索萨的《大脑如何学习》、米尔扬·尼伦和保罗·基尔施纳的《循证式学习设计》，以及露丝·克拉克和理查德·梅耶的《数字化学习与教学科学》。遗憾的是，这些著作中的许多观点尚未在企业学习项目中得到充分应用。

梅迪纳在《让大脑自由》一书中，对人类大脑和学习的观点进行了论述。他总结道："这本书里的研究得出了哪些结论？最大的结论就是，如果你想创造一种教学环境，而这种教学环境恰好与人类大脑最容易适应的环境完全相反，那么你可能会设计出类似'教室'的东西。"这不仅仅是教室的问题。迈克尔·艾伦指出："就算是 E-learning 也可能变成以一页页文本为主的授课形式。这种学习方式枯燥无趣。可悲的是，这还不是最糟糕的。枯燥的课程不仅耗费成本，影响积极性，而且效率低下，可以说是一种浪费。"

枯燥的课程不仅耗费成本，影响积极性，而且效率低下，可以说是一种浪费。

为什么枯燥的教学——无论是现场授课、数字学习还是虚拟课程——如此糟糕？因为我们无法学习我们不感兴趣的东西，而"我们不会关注无聊的事情"。为了设计出能够帮助成年人在工作中应用的学习体验，学习专家需要了解人们如何学习、记忆、转化和应用技能和知识。

为了确保对“我能吗？”这个问题做出积极回应，我们需要将学习和脑科学研究应用到教学实践中。为了确保对“我愿意吗？”这个问题有积极的回应，我们需要应用行为研究和心理学的见解——为什么人们会这样做，以及如何帮助他们改变。

学习过程

学习的关键步骤如图D3.3所示。整个过程必须从左到右依次完成，学习才能创造价值。任何环节都可能出现问题。学习专家需要了解每个步骤的优化方法以及瓶颈所在，才能设计出更有效的干预措施。

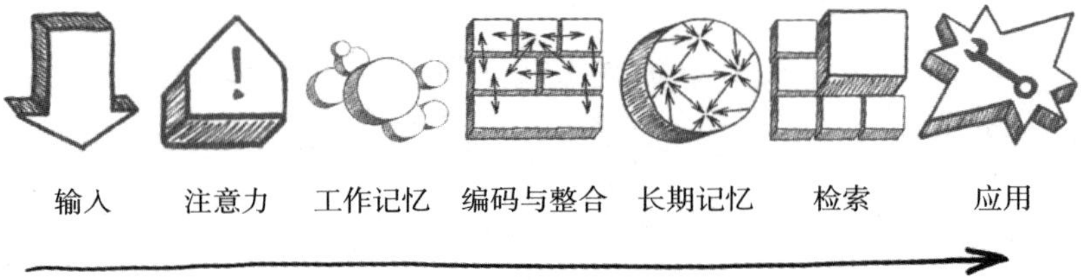

图D3.3 学习过程

输入

这个过程始于某种刺激。刺激可以是外部的（如人体五种感官中的任何一种），也可以是内部的，如焦虑、痛苦或悲伤，以及大脑其他部分产生的洞察和想象。

大多数成年人认为，他们在某些学习方式上比其他人更有效。有些人偏好听觉信息，有些人偏好视觉信息，还有些人偏好通过实践来学习。这些偏好被称为“学习风格”。许多关于教学设计的图书和课程仍然强调将教学方法与个人学习风格相匹配的重要性，其理论基础是，当人们以他们偏好的方式学习时，学习效果会更好。然而，研究表明，这种观点是完全错误的。

赖纳和威灵厄姆在研究大量文献后得出结论：“没有可信的证据表明存在学习风格。”真正重要的是教学方式与所教内容相匹配。在关于学习的经典著作中，布朗、罗迪格和麦克丹尼尔总结道：“当教学风格与教学内容的性质相匹配时，所有学员都能学得更好，无论他们对教学方式的偏好有何不同。”

> **将教学风格与教学内容的性质相匹配。**

如果要教几何学，就需要使用视觉辅助教具。如果要教机械工程师如何修理发动机，就需要动手操作，依此类推。关键在于，在规划企业学习项目时，不要考虑学习风格，而应聚焦于人们需要学习的内容以及这些内容的最佳教学方式。

注意力

无论何时，大脑接收到的信息量都远远超过其处理能力（见图 D3.4）。除了含有威胁信号的信息或特别有趣的信息，大多数输入信息都会被大脑直接忽视，且不会被进一步处理。举个简单的例子，人们在 24 小时内不间断地接收脚部的感觉神经元传来的信息流。然而，除非鞋子不合脚、脚冷或者脚踝扭伤，否则人们很少会意识到脚部传来的信号（虽然看完这句话后你可能开始意识到了）。

甚至你所看到和听到的大部分信息也会被忽略，除非你有意识地选择去关注它，或者它被你的潜意识认为是一种威胁，从而立即将其提升到意识层面。

人类在信息筛选方面表现出色。例如，在参与一场有趣的对话时，人们能够在嘈杂拥挤的房间中有效“屏蔽”其他声音刺激。尽管这些背景对话清晰可辨，但只要个体真正专注于其交谈对象，这些对话便难以进入意识层面，除非某些特定信息（如自己的名字或愤怒的声调）触发了注意力的转移。然而，一旦这种注意力转移发生，个体便会失去对原有对话的连贯性。

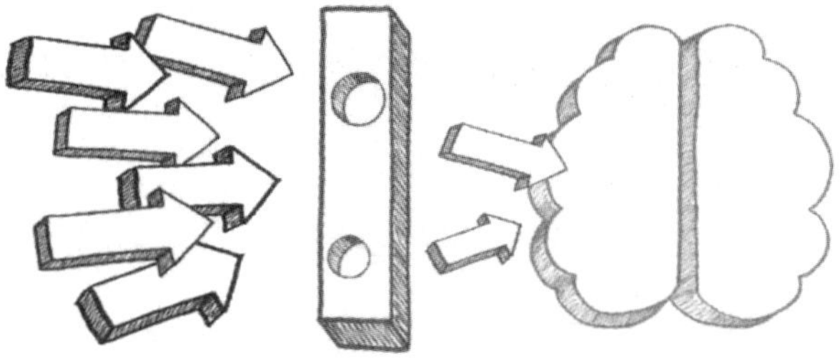

图 D3.4　大脑接收到的信息量远超其处理能力；大部分信息会被过滤掉并被忽略

这一能力的经典实验是“双耳分听任务”。在此任务中，参与者佩戴耳机并被要求同时聆听两个截然不同的讲座，其中一个讲座通过左耳传入，另一个则通过右耳。一组参与者被指定仅关注来自左耳的讲座内容，而另一组参与者则被指示仅关注右耳的讲座。实验结果显示，虽然参与者能够有效回忆他们所专注耳朵的讲座信息，但对于非专注耳朵的讲座内容，他们几乎无法记忆，除能辨别声音的性别（男性或女性）外。

视觉系统中亦存在类似的筛选机制。以西蒙斯与查布里斯的研究为例，他们发现在要求观察者专注于视频中特定活动（如统计穿白色球衣球员之间的篮球传递次数，而非黑色球衣球员）时，超过半数的观察者未能察觉到一个显著的干扰项：一个穿着大猩猩服装的人走到篮球场内并捶打自己的胸膛。这一实验强调了一个重要的认知原则，即当个体选择集中注意力于某一对象或任务时，不可避免地会忽略其他同时发生的信息或事件。

这些研究成果对教学与学习领域具有深远的影响：注意力是整个学习过程中最大的瓶颈。除非能够有效地获取并维持学员的注意力，否则教学内容将难以被学员有意识地接收，进而导致学习效果低下。这就是为什么加涅在“九段教学法”中将“引起注意”列为第一步，这是讲师必须做的第一件也是最重要的事情。

注意力是学习过程中最重要的瓶颈。

实际应用

- 课程应该在第一时间抓住学员的注意力，避免冗长枯燥的开场白，否则学员将失去学习兴趣。
- 通过解释（最好是说明）学习项目对学员个人的价值来吸引他们的注意力，并回答“这对我有什么好处”这个问题。

一心多用只是传说

人们普遍认为，尤其是在年轻人中，他们能够有效地同时处理多项任务。一些公司仍将多任务处理能力视为一种理想的特质。然而，有明确的证据表明，同时执行两项或多项任务是一种误解。表面上看似多任务处理的行为，实际上是任务之间的快速切换。这种切换会产生切换成本。正如史蒂夫·乌泽尔所言：“一心多用只会导致几件事情同时搞砸。”当在任务之间切换时，个体几乎总是需要更长的时间来完成任务，并且会犯更多的错误，而不是专注于单一任务。

一心多用只会导致几件事情同时搞砸。

此外，当人们在多任务之间切换时，会出现一个短暂但可测量的休眠期，在此期间他们无法有效关注任何一项任务。这种现象解释了为何开车时试图发短信具有极高的危险性。研究表明，无论是写还是读短信，都会显著降低驾驶员的反应速度。美国交通部的一项研究进一步指出，即使在职业驾驶员群体中，开车时发短信也会导致交通事故率增加 23 倍。

一心多用与企业学习的联系在于，如果学员在培训过程中同时进行短信交流或查阅电子邮件，他们将无法真正专注于培训内容。多项研究证实，课堂上使用手机的学员学习效果显著下降。随着直播课在培训中的广泛应用，这一问题进一步加剧。在直播课期间，"多任务处理"（例如"我只是快速查看一下电子邮件"）的倾向尤为普遍。研究表明，即使手机处于关闭状态，仅是放在视线范围内，也会对认知能力产生负面影响。

实际应用

- 不提倡一心多用，尤其是在培训期间使用手机和电子邮件。
- 利用上文提到的猩猩视频或类似视频来说明一心多用的危害。
- "失去联络"会导致许多人产生焦躁不安的情绪；提供足够的休息时间，让人们检查邮件或其他工作。

集中注意力为什么很困难

当人们高度投入并沉浸于一项任务时，他们能够持续数小时专注于思考和工作，这一现象被契克森米哈赖称为"心流"状态。然而，对于大多数任务而言，保持注意力是一项具有挑战性的工作。这需要意志力的参与，即前额叶皮层的执行控制功能。

有趣的是，阅读学习比听讲学习更有保持注意力的优势，因为"人们在听讲过程中，注意力很容易被外界的声音吸引。然而，阅读是一项需要注意力高度集中的活动，因此可以减少干扰因素的影响”。

意志力和注意力一样，也是一种有限的资源。例如，当一个人面对一盘新鲜出炉的巧克力饼干，却只能选择吃萝卜时，他的意志力就会被耗尽。自这一观点提出以来，已有超过两百项研究围绕这一主题展开，且这些研究均得出了相同的结论：意志力并非仅仅是一项技能。它更像人体四肢的肌肉，随着使用量的增加会逐渐疲劳，从而导致可用于其他任务的精力减少。这一理论同样适用于学习过程中的注意力集中。个体能够保持注意力的时间是有限的，若缺乏节奏变化，这一时间将进一步缩短；此外，个体每天能够保持注意力的总时间也是有限的。

企业培训要求人们长期保持注意力集中状态，这是不切实际的。

我们需要时不时地让学员的大脑从持续的信息轰炸中休息一下。梅迪纳建议将所有演讲分成 10 分钟的片段，因为大多数学员的注意力在持续 10 分钟之后就开始游离。他建议定期使用“钩子”来重新吸引他们的注意力。有效的“钩子”应与主题相关，并能唤起某种情感，如笑声、焦虑、怀疑、惊讶等。精心选择的故事和轶事在这方面尤其有效。

关键在于“全心投入才能学到知识”，因此教学的一个关键任务是吸引、保持并定期重新吸引学员的注意力。提亚吉的教学游戏之所以流行，以及最近兴起的学习游戏化设计热潮，原因在于游戏元素有助于维持注意力、参与度和兴趣，而这些是学习的前提条件。

实际应用

- 将演讲分成大约10分钟的片段，并使用“钩子”来重新吸引注意力。
- 在虚拟教学中，将课程段落设计得更短。

工作记忆

被关注到的信息会传递到工作记忆中。工作记忆保存着感官输入的信息，并从长期记忆中提取相关信息来理解它。例如，我之前见过这个人吗？那个词是什么意思？我是不是处于危险中需要做些什么？所有这些都发生得非常快，而且通常是在很少的意识思考下完成的（例如，认出一个熟悉的人或地方）。那些没有被关注到的感官输入则不会被进一步处理，并且会永远丢失。实际上，视觉和听觉系统都能够在信息没有被主动关注的情况下保留信息几秒钟。在听觉系统中，这被称为回声记忆。正是它让你能够在被叫到的时候回忆起对话或讲座的最后几秒钟，即使你当时在想别的事情并没有在注意听。

工作记忆最初被称为短期记忆，这强调了它的短暂性。它可以被看作一条固定长度的传送带（见图 D3.5）。在被新的想法/输入取代之前，信息只能在工作记忆中保存很短的时间。随着新内容的加入，旧内容会从另一端消失。米勒的经典论文将工作记忆的容量描述为“神奇的数字七，上下加减二”，因为大多数人可以在工作记忆中保留大约七个项目，而无须不断刷新它们。不过情况比这更复杂一些——通过“组块化”（将单个项目组合成更大的组），可以增加工作记忆的容量。例如，你可以很容易地记住七个单词而不仅仅是七个字母。关键是，在设计教学时，学习专家必须考虑工作记忆的局限性。

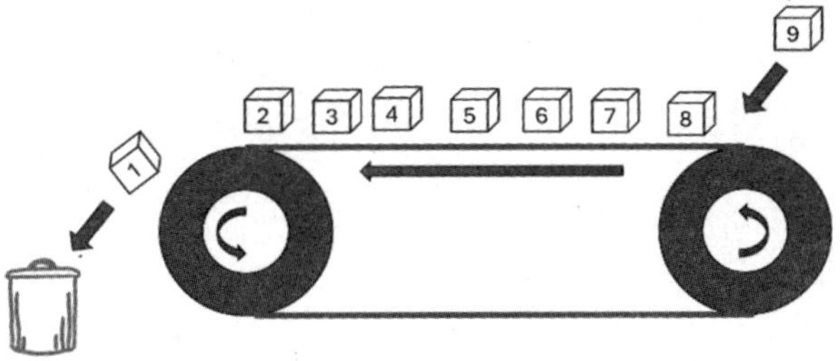

图 D3.5　工作记忆的容量是有限的

当内容过多且传递过快时，学员无法充分处理和理解这些内容。每个人都曾有过像加里·拉森的“远方”系列漫画中学生那样的感觉，他要求离开课堂，因为他的“大脑已经满了”。这就是认知负荷：信息传递过快，导致大脑不堪重负，无法充分处理。根据杰夫·佩蒂的说法，讲师“传授知识的速度可以是学习速度的 20 倍。如果内容传递得太快，工作记忆和短期记忆很快就会被淹没。重点、联系和主要原理会被细节所掩盖”。

过多的细节可能会掩盖重点、联系和主要原理。

换句话说，更多的内容并不一定意味着更好的学习效果。实际上，当内容增加到一定程度后，额外增加的材料反而会导致学习总量的下降（见图 D3.6）。这不仅仅是因为学员难以记住那些“非必要”的信息，而是因为过多的内容以及过快的节奏会干扰对基础知识的掌握。认知负荷过重会导致浅层次的学习，当学员缺乏足够的时间去充分加工和整合信息（即“建构知识间的联系”）时，他们难以把握其内在逻辑结构。此外，过多的内容还会挤占主动学习和练习的时间，而这两者恰恰是学习过程中不可或缺的关键环节。

提供的信息应以满足需求为限，避免冗余。

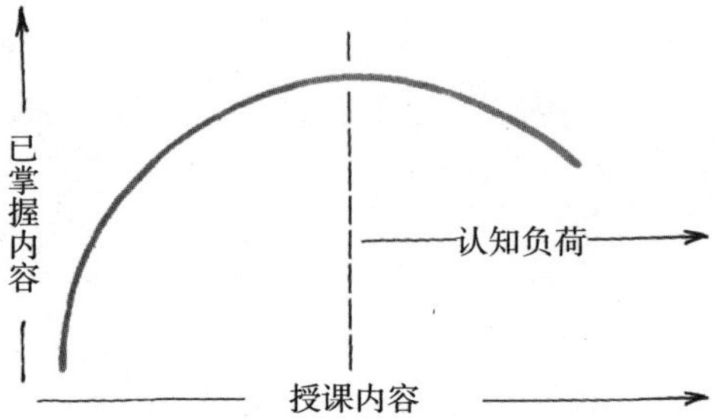

图 D3.6　更多的内容实际上会减少学习量

我们一些做法本意是好的，方法却是错的，如通过引入无关的故事、音乐、复杂的图形及动画以增强教学的吸引力，往往会导致认知负荷。为“提升趣味性”而添加的无关的视觉元素，会分散学员对关键内容的注意力，从而对学习效果产生负面影响。正如露丝·克拉克在其《循证培训方法》一书中所强调的：“工作记忆的有限容量表明，教学设计应提供传递核心内容所必需的信息量，以确保学员具备足够的认知资源用于信息加工与整合。”

当两股信息流都在争夺大脑的处理能力时，认知负荷就会显著增加。例如，试图一边阅读幻灯片上的文字，同时还要聆听演讲者的讲解，这两者都需要语言处理能力。这便是“演说文”（由《演说之禅》的作者加里·雷诺兹创造的一个术语，用以描述包含大量文字的幻灯片）普遍存在的问题。相反，图像和文字则是一种互补关系，因为它们是由不同的处理系统分开来处理的。实际上，图片相较于文字更容易被记忆。

实际应用

- 防止学习项目出现认知负荷。

- 避免使用无关的音频、图像等。如果它们不能增进理解，就不要使用。
- 避免使用文字过多的“演说文”。

编码与整合

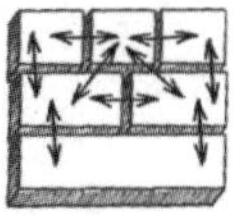

鉴于工作记忆的短暂性，新的信息和见解需要被转入长期记忆中，以便日后能够检索和应用。编码是将新的经验和信息与已有的知识和技能相连接的过程，这是“学习”的本质。新信息编码得越牢固、越精细，日后就越容易被检索。每个人对新信息的编码方式各不相同，因为每个人的生活经历——以及由此形成的思维框架——都是独特的。因此，为学员提供更多的时间，鼓励他们生成自己的例子和类比，这一点很重要，因为学员自己建立的联系比讲师提供的联系更为牢固且实用。

深度编码之所以重要，是因为大脑对信号做出反应的时候，需要检索多个时间点的记忆（见图 D3.7），从过往的学习经验中寻找相关线索。因此，引导学以致用（第三法则）需要运用教学手段强化编码过程，建立长期记忆，协助日后检索。授课方式应该给学员留下深刻印象，这样才能在学员日后的工作中发挥指导作用。

当人们能把新学的东西和自己已经知道的东西联系起来时，学习就会更容易。那些能扩展或补充已有知识的内容，比那些完全陌生或无关的内容，更容易在几天、几周甚至几个月后被记住和用上。学得越深入，效果越好。深度学习不仅需要你专心去学，还需要把新知识整理成有逻辑、有意义的概念框架，这样才能真正记到脑子里，以后用起来也更方便。

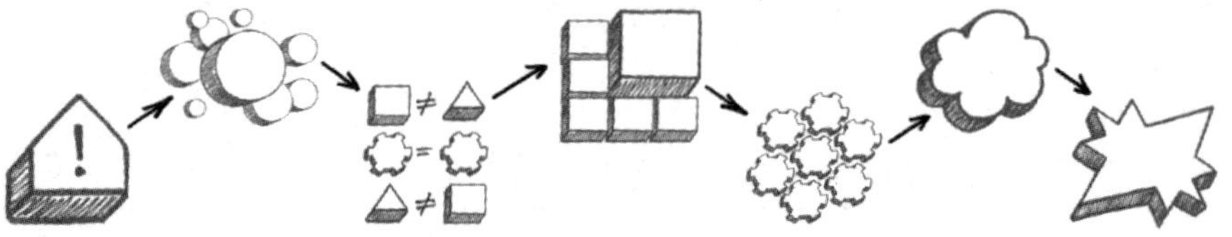

图 D3.7　对信号做出适当反应的过程涉及从长期记忆中反复提取信息至工作记忆中

学习专家可以用一些工具来帮助大家更好地记住新知识，如“先行组织者”。这其实就是在上课前，先给大家一个简单的概念图或者几个思考问题，让大家对要学的内容有个大概的了解。这样一来，学习的时候就能更容易地把新知识和已有的知识联系起来。例如，用图表展示工作流程，可以帮助员工在脑子里形成一个清晰的框架，然后把具体的操作步骤和技巧都装进去。特别是用图片来辅助记忆，效果特别好，因为大脑对图像的记忆能力特别强，能记住很多细节。另外，先行组织者还能帮我们把零散的信息打包成更大的模块，这样记起来更轻松。就像象棋高手不会一个一个记棋子的位置，而是把整个棋盘的布局当成一个整体来记。

学习内容的编码越丰富，检索起来就越容易。

当大家一起讨论刚学到的内容时，编码过程就会加强，这样记起来会更容易。这就是为什么“互教互学”（即“教给别人”）是一种有效的教学策略。例如，当你试着把学到的概念讲给别人听时——这个过程被称为精细复述——其实是在加深对它的理解，以后也更容易想起来（可以参考案例 D3.1）。因为“每回想一次，记忆就会变得更牢固一点”。

案例 D3.1 精细复述的力量

格伦·休斯是科磊公司的全球学习与发展总监。科磊公司是为半导体和微电子行业提供工艺控制和质量管理解决方案的全球领先供应商。当我们问及格伦哪种学习策略最有效时，他立刻提到了“精细复述”（详细讲解给别人听）这一方法。他说：

“我意识到这可能是我个人比较喜欢的学习策略。很多人称赞我记忆力很好，我甚至能够说出20年前去过的日本寺庙的名字；我甚至能够记住很多电影的情节和台词；同样地，我能够记住课堂学习的内容、活动及对话。直到我看到有关精细复述的文章后，我才理解了这是为什么。当我学完某个内容时，我做的第一件事就是去和别人分享我学到的东西。

“培训结束后，我回到家里会告诉我的妻子：‘嘿！我今天参加了一个培训课程，我学到了……’然后我会把这些内容详细讲一遍。周末，当我打电话给我父亲时，我又会提到这个课程和我学到的东西，然后又告诉他很多我刚刚学到的内容。到了公司，我会拿起笔，在白板上通过画图告诉同事我刚刚学到的知识。

“他们会质疑我并问我问题。这迫使我厘清思路，清晰地表达我的想法，这期间会让我有更多的思考。他们还会提出他们自己的应用想法。当然，在我向他们分享的过程中，我会和我们共同的经历联系起来。例如，我会说：‘嘿，你还记得三个月前我们和那位领导谈话时他说的问题吗？……嗯，我想我可能找到答案了。’

“这就是我在任何关键学习经历后的48小时内编织的‘网’。这张网涉及很多人，甚至不同的媒体和工具，以及一个想法与另一个想法的联系。有趣的是，在这个人际网络中，应用点的数量呈指数级增长，因为他们都能看到它的用途。这样一来，把学到的东西应用到实际工作中就变得非常容易了。

“这可能是我在每次学习结束后做的最重要的事情，完成了整个精细复述的过程。”

精细编码——那种能带来强大且更容易提取的学习效果的编码方式——需要学员的积极参与。他们必须深入思考材料的含义，并将其与自身经验、先前知识和工作角色相联系。学习活动应经过特别设计，以确保人们有足够的时间和动力来积极处理这些经验。编码涉及在大脑细胞之间形成新的物理连接，这需要时间，而且有趣的是，还需要充足的睡眠。编码过程决定了为什么学习不能速成；这就是你不能在一个下午、一周甚至一个学期就成为火箭科学家的部分原因。

另一个需要考虑的因素是，编码并非具有选择性。大量不一定相关但会影响回忆的背景信息会被编码（见塔尔海默的综述研究）。例如，在水下训练的潜水员在水下测试时的表现比在陆地上测试时更好；学生在经常学习的地方考试，成绩也会更好，都是这个道理。这对学习与发展的启示是，当工作环境与新知识或技能一起被编码时，以后在实际工作中更容易想起来。这是在工作中培训或在仿真模拟器中培训，更容易学习转化的原因之一（见案例 D3.2）。

案例 D3.2 用虚拟现实做培训，效果不一般

尼古拉斯·贝克，First Step Trust 学习与发展负责人

培养就业技能一直是一项挑战，如果学员是弱势群体，挑战就更大。

First Step Trust 是一家拥有 30 年历史的社会组织，为弱势人群（如心理健康问题患者或社会边缘人群）提供职业培训。我们的使命是通过强有力的支持和有针对性的技能培训，帮助他们找到工作。作为一家非营利性组织，我们的资金是通过完成利益相关人的特定目标来募集的。这一做法体现了 6Ds®法则中的第一法则（界定业务结果）。

我于 2024 年 1 月加入 First Step Trust，此前曾在 Lonza 集团领导虚拟现实培训项目。我的职业生涯一直专注于设计有趣且实用的学习内容，主要使用新的学习技术、成人教育学和新媒体技术。

我发现 First Step Trust 的培训项目与 6Ds®法则高度契合，尤其是第三法则（引导学以致用）。我们将定制化、情境化的虚拟现实技术应用在实操培训上，以分步骤、循序渐进的方式培养动作技能和理解工作流程。学员从有指导的虚拟现实支持开始，慢慢过渡到真实任务，先跟着讲师学，最后自己上手。他们还通过"教给别人"来巩固学到的知识。

我们这些高质量的培训材料和汽车工业协会的认证，能给弱势成年人提供行业认可的职业培训。但在我来之前的 18 个月里，居然没人拿到我们提供培训的 10 个证书中的任何一个！这说明我们的流程有重大问题。

作为新上任的学习与发展负责人，我的首要目标是把培训流程和最终目标（让学员拿到证书）对齐。我做了个全面的绩效分析（第一法则），发现我们的反馈机制、文件管理和质量管控都有问题。于是，我引入了一个新的学习管理系统和文件管理系统，能应对外部审计，还能追踪培训效果。

我确保整个管理团队的支持（第二法则），并开始通过使用新的学习管理系统提供各种持续专业发展认证培训来培养学习文化。我们还特别注重第六法则（总结培训效果），建立了收集质量反馈和绩效数据的系统，确保持续改进和有效性。在开始分析的三个月内，我们通过在整个企业中试点、优化并实施了新系统，并在上线四周内向我们的弱势学员颁发了超过 20 张证书。

这个成功经验还被用来开发了一门全新的纯虚拟现实认证课程，能在安全的环境里进行，让那些最难找到工作的人也能参加行业认可的高品质技能培训，拿到认证证书，为就业做好准备。这可是全球第一个虚拟现实课程啊！

通过整合 6Ds®法则，我们形成了从组织目标、实际工作绩效，再到数据收集和持续改进的完整循环。我们现在把虚拟现实和现实体验实现一体化培训，帮助更多弱势学员掌握技能，找到了工作，发挥出他们更多的潜能。

印第安纳大学布卢明顿分校的一项研究发现，管理培训过于注重内容和技能的培养，却忽略了教导管理者需要认识到在不同情境下应用这些知识和技能也会有所不同。

鉴于环境信息不可避免地（且无意地）与内容一起被编码：

1. 工作场所学习的优势在于可以把相关情境融入学习中。
2. 在同一教室环境中测试学员可能会高估他们在工作中的表现能力。

实际应用

- 提供“先行组织者”来帮助员工更好地编码和巩固新学习的内容。
- 通过要求学员自己举例子、建立联系和类比，或者向别人解释概念，来鼓励他们进行深入学习和精细加工。
- 提供足够的思考时间，只有这样才能真正理解并记住学到的东西。

长期记忆

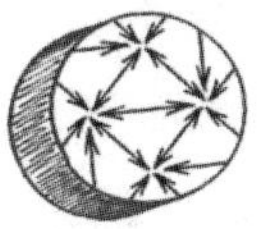

人类的记忆和知识需要存储在长期记忆中，以便日后使用。长期记忆有时被比作计算机的硬盘，因为它能够存储信息以供数天、数周甚至数年后检索。但这种类比不应被过于字面化地理解。人类的记忆并不是像硬盘上那样，以离散的、逐字逐句的文件或图像形式存储。相反，人类的记忆是分布在大脑中的一个巨大的互联网络。

你可以通过思考一个词来证明这一点，如“汽车”或“经理”。你会立即联想到许多其他东西。你可能会回忆起你的第一辆车，或者你的第一次车祸，你最喜欢的老板，或者你非常讨厌的一个经理。关联的网络越密集、分支越多（即信息的附着点越多），检索起来就越容易。

此外，和电脑文件不一样，我们的记忆是“建构”出来的。也就是说，回忆的时候，大脑会把分散在不同区域的碎片拼在一起。记忆并不是像放录像那样简单回放，虽然我们感觉上是这样。大脑还会自动补上它觉得应该存在的部分，不管这些部分是不是真的存在。这就是为什么目击者的证词经常不可靠。同样，这也是为什么逐字背诵一大段文章或诗歌特别难；你的大脑会自己补上它“觉得”该有的词，而不是作者写的词。总的来说，人更容易记住事情的“大概意思”，而不是具体的细节——这一点我们会在第五法则一章再讨论。

意义和价值

信息是否能存入长期记忆，取决于两个问题：“这对我有意义吗？”“这对我有价值吗？”如果一位讲师使用的语言、图表或方程对我来说没有意义，我就不会记住它。如果我们希望人们

> 只有那些有意义、有价值的东西才会被存入长期记忆。

记住我们试图教给他们的东西，那么我们必须确保我们以一种对他们来说有意义的方式讲授。

同时，我们必须确保这些信息和技能是有价值的，即学员能够在其中看到与自己的相关性。意义和价值是两回事，但又互相影响（见图 D3.8）。即使某件事对我来说有意义，但如果它跟我没啥关系，我就不太可能记住它。因此，我们需要向员工展示所教内容与他们的工作和个人成功之间的相关性。

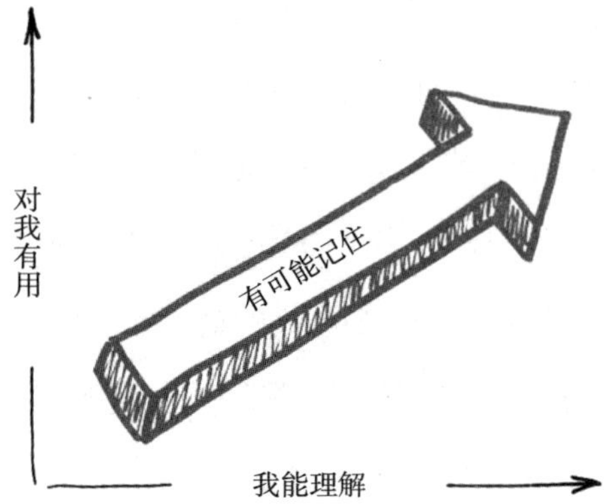

图 D3.8　新信息越有意义，越容易被记住

让它对你有意义

对大多数人来说，掌握一个概念或技能（自我效能感）本身就是一种收获。从婴儿开始，人就有了很强的学习动机。这种学习动机会持续到成年，而且似乎没有年龄上限。然而，成年人往往从非常实用的角度来看待学习任务。“成年人在开始学习之前，会先弄清楚为什么他们要学习这些内容。”因此，第三法则的一个关键成功因素是确保学习项目能够清晰且有力地回答“这对我有什么好处”这个问题——或者像朱莉·德克森最近说的那样：“我能用它做什么？”

很多企业在做培训的时候，一上来就讲“是什么”和“怎么做”，却不说明白“为什么”，也就是学习和使用这些新方法有什么好处。要想让员工认真学、愿意学，我们得给他们一个靠谱的理由，让他们觉得这些内容跟自己有关系，才能让他们有积极性（可以参考案例 D3.3）。

案例 D3.3　从“为什么”开始

在为绿山咖啡公司举办的一个工作坊上，有两位学员面临着负责公司安全培训项目的艰巨任务。尽管这个培训非常重要，但学员不愿意参加。

我们觉得问题可能出在项目宣传上，而不是课程设计和内容本身，于是半开玩笑地建议他们给项目改个名字：别叫“安全工作规范”了，改成“安全工作，健康回家”。

课程负责人采纳了我们的建议，并做了一些改进。他们拍摄了一些短视频，让工人聊聊自己的家人。一个工人分享了他妻子和孩子围在圣诞树旁的照片，另一个工人谈到了她的宠物狗，还有一个工人谈到需要靠他养活的妈妈。每个视频里，工人都发自内心地说：“这就是我想要安全工作的原因，只有这样我才能平安回到家，见到我的爱人。”

这些视频发布到公司学习平台上以后，反响特别热烈。安全培训课程不再愁没人报名，反而名额不够用了。学员不再是为了应付才来参加培训，而是真心想提升自己和同事的安全意识。

区别就在于从“为什么”开始：给人们一个对个人有意义的理由，既能打动他们的心，又能吸引他们的脑。

我们的一位学员决定测试这一原则的效果。于是，他向两组经验相当的员工开设了相同的课程。在第一组，他像往常一样开始，简短介绍了自己和学员情况，然后直接就讲课。在第二组，他先花时间解释了为什么要做这次培训，以及公司和学员在提高效率、安全、环保和工作环境方面会有什么样的好处。

他发现，第二组：

- 参与度更高了，提出了更多的问题。
- 反馈更为积极。
- 结果更好了。第二组的所有人都通过了测试，而第一组（没有说明业务其他方面的好处）中有几个人没有通过测试。

他总结说："说实话，我真没想到效果会差这么多，尤其是学员的反应完全不一样。"同样，如果我们想让经理鼓励下属参加培训，并且培训之后能给予支持，我们需要清楚地告诉他们，这些培训对经理和他们的部门有什么好处。

不仅在项目开始之前需要讲"为什么"，学员还需要知道学习的每一项主题和练习的原因，特别是那些难度较大或者需要费时费力的内容（见图 D3.9）。马戈利斯和贝尔发现，学员经常搞不清楚为什么要做练习，这的确是一个问题。如果学员不知道练习对自己有什么用（我能拿它来做什么？），他们就不会认真去练，自然就学不到东西。

每一个练习都应该从讲背后的原因开始。

马戈利斯和贝尔认为，造成这种脱节的一个重要原因是布置练习的方式，无论是课堂学习还是在线学习。通常倾向于使用"管理方法"，一上来就说任务（做什么），却不解释为什么。典型的例子是这样的："我要把你们分成小组，然后……"或者"我要给你们安排三个情境，两个人一组，你们自己选择合适的一个情境开始行动。”

“请问一下，斯维妮女士，这些数字将用在哪里？”

图 D3.9　学员想知道为什么他们要学习这个知识或技能

用这种方法来开始练习，学员一开始会琢磨自己喜不喜欢做这个练习，而不去想练习的目的是什么，能有什么好处。这么一来，练习就失去了意义，学员也失去了练习的机会。

每次练习开始前，建议先讲讲它背后的原因，以及它跟工作有什么关系。“这样做既符合学习规律，又培养了学习动机……介绍原因时，要回答学员共同关注的一个关键问题：‘我为什么要做这个练习？’……讲原因时，得站在学员的角度，别从培训师或组织的角度去分析。”

实际应用

- 无论是介绍一个完整的学习项目、某个特定的主题还是具体练习，都要从“为什么”开始。
- 在介绍过程之前，先说明这样做的理由和好处。

建立关联

为了实现更好的学习效果，学习项目需要满足以下四个条件：

1. 明确界定业务结果和预期效益。

2. 确定所需的绩效表现（技能和行为）。

3. 精简学习内容，只保留与工作相关的必要内容。

4. 教学方法与预期的工作结果相匹配。

第一个条件需要企业认真执行第一法则。第二个条件需要进行绩效分析。第三个条件需要我们有批判性思维，决定哪些内容是实现预期绩效所必不可少的（这可能会伤害行业专家的热情）。第四个条件需要我们选出最有效的教学方法来实现预期结果。

确保满足这四个条件并保持它们之间的一致性，一个有用的工具是学习价值链（见图 D3.10）。学习价值链基于以下四个理论：

- 波特的价值链分析理论。
- 布林克霍夫的影响地图理论。
- 逻辑建模理论。
- 摩尔行为映射理论。

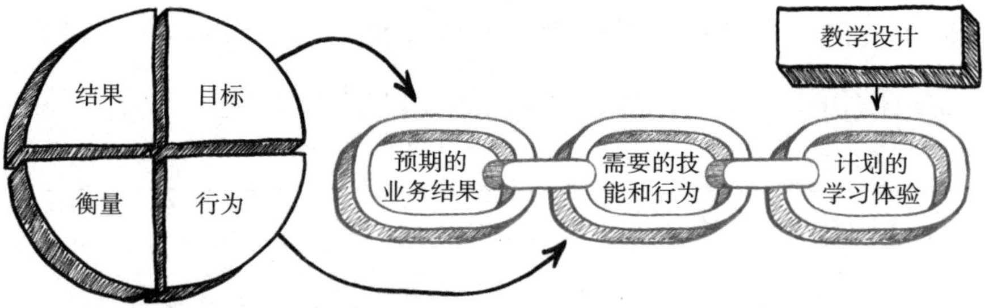

图 D3.10　学习价值链展示了学习和业务目标之间的联系

在学习价值链中，预期成果是项目的业务目标——结果规划轮的第一象限。学习价值链中的第二个环节来自结果规划轮的第二象限：所需的技能和行为。最后一个环节包括从教学设计到学习转化中所有项目的学习体验，旨在获得必要的技能和知识，并确保其得到应用。每个学习体验（角色扮演、阅读、电子学习、指导等）都应与其旨在强化的技能有明显的联系，而每个技能都应与业务目标相关联。

构建的学习价值链可以清晰地展示其逻辑关系，并起到三个作用：

1. 有助于确保学习内容一直到每个主题和练习层面的相关性。

2. 作为防止“范围蔓延”的防护措施——避免添加那些额外内容。

3. 帮助设计团队发挥创意、批判性地思考：“这种教学方法是实现预期结果的最佳选择吗，还是和用 PPT 教游泳一样？”

建立学习价值链需要三个步骤：

1. 列出项目需要满足的关键业务目标。

2. 对于每个目标，列出需要员工具备的关键行为。

3. 根据关键行为设计学习体验的组合，确保员工达到期望的绩效水平。

这个练习的结果就像一个树状结构，在这个结构中，每个学习内容都与一个所需的技能或行为相连，而这些技能或行为又与一个或多个业务目标相关联（见图 D3.11）。

在开发第三层（计划的学习体验）时，务必包括一个完整的学习体验所需的所有元素（准备、教学、在职学习、社会化学习、绩效支持、成就感等），以便学员达到熟练程度并能够独立操作。其中的关键问题包括：

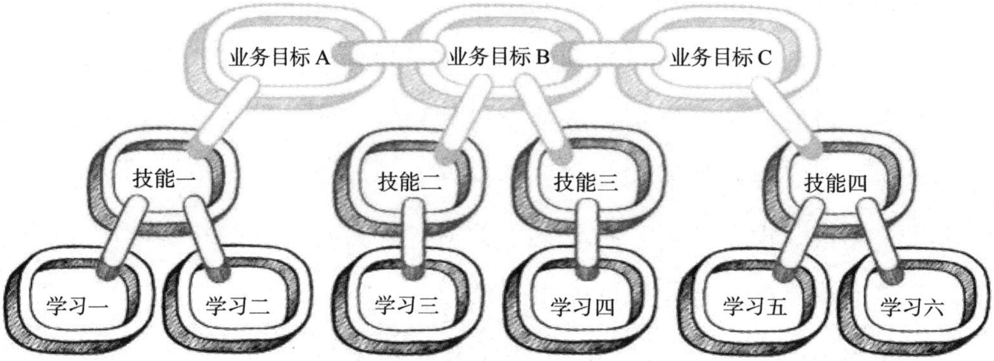

图 D3.11　在一个完整的价值链中，每个学习体验都与一个所需的关键技能或知识相连

- 这真的是传授这些技能的最佳方式吗？
- 我们是否已经绘制了达到熟练的完整路径？
- 我们是否根据主题/技能的相对重要性分配了时间？
- 我们是否在内容和实践之间取得了适当的平衡？
- 我们是否有足够的时间进行反思、生成和编码？
- 我们是否搭建了足够的脚手架和先行组织者？
- 项目的顺序是否合理？
- 这些联系是否清晰且有据可依？
- 是否有任何可以删除的内容，因为它们对目标没有贡献？

我们发现，以团队形式集思广益共同设计价值链效果会更好，这样可以听到不同的视角和观点，共享想法，提出建设性的意见。大家可以在白板上写写画画，也可以使用便利贴一起共创，这样可以把各种元素随时调整、添加、删除或替换。我们有个客户用颜色来标记学习元素，区分哪些是需要学员积极参与的活动，哪些是被动聆听的内容，让我们可以非常直观地看到这两者之间的平衡。

绘制学习价值链需要付出努力，但这确保了所有参与人员——学员、他们的经理和教练，以及讲师——都理解每一项学习内容的目的和原因。此外，学习价值链还可以过滤掉无关的内容。如果学习内容或练习与预期绩效无关，它们就不应该在学习项目中出现。

实际应用

- 设计新学习项目时，应绘制学习价值链。这可以确保项目包含所有能够带来价值的内容，并且这些内容与业务结果紧密相关。
- 重新评估现有项目时，通过绘制价值链来确保项目中没有不相关的内容，并且设计达到最优。

许多“学以致用”的教学实践反映了成人学习的原则（见示例 D3.1）。

示例 D3.1

成人教育原则

成人教育原则由诺尔斯、霍尔顿和斯旺森等人在其著作《成人学习者》以及卡法雷拉和达夫龙的《为成人学习者规划项目》中进行了总结。为了确保企业的学习项目卓有成效，必须遵循成人学习者的基本原则，具体包括：

1. 成人是务实的，高度重视相关性

- 当学习对个人有意义时，他们会积极参与。
- 在工作环境中，成人不会为了学习而学习。
- 成人在学习之前会思考学习的理由，他们想知道“这对我有什么好处”。

- 理论、概念、案例和练习的关联性明确、清晰；成人希望看到实际应用的案例。

2. 成人是目标导向的

- 相对于以内容为中心的方法，成人更青睐以问题为中心。
- 成人想知道课程将怎样帮助自己达成个人目标。

3. 成人从经验中学习

- 在安全的环境下，提供模拟、角色扮演、问题解决的机会，应用新知识和技能进行练习。
- 给予正确行为的强化反馈，对失误进行反思和改进。

4. 成人需要被尊重

- 成人拥有丰富的经验和知识，这应该被人尊重和认同。
- 在课堂上平等地对待成人学习者，并鼓励他们分享智慧和观点。
- 绝不取笑成人学习者或“以高人一等的口气”对他们说话。

5. 成人倾向自主和自我导向的学习

- 成人需要积极参与到培训的过程中，而不是被动接受知识。
- 当讲师作为引导者推动课程时，成人学习是最有效的。讲师引导学习者自己获取知识和得出结论，而不是仅仅把事实告诉他们。

检索

对人类来说，能够回忆并依据先前的经验行事的能力之所以进化，是因为它具有巨大的生存价值。如果你的一个狩猎采集时代的先祖吃了一种新水果，并且因为发现它有毒而差点死亡，那

么你的存在就得益于她记住这一经历、再次认出这种植物并避免重复错误的能力。她生存的关键是“再次认出这种植物”并避开它。这涉及将当前情况的感官信息与过去情况的存储信息进行比较，并回忆起适当的行动（见图 D3.12）。如果需要时无法获取信息，那么“知道”某事就没有多大用处。因此，任何关于有效教学的讨论都必须考虑检索和遗忘，即无法检索之前所学内容的能力。

图 D3.12　有效应用新知识和技能的三个步骤

因此，检索是学习过程中的另一个潜在失败点。遇到问题时，人们检索信息的能力决定了信息的价值。当然，我们在这时遇到的问题，绝对不会跟我们学习这些内容时的情境一模一样。真正的价值在于能够将一种经验（情景记忆）中的信息应用到不同但相似的情境中（所谓的远迁移），然后将其转化为一般化的知识（语义记忆）。还拿刚才那个毒水果的例子来说，记住这件事不是说让你记住这棵植物长什么样，而是让你从中吸取经验，日后遇到这类植物时不再犯同样的错。这才是记忆的价值所在。同时，你还要学会辨别有毒的果实和可以食用的果子；如果你把记忆概括得太笼统（“所有的果子都有毒”），那你只能饿死了。你需要学习比较明显的特征（如叶、植株和果实的形状），忽视那些无关的内容（如发生这件事的地点或时间），才能进行正确的辨识。

企业的学习也是如此。人们需要记住哪些东西有用，哪些没用（无论是通过直接经验还是间接经验），然后在日后遇到相似（不是相同）情境时，能够检索和应用相关知识。这就是为什么需要在多个情景中进行练习。因此，学习项目应该利用不同的例子培养学员的辨别能力。出于同样的原因，如果学员能在练习中犯错，学习效果反而会更好；而那些一直表现完美的学员，学习效果就没那么理想。

检索过程的三个特征与企业培训有着一定的联系：

- 编码越精细，检索过程越容易和越可靠。
- 实际情境与学习情境越接近，检索过程越高效，因此需要真实的学习任务。
- 记忆被检索频率越高，日后的检索越容易。事实上，重复检索练习的效率是重读材料或绘制概念图的好几倍。“每一次把信息从长期记忆转化为工作记忆，我们都在重新学习它。”

用得越多，记得越牢。

技能形成

价值创造和竞争优势取决于员工的技能：他们执行任务的能力。而技能取决于程序性记忆，程序性记忆又严重依赖于反复练习。

只看不动手是不行的

不管在哪个行业，要想成为某个领域的专家，都没有捷径可言——必须通过大量的练习。随处可见的“如何做”视频的一个弊端是，它们会让人产生一种虚假的胜任感：人们看到别人看似毫不费力地完成一项复杂的任务后，就会感觉自己也能完成。观看迈克尔·杰克逊著名的“太空步”表演二十次的学生比只观看一次的学生更有信心能够模仿出来，但他们的实际表现并没有差异。要掌握“太空步”——或任何其他复杂技能，如销售、教练、公众演讲等——除了反复练习别无他法。

研究清楚地表明，在人类活动的每一个领域——从国际象棋到商业，再到体育——世界顶级表现者与其他人的区别在于他们的练习量。当我们想到顶级表现者时——体操运动员西蒙娜·拜尔斯、企业家比尔·盖茨、作曲家莫扎特——我们倾向于将他们的成功归因于“天赋”。这种认知意味着我们永远无法像他们一样优秀，因为我们生来就没有“天赋”。

杰夫·科尔文在其著作《哪来的天才》中，通过对大量案例的研究发现，事实与我们的普遍认知存在差异。他认为“天赋”的重要性往往被高估了。来自世界各地的研究者在探讨“专家养成机制”后达成共识：在多数专业领域，专家与普通人的关键差异在于练习量，练习时长直接决定专业水准（见图 D3.13）。具体而言，莫扎特之所以成为音乐大师，正是得益于他从 4 岁起就投入了远超常人的练习时间。格拉德威尔引用约翰·列侬的观点指出，甲壳虫乐队的成功很大程度上源于他们在汉堡酒吧驻唱期间的高强度演出——每周 7 天、每晚 8 小时。在 1964 年推出首张专辑前，该乐队已完成超过 1 200 场现场表演。

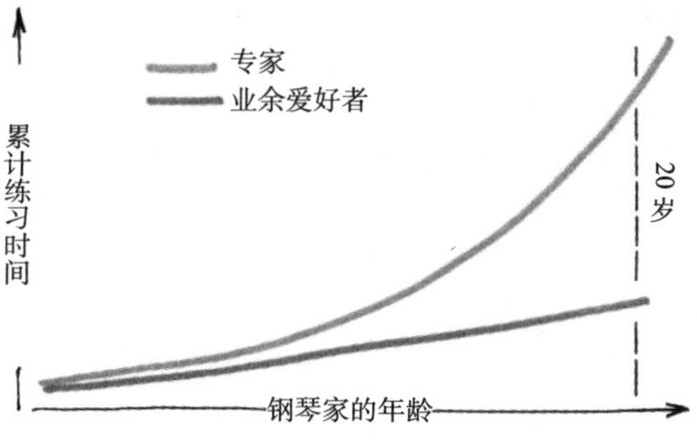

图 D3.13　练习越多，表现越好

但并非所有练习都能带来成就。安德斯·埃里克森的研究表明，我们需要一种特殊类型的练习——他称之为“刻意练习”。刻意练习是以技术为核心、结果为导向的重复训练。这种练习需要高度专注、及时获得表现反馈，并留出反思时间：哪些因素促成了积极结果应当保持？哪些因素影响了预期成效需要减少或避免？

科尔文这样总结研究发现：“无论是科学证据还是实际案例，似乎都压倒性地支持刻意练习是成就卓越表现的根源。”科伊尔对“天赋热点”的研究也得出了类似结论。刻意练习（他称之为“深度练习”）是任何领域取得卓越成就的先决条件。“深度练习建立在一个悖论之上：以特定目标方式进行挣扎——在你容易犯错的能力边缘地带操作——反而会让你变得更聪明。”

天才之所以是天才，是因为他们付出了更多的努力进行练习。

因此，为了有效地传授技能，培训项目需要比现在的大多数项目包含更多的刻意练习。并且这种练习应该是分级的，从简单开始，逐渐增加难度，以便学员可以逐步爬上能力曲线，就像工人使用脚手架攀登建筑物一样（见图 D3.14）。脚手架基于维果茨基的“最近发展区”理论：当任务刚好超出个人当前能力时，教学最有益。

图 D3.14　脚手架（逐步的技能建设）可以帮助学员爬上学习曲线

可以通过以下方式为练习提供脚手架：

- 从简单的任务/问题开始，逐步过渡到更复杂或更具挑战性的任务/问题。
- 一开始提供大量支持，然后减少对后续问题的支持，直到学员能够独立完成为止。
- 逐步缩短任务完成的时间限制。
- 在练习完整任务前，先分解练习任务的特定部分，如销售电话的开场白，或钢琴曲的单手演奏。

……

培训结束后仍需持续练习。一个新行为要形成自动化（习惯）通常需要一到三个月甚至更长时间的日常练习。因此，培训是否“有效”——是否能提升工作绩效——很大程度上取决于员工积极练习新技能的程度，这一结论也就不足为奇了。促进刻意练习（推动学习转化）是提高培训投资回报率的最有效方法之一。

实际应用

- 采用真实情境的学习任务——高度还原实际工作关键特征的任务设计。
- 设置辨别训练环节，为学员提供典型案例，要求其判断具体方法的适用性。
- 在脚手架练习序列中，安排知识迁移训练，要求学员回顾已掌握内容并应用于不同场景。

应用

学习过程的最后一步是应用相关知识或方法，解决当前问题。这一步需要学员对相关内容进行适当调整。学员的经验是通过丰富的事件和情境积累起来的，这些经验在应用过程中发挥着重要作用。

应用是学员从“我能吗？”到“我愿意吗？”的转变。即使学员能够辨识出情境中的关键因素并检索到匹配的记忆，也必须主动利用这些信息采取行动。鼓励学员采取行动的关键因素将在第四法则一章中讨论。就第三法则而言，至关重要的是让员工相信使用他们所学的东西会让他们受益（见下文的“检查流程”）。

影响成功的四个因素

在第三法则的实践中，还有四个因素非常重要，但在企业培训项目中往往没有得到充分利用：

1. 间隔学习。
2. 应用指导。
3. 反馈。
4. 情绪。

间隔学习

在回顾学习科学的文献后，本尼迪克特·凯里得出结论：“在学习科学中，没有什么比间隔学习能更快、更好和更有效地提高学习效果了。”也就是说，每隔一段时间需要再复习一次。在一段时间内进行间隔学习可以减轻大脑的认知负荷，促进更精细的编码，让记忆更加深刻，而且比一次性学完效果更好，哪怕总学习时间是一样的。

例如，卡尔匹克报告说，与那些一次性学习的学员相比，使用间隔学习的学员的记忆效果要高出四倍。尽管如此，大多数企业培训项目仍在继续采用一次性灌输大量内容的方式，尽管有证据表明这种方式效率低下。“微学习”——提供非常简短、独立的课程——的部分原理就是利用间隔学习的优势。

间隔学习更丰富且持久。

间隔学习之所以有效，部分原因是我们会遗忘。我们一学完东西，就开始遗忘。遗忘是一个对数幂函数：最初非常快，然后逐渐减缓（见图 D3.15），这就是所谓的遗忘幂律。

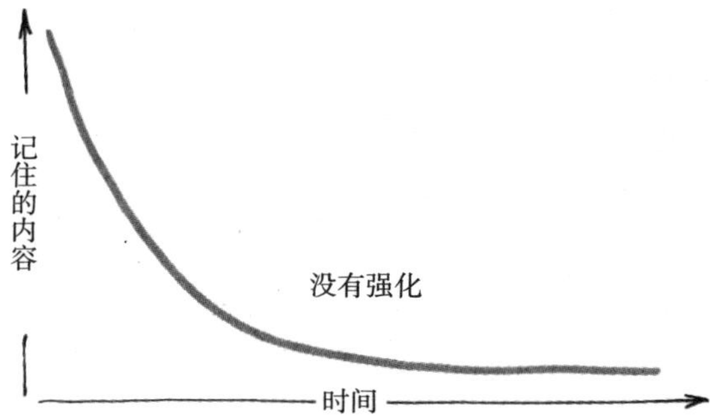

图 D3.15　遗忘幂律

这意味着，当我们学完某个主题一段时间后，可能会遗忘一些之前学过的东西。等我们再次复习这些内容时，就需要投入更多认知资源去回忆和理解，就像比约克所说的“有益的困难”一样。而这种额外的认知投入反而能加深我们的记忆，形成更牢固持久的记忆痕迹（见图 D3.16）。

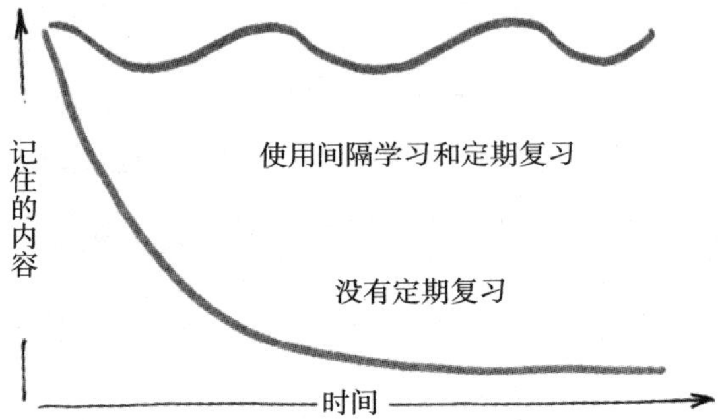

图 D3.16　间隔效应：每隔一段时间重温某个话题，能增强记忆和知识转化

其他有益的困难包括：

- 在不同任务中穿插练习。
- 改变练习的条件。
- 减少对学员后续任务的反馈。
- 把测试当作教学工具。

这些方法之所以被称为“困难”，是因为它们增加了学员的学习挑战，通常会使即时的学习进度显得缓慢。然而，它们之所以是“有益的”，是因为能够显著提升长期记忆效果和知识迁移能力。

实际应用

- 合理安排学习间隔，通过多次重温促进知识巩固与记忆。
- 采用间隔学习方法，将学习内容分散安排在不同时段，避免集中式学习。
- 建议学员：“若要长期记忆和应用知识，应采取短时高频的学习方式。”

应用指导

为了通过学习提升绩效，员工必须对“我能吗？”这个问题回答“是”。这要求他们从学习体验中获得的不只是知识和理论，他们必须知道如何使用这些知识，并对自己能够做到感到自信。引导学以致用意味着提供应用指导。

企业学习项目通常只注重事实和概念，却忽视了如何在工作中应用这些事实和概念。导致这一现象的部分原因是，这些项目的授课人都是某一领域的专家。专家自己也说不清他们思考问题或者解决问题的过程，因为这对他们来说是一个自然而然的过程。此外，遇到自己喜欢的理论和历史，他们也喜欢详细讲解。

> 永远不要问行业专家：“希望学员掌握什么？”

已故的乔·哈利斯长期服务于国际绩效改进协会。他曾经指出：“在我职业生涯初期，我常常自问：‘希望学员掌握什么？’并据此设计教学内容。但若向行业专家提出同样问题，他们往往会倾囊相授。”专家认为从业者必须通晓该领域的全部知识，包括发展历程、重要理论家、学术争议等，而这些对普通员工的实际工作并无直接助益。“当我认识到这个误区后，就转而坚持要求专家回答：‘希望学员在实际工作中如何应用？’”

将学习项目的重心由“知识传授”转向“绩效提升”，能够有效避免“重理论轻实践”的倾向。这一转变也促使我们反思教学方法的选择。就像教授儿童游泳时，我们不会先进行理论讲解再让其直接进入深水区。同理，要帮助员工掌握实用技能，就必须提供在“真实任务”中实践的机会。对此，内伦和基尔希纳明确定义：“真实任务是指模拟实际工作情境的学习任务，其任务内容、执行环境、人际互动、成果形式和评估标准都与现实工作场景保持一致。”

如果培训的目标是帮助员工更好地应对愤怒的客户，那么学员需要在贴近真实的场景中练习处理愤怒客户的技能，并获得建设性的反馈，明确自身表现的优缺点及改进方向。仅靠讲师讲解理论和流程是无法有效解决问题的。人工智能陪练系统能够生成逼真的虚拟形象，与学员开展贴近现实且有针对性的场景化对话。未来，此类系统将越来越多，并且会更加逼真，这将对未来学习项目的设计产生巨大的变革。

但是，在如今这个“时间就是金钱”的企业氛围下，互动练习往往是第一个被企业抛弃的部分，因为它们“太花时间了”。Studio Communications的学习与发展顾问马克·拉朗德认为，这种想法完全是捡了芝麻丢了西瓜。有些事情的确用不了多少时间，但是也没有实际用途，所以做这些事情并没有节约时间。马克在一家制药公司担任学习负责人的时候，有人要求他缩短项目时间，他是这样跟培训发起人说的：“除了实践练习和角色扮演，你可以去掉项目中的任何部分，否则我们还不如取消这个项目。”

为了通过学习实现绩效提升，学员必须知道如何去做。

对于技能培养，练习应该在尽可能接近实际工作的环境中进行操作训练。美国联合包裹运送服务公司（UPS）全球学习与发展副总裁安·施瓦茨指出：“我们原以为年轻一代希望在电脑上学习一切。但实际发现，他们更喜欢亲自动手去做。”因此，UPS设有一个带有真实卡车车身的训练基地；他们的司机通过实际操作和体验来学习。UPS发现，从实践操作中受益不仅仅是年轻员工。“如果每个人都有亲身实践的经历，然后进行展示，再回去应用，那么每个人都能学得很好。”

我们可以通过减少理论学习的内容量、增加人们在接近真实工作情境中主动练习的时间，并对他们的表现进行有意义的反馈，来提升项目的学习效果。换句话说，学员要付出的努力总是比讲师更多（见专家视角 D3.1）。

专家视角 D3.1

设计有效的教学

特伦斯·多纳休，领导力发展与学习发展顾问

在多年的从业经历中，我经常向学习专家提出同一个问题：“你们工作的核心产出是什么？”得到的回答往往是：“我们在开发培训课程。”“我们在制作工作辅助工具。”“我们在设计演示文稿。”“我们在编写讲师手册。”

这促使我们急需转变思维视角：真正的产出应当是学员工作绩效的提升，而教学仅仅是实现这一目标的途径。

职业生涯初期，一位资深前辈提出的问题彻底改变了我的培训理念。这个看似简单却意义深远的问题是：“我们需要采取哪些措施，才能帮助学员达成预期绩效？”这个问题的答案直接决定了我的教学设计方向。

多年来，我将这个问题传递给几代学习专家。每当提出时，都能在他们脸上看到顿悟的神情，正如30年前的我一样。

正如杰出领导者所倡导的“以终为始”理念，我们在教学设计中也需要思考三个关键问题：

1. 期望达成的最终目标是什么？
2. 实现这些目标需要学员展现哪些具体行为？
3. 为此，教学设计必须包含哪些关键要素？

《将培训转化为商业结果》一书中提出了一个发人深省的概念——“学习废品”：那些既不能提升绩效，也无法为组织创造价值的培训项目。造成

这种现象的原因很多，其中教学设计缺陷是重要因素之一。

以下是提升业务绩效、增加学习转化并减少学习废品的五个基本原则：

1. 教学设计与业务结果紧密相连。许多学习专家将学习目标视为“终点线”，认为完成所有学习目标就意味着课程成功。但实际情况并非如此。每一项教学活动都应重新设计，以实现事先定义并达成一致的业务结果。

2. 学习目标要聚焦绩效而非建议。永远不要把学习目标当作“好主意”或“好建议”。学习目标必须让学员达到特定绩效要求。正如克林顿·朗格内克在《取得成果》中所说：“明确的期望能改变工作方式，使人聚焦目标而非盲目忙碌。”在“管理与领导力基础”工作坊中，我们让学员明确“公司对我的期望”和“团队对我的期望”，这彻底改变了学员看待课程内容的方式。

3. 确保学员投入超过培训师。在任何教学项目中，学员的参与度都应高于培训师。我曾注意到三位培训师在同一项目中的教学方式差异很大，但共同点是他们都过于投入而学员参与不足。讽刺的是，名为“工作坊”的培训变成了培训师的独角戏。要记住：学员在培训中的行为预示了其工作表现。如果培训中只被动听讲，工作中也难以主动应用。核心原则是：不在培训中练习的技能，工作中更不会使用。

4. 以绩效支持工具为核心。教学设计应围绕模板、工作表格、流程图等绩效支持工具展开。研究证实，这种设计既能提升教学效率（减少讲授，增加练习），又能提高工作效能。

5. 设计中融入“留白”理念。“留白”是指学习内容量与学员能力极限之间的缓冲地带。当前许多培训内容过载，剥夺了学员思考、反思和规划的空间。正如我在领导力工作坊中常听到的：“没想到你让我们花这么多时间思考！”

教学设计的终极目标是提升工作绩效。因此，要同等重视学习后的转化环节。正如6Ds®法则所言：“学习在培训结束后才真正开始。”只有当技能应用于工作，才能创造价值——这正是学习与发展的方向。

反馈

“反馈是支持学习的最重要技术之一，甚至是最重要的技术。”在回顾200多篇关于学习与发展的研究论文之后，萨拉斯及其同事得出了这样的结论：“研究表明，学习是通过练习和反馈这两个环节实现的。”反馈有助于学员缩小当前水平与期望水平之间的差距。若缺乏有意义的反馈，改进就会变得困难。例如，在自信训练中，如果训练内容只有理论知识和演示，项目肯定不会带来任何行为改变。但是，如果训练中能增加一系列角色扮演练习，并且给学员的表现提供反馈，学员就会表现出显著的行为改善。

基于对 800 多项学业成就的元分析报告综合研究后，哈蒂得出结论：“提高学业成就最重要的影响因素是反馈。”的确，缺乏反馈是“他们知道该做什么，但仍然不去做”最常见的原因之一。因此，教学计划的设计应包含真实的练习活动，特别是要有建设性的反馈机制，以促进学生积极参与和持续改进。

需要更多的反馈练习是“翻转课堂”这一概念背后的驱。动力在翻转课堂教学法中，“传统课程的讲座和课后作业模式被颠覆了”。也就是说，课堂不再授课，课后也没有作业；而是让学生通过 E-learning、视频讲座等方式在课外学习，课堂时间学生在教师和同学的帮助下解决问题，研究案例。

翻转课堂教学法的研究前景非常乐观，多项研究已经证实了它确实可以提升学生的学业成就。例如，在对中国卫生职业教育翻转课堂教学法的综合研究中，结果发现，学生在知识和技能方面都取得了良好的效果。

然而，翻转课堂的成功需要学生在课外投入更多的时间和精力。这在企业培训中可能是个问题，员工在时间上就存在很大问题，因为他们要做的很多事都比学习更紧迫，他们很难有精力做这些预习工作，也就无法通过翻转课堂模式受益。考虑到之前学习项目中的预习工作完成情况一直不好，这一点尤其令人担忧。

并非所有反馈都是等效的，若处理不当，反馈可能对学习产生不利影响。要使反馈对技能形成产生积极影响，反馈必须是：

- 及时。
- 明确。
- 积极。
- 与可观察的行为相关联。
- 具有同理心。
- 根据学员的学情进行个性化定制。

有关更深入的讨论，请参阅萨尔海默的研究。

实际应用

- 平衡用于积极练习和内容讲授的时间，将50%或更多的学习时间用于练习上。
- 确保学员能收到关于其表现的有意义反馈。

情绪

情绪对学习的影响很大，无论是积极情绪还是消极情绪。积极情绪，如快乐或归属感，能够增强学习效果；而消极情绪，如恐惧、感知到的威胁，会对学习产生负面影响。虽然消极情绪能提升注意力，但会缩小其焦点，抑制创造力和创新，压制进行精细编码所需的反思。遗憾的是，产生消极情绪比产生积极情绪更容易，而且一般来说，消极情绪的影响更大。

学习有压力并不一定是坏事，关键在于压力的程度。亨特提出，适度的压力会使学习效果更好（见图 D3.17）。如果学生毫无压力，例如认为自己不会被提问，或者觉得所学内容毫无用处，他们可能不会认真学习。反之，如果压力过大，学习效果也会大打折扣。在企业学习中，我们需要让员工明白所学内容对其成功或个人安全的重要性，同时让他们清楚必须证明自己已经掌握所学知识。然而，我们也不能将失败的后果设置得过于严重，否则员工压力过大，反而无法有效学习。

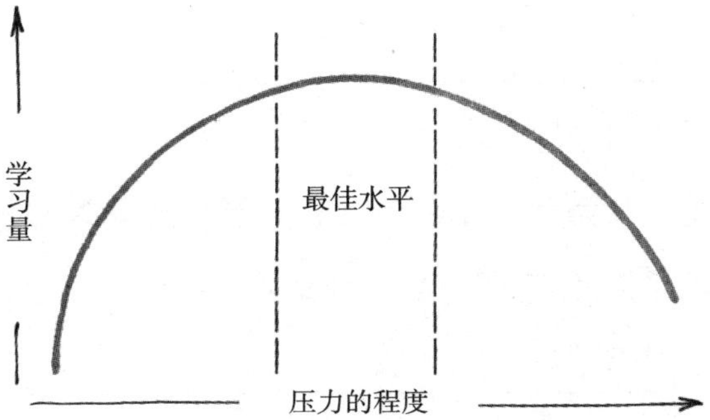

图 D3.17　学习量与压力的程度之间的关系

到目前为止，我们关于第三法则的讨论主要集中在“我能吗？”这个问题上，我们希望学员能够给出肯定的回答。此外，学员还必须对“我愿意吗？”这个问题回答“是”，即愿意改变自身行为。然而，正如任何有过孩子的人所知，仅仅依靠说教来改变行为几乎是不可能的。“如果你想让人们改变，请放弃口头说教，让学员亲身体验，使学习更加生动有趣。”要改变行为，必须让学员的心灵和思想都参与其中。

国际职业系统公司的创始人、员工成长领域的思想领袖贝弗利·凯伊曾这样说道：

> “为确保人们从学习与发展中获取最大价值，我们需要同时触动他们的心灵和头脑。我们在设计和交付每个项目时，都确保参与者在离开时感到充满力量，并准备以‘我能行’的态度采取行动。通过精心设计的活动，我们有意激发参与者的积极性，触动他们的心灵，使他们有热情去应用所学知识。他们离开时会清楚地认识到，除了自己，没有人能掌控他们的成长和工作满意度。因此，了解如何掌控自己的成长不仅仅是一项认知练习。”

实际应用

- 确保学习不仅仅是智力上的活动，还要包含能触动情感的体验。
- 注意压力水平。适度的压力（如知道会有评估）有助于学习，恐惧或恐吓则不利于学习。

第三法则的许多关键概念都包含在达瓦奇及其同事提出的 AGES 模型中（见表 D3.1）。尽管该模型背后的支撑理论（神经科学）可能被高估，但该模型仍是一个有用的记忆辅助工具，能够帮助教学设计者将有助于记忆和回忆的关键特征纳入其中。

表 D3.1　AGES 模型

注意力（A）	只有集中注意力才能学习。 一心多用会影响学习效果。 注意力是有限的；人们无法长时间保持专注，因此需要定期调整
生成（G）	学习是将新信息与已有知识相联系的过程。 精细复述有助于强化记忆。 学员自己建立的联系比培训师提供的联系更牢固、更有用
情绪（E）	情绪对学习有着直接和间接的强大影响。 适度的压力（紧张）可以促进学习，压力过大反而会影响学习。 积极的情绪（如快乐、幽默、满足）可以促进学习。 消极的情绪，尤其是恐惧和威胁，会抑制创造性思维和精细编码，影响学习效果
间隔（S）	定期回顾已经学过的内容，可以巩固学习效果。 经常检索大脑中的记忆（尝试回答学习中遇到的问题）比反复阅读效果更好。 间隔学习有助于巩固长期记忆

检查流程

践行第三法则的目的是确保学员知晓如何执行他们所需完成的任务（“我能”），并且他们有动力将新技能和知识应用到工作中（“我愿意”）。

最终的证明是业务目标是否达成，正如第六法则一章中讨论的“总结培训效果”。然而，等到最终结果出来后再确定流程是否按计划运行是不妥的，这就好比在生产流程中仅检查最终产品的质量一样，也是不妥的。

制造商在生产过程中会进行流程检查，以确保每一个关键子流程都能生产出符合下一环节所需的高质量产品。对流程中早期步骤的不佳表现进行检查，可以及时采取纠正措施，防止进一步的浪费。同样的原理也应适用于学习过程。在让员工操作真实设备或接待客户之前，尤其是在存在潜在风险的情况下（如航空公司飞行员或叉车操作员），应先测试员工是否达到了必要的合格胜任能力水平。

同样重要的是，要评估学员是否认为他们所学的内容是实用的或相关的。为什么呢？因为如果员工觉得他们所学的内容缺乏相关性和实用性，他们就不太可能去努力应用这些内容，这样的举措就无法产生价值。我们之所以要强调员工的"看法"（而不是客观事实），是因为真正起影响作用的就是他们的看法。

> **如果员工不认为学习内容与自己有关，他们甚至不会尝试使用它。**

显然，组织会投资它们认为适用且有价值的学习活动。但人们会根据他们对现实的看法来行动。所以，如果由于某种原因，信息没有传达到位——如果他们不认为学习是相关的——那这一切就白费了。

作为培训后的检查流程，要求学员对他们使用所学内容的积极程度、认为自己能够应用的程度以及看到其相关性的程度进行评分。避免使用李克特式的"同意/不同意"量表，而是要求学员从一些明确的陈述中进行选择，如示例 D3.2 所示。

示例 D3.2

衡量参与者对项目实用性的看法的示例问题

这个项目旨在教你一些你可以在工作中运用的技能。你有多大的信心能够熟练地运用这些技能？

A. 我完全没有信心能够成功地运用这些技能。

B. 我不是很有信心能够成功地运用这些技能。

C. 我相信我能够成功地运用这些技能，即使培训提供了很少或没有现实任务的练习。

D. 我相信我能够成功地运用这些技能，因为培训给了我几次机会，在现实的工作任务中练习它们。

E. 我相信我可以成功地运用这些技能，因为在培训过程中，我运用了这些技能来做真正的工作。

你有多大的动力去应用你所学到的知识和技能？

A. 我现在的职责不允许我运用我所学到的东西。

B. 在我回到工作岗位后，我不会运用我所学到的东西。

C. 在我回到工作岗位后，这将是一项低优先级的任务。

D. 在我回到工作岗位后，这将是一项中优先级的任务。

E. 在我回到工作岗位后，我会把这作为高优先级的任务。

F. 我会把这作为我最高优先级的任务。

正如我们将在第六法则一章中详细讨论的那样，教学后的即时数据对于评估影响的价值有限。积极的反应——即使是那些表明强烈使用意图的反应——也不能预测绩效是否会提升，因为还有很多其他因素影响知识的转化（见第四法则）。另一方面，如果示例 D3.2 中的问题得到差评，这将是一个早期预警，表明存在问题。原因可能有很多：可能是受众不对，或者是在错误的时间面对了正确的受众，又或者是设计未能明确相关性等。关键在于，这个问题需要引起重视，必须找出根本原因并加以解决。

感知相关性和实用性的评分比典型的反应数据有用得多。典型的反应数据主要反映的是喜好程度，与工作中的绩效没有相关性。参与者是否“喜欢”这个项目其实并不重要。重要的是，他们是否觉得自己知道如何去做，是否相信所学内容很有用，并且是否有动力将其应用于工作中。

实际应用

- 如果你的课后评估里没有关于学员对项目相关性和实用性看法的问题，请进行补充。
- 定期检查评分结果，调查导致评分较低的原因，并采取行动从根本上解决问题。

第三法则的检查清单

在本章中，我们强调了学习设计的重要性。它们为员工在个人和组织工作中应用新知识和新技能提供了支持。

我们简要回顾了学习科学，重点介绍了一系列影响学习过程的瓶颈环节。我们还特别强调了注意力的首要地位：人的注意力非常有限，容易被分散，而且很难长时间集中。我们讨论了工作记忆的限制以及过多信息导致的认知负荷和学习效率低下。此外，我们还讨论了对新知识进行编码的重要性，以及给学员时间和鼓励去建立他们自己联系的必要性。

我们强调了感知相关性和实用性对于成年学员的重要性，以及为什么学习项目设计师和讲师需要帮助学员看到学习与他们的个人工作及目标之间的联系。我们认为学习的每一项内容都需要精心筛选和设计，以支持最终的目标（即提升绩效）。学习价值链应该覆盖每个主题和练习，确保学习内容与所需行为及最终结果紧密相连。这些联系需要非常清晰，也需要与学员及其上级经理达成一致。此外，教学方法的选择一定要与学习内容的使用目标保持一致。

使用示例 D3.3 中的检查清单评估第三法则的实践情况。

示例 D3.3

第三法则的检查清单

使用以下检查清单来帮助你提高学习的实用性。

- 项目材料和教学回答了学员及其管理者的“这对我有什么好处”这个问题。
- 学习体验与工作职责之间的联系是清晰的，并且在每个主要练习/主题中都得到了重申。
- 使用先行组织者来方便编码。
- 鼓励学员将新的学习内容与过去的经验联系起来，以增强记忆。
- 避免新的信息和技能的数量过多，以免导致认知负荷。
- 至少一半的正式教学时间用于主动学习。
- 在整个过程中使用了相关的例子，以帮助学员更形象化地理解其用途。
- 遵循成人学习原则，通过鼓励分享最佳实践和学员的经验来学习。
- 教学设计包括足够的练习时间以及有意义的反馈。
- 收集、跟踪并依据学员对项目相关性和实用性的看法来采取行动。

行动指南

致学习负责人

- 计算学员用在被动接受知识和主动实践技能/解决问题上的时间。目标是进行三分之二或更多的主动学习。
- 课程结束后，评估学员应用所学知识的能力（“我能”）。
    - 确定导致评分较低的原因并解决。
- 在课后评估中询问学员对培训的相关性和实用性的看法（“我愿意”）。
    - 如果学员对这些问题的回答不是那么乐观，就需要分析其背后的根本原因并采取完善措施。
- 绘制学习价值链，注明每一项学习活动与预期业务结果之间的联系。
- 确保每一个学习活动都能增加价值并与业务目标链接。

致业务负责人

- 回顾你负责的关键学习项目。这对你来说有用吗？还是像用 PPT 来教游泳？
    - 如果你不理解项目设计的基本原理，请参看学习价值链的内容。
- 要求学员报告对项目的相关性和实用性的看法（不只是喜不喜欢这个项目！）。
    - 如果学习与发展部门没有掌握这些信息，请要求他们收集。
    - 如果评分不理想，要求学习与发展部门制定相应措施来解决这些问题。
- 向你的下属经理核实：他们的直线下属在回到工作岗位之前是否做好了充分的准备。
    - 如果没有，你需要和学习专家一起解决这些问题。

第四法则

推动学习转化

可持续的竞争优势与其说基于组织及其员工所掌握的知识，不如说取决于他们如何应用这些知识。

——保罗·马修斯

本书贯穿始终的一个主题是，只有当新技能和知识被应用到个人和公司的工作中时，学习才会创造价值。这也是最有效的学习与发展部门践行第四法则的原因：他们通过建立流程和问责制度来推动学习转化，确保学习得到应用，并为投资带来回报。

在这里，我们特意选择“推动”（Drive）这个词，是想说明企业追求实现目标的过程和运动员冲向终点线的过程在本质上是一样的。“推动”意味着在某件事上投入精力，让事情向前发展，而不是仅仅“期待奇迹的发生”。

公司期望通过学习与发展来提升绩效（见图 D4.1）。学习转化，即把新知识和技能转化为更高效、更有效的工作行为，是连接学习和成果之间的关键纽带（见图 D4.2）。价值是通过学习与应用相结合创造出来的，仅凭知识本身并不能创造价值，而且单靠新知识也很少能改变行为。肯·布兰佳曾说：“要想改变员工的行为，并得到你想要的结果，就需要有指导、支持和问责。”那些实施高效学习项目的企业，都在“指导、支持和问责”三方面投入了大量资源，以确保学习转化和应用。它们持续努力改进学习转化的过程，就像对待其他关键业务流程一样。

图 D4.1　对学习项目的投资会带来绩效的提升

图 D4.2　行为是学习和学习结果之间的因果关系

本章的主要内容包括：

- 学习转化是瓶颈环节。
- 定义学习转化。
- 影响学习转化的因素。
- 管理者的作用。
- 第四法则的检查清单。
- 行动指南。

学习转化是瓶颈环节

在制造流程中，“生产瓶颈”指的是流程中产出效率最低的那部分，因此它决定了整个流程效率的上限。例如，在电子设备的组装部分有四个工序，其中三个工序的良品率为 98%，而有一个步骤容易出现错误，其良品率只有 60%，那么这个步骤制约了产品质量，成为生产的瓶颈（见图 D4.3）。即使其他步骤的良品率提高到 100%，整个流程的总良品率仍然不会超过 60%。

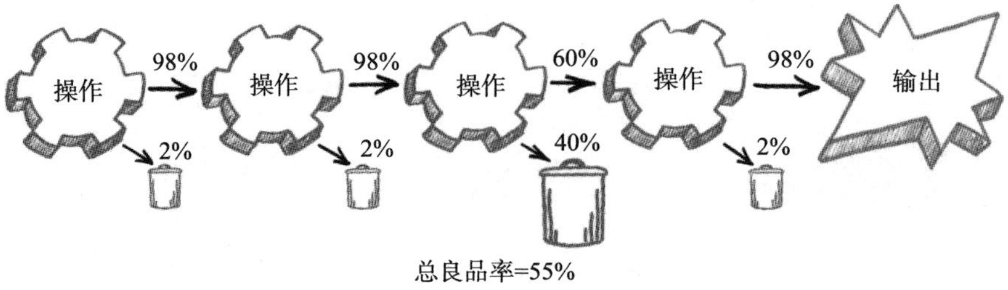

图 D4.3　在任何流程中，瓶颈环节会限制整个流程的效率

一个与之密切相关的重要概念是李比希最小因子定律：在农业领域中，作物的最大产量并非由可获得的养分总量所决定，而是由最稀缺的那种特定养分所决定。所以，如果土壤中缺乏氮，添加更多的磷不会提高产量；反之亦然，即如果土壤中缺乏磷，添加更多的氮也不会提高产量。

在学习与发展领域，学习转化是瓶颈环节。无论培训质量有多好，针对性有多强，还是与业务目标的相关性有多高，学习转化的效率都将制约整个学习过程所创造的价值。以下公式有助于向管理者解释这一关系：

学习×转化=结果

换言之，学习项目的结果等于学习内容（能力）与转化内容（意愿）的乘积（见图 D4.4）。以这种形式表达，可以清楚地看到：

1. 高质量的学习是必要的，员工无法转化他们未曾学习过的内容。

2. 仅有高质量的学习本身是不够的。即使学习的效果达到满分 10 分的水平，如果转化率为零，那么对工作的实际影响也仍为零。

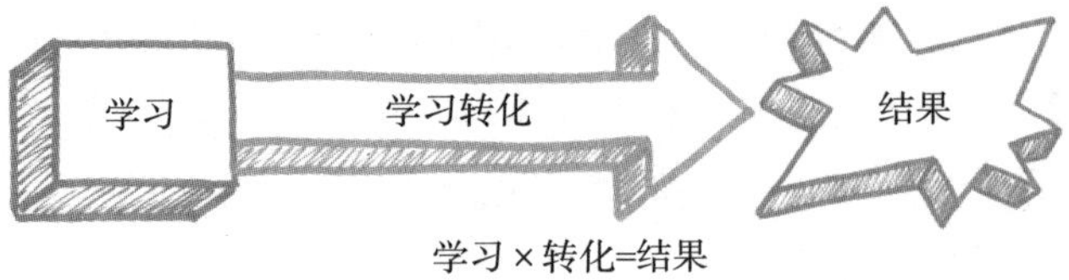

图 D4.4　只有学习没有转化，就没有学习结果

这个公式“学习×转化=结果”也解释了学习专家和业务负责人之间常见的误解。学习专家往往根据人们学到了多少来定义成功，而业务负责人则根据绩效是否提高来定义成功。业务负责人不会区分学习和学习转化。如果他们投资于培训却没有看到绩效的变化，那么对他们来说“培训是失败的”，即使真正的问题出在转化环节。对于学习与发展部门来说，即便绩效没有改变，却声称学习是成功的，这就好比说“手术很成功但病人死了”一样。

要提高任何流程的产出效率，都需要改进生产中的瓶颈环节。为此，需要了解制约产出的具体约束条件或低效因素，然后实施策略来缓解这些制约因素的影响。对于学习与发展来说，要优化学习项目的成果，就需要理解并解决那些阻碍员工将新技能和知识应用到工作中的问题（见专家视角 D4.1）。

专家视角 D4.1

学习转化的杠杆

伊娜·温鲍尔–海德尔和梅拉妮·马丁内利，学习转化效能研究所

在学习与发展领域，人们日益强调通过从一次性学习活动向体系化的学习项目设计转变，以提升培训的有效性。培训不应在项目尚未开始时就宣告结束。然而，在实际操作中，学习项目往往存在诸多缺失环节，如培训后的跟进、定期复习、提醒邮件以及经验交流会等。真正的“规划和管理学习转化”，需要在项目启动前便积极地、系统地且富有战略地为其进行设计。那么，应如何实现这一点呢？

学习转化的研究表明，有效的转化涉及三个关键领域：培训设计、学

员和组织（见图D4.5）。在项目启动前，必须针对每个领域开展积极的调研工作，以识别潜在的转化障碍。例如，在组织领域，一个关键因素是主管的支持。这里的关键问题在于：学员的主管是否支持、鼓励并监督学员应用所学内容？

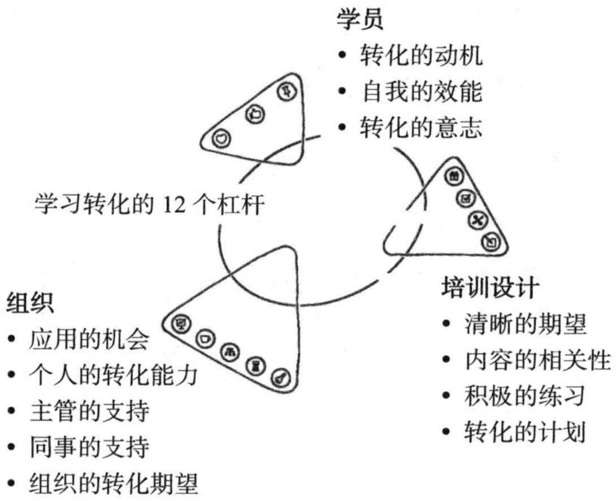

图D4.5　学习转化的12个杠杆

另一个影响学员学习效果的因素是转化的计划。在培训过程中，学员是否已开始制定包含具体活动的计划？此外，该领域的一个常见障碍是转化动机：学员是否有强烈的意志将所学知识付诸实践？

一旦识别出转化过程中存在的困难和障碍，便需采用专门的方法加以处理和解决。在培训中，让学员参与一些特别设计的流程，能够增强他们将所学应用于实际工作的动机。而且，研究表明，即便在培训前，领导与学员进行15分钟的交流，探讨如何将培训内容应用于实际工作场景，就能显著提高他们将所学应用于实际工作的概率。为确保每位学员在培训结束后都有明确的行动计划，培训结束时会安排一个环节，让学员阐述他们接下来的打算，并与领导进行讨论，领导则会给予建议和指导。在最终评估阶段，将依据评估学习转化的12个杠杆，检查相关问题是否得到有效解决，学员是否能将培训内容很好地应用于实际工作。

总之，转化不是等项目结束才考虑的事情。提前找出可能存在的问题，并且在设计项目时就考虑好解决办法，将转化的工具和方法融入其中，这样才能让项目更有效。这就是“规划和管理学习转化”的本质。

定义学习转化

在我们继续之前，我们需要明确一些术语。学习转化有时被称为“培训转化”。我们更喜欢“学习转化”这个说法，因为它不仅包括培训，还包括其他类型的学习。学习转化有时也与“知识转化”混淆，如将知识从讲师转移到学员，或从经验丰富的工人转移到学徒。这并不是我们在第四法则一章中想要表达的意思。当我们在企业环境中谈论学习转化时，我们指的是“将学习应用于工作并改善绩效的过程”。从这个角度看，当以下情况发生时，学习转化就实现了：

1. 学到的新知识和技能已经在工作中得到应用。

2. 这样做会带来持续的绩效提升——这是开展培训的根本原因。

学习的转化率或收益率有时被定义为“学习内容迁移到工作的百分比”，但这不是一个好的衡量标准。首先，很难做到精确评估学习的转化程度。其次，鉴于许多课堂或E-learning项目都涵盖了巨大的知识量，就连那些相对短期的课程也是如此，即便学员的效率再高，也往往只能应用其中一小部分内容。

在我们看来，一个更好、更直接的学习转化衡量标准是，在培训后达到特定绩效改进标准（满足一定条件）的员工所占的百分比。例如，在一项学习项目之后，五名员工中有四名实现了第一法则中定义的业务绩效目标，那么有效的转化率（收益率）就是80%。

那么，当前大多数学习项目的转化率是多少呢？令人惊讶的是，大多数公司的学习与发展部门都没有这个数据。大多数的学习专家估计这一比例只有10%~20%，但他们也承认这只是一个猜测。转化效果是业务负责人最想知道的事情之一，但这并不是学习与发展部门跟踪或测量的关键指标。

超过一半的学习投资被浪费掉了。

当前对学习转化率（以达到绩效目标为衡量标准）的研究不多。不同培训类型和研究方法会造成转化率很大的差异。总的来说，“硬技能”（技术性）培训后的转化效果比“软技能”（人际沟通、领导力）的转化效果要好很多，原因将在下文讨论。目前大部分项目的转化率是15%~40%。这对大多数的学习项目而言，学习转化是瓶颈环节，而且超过一半的学习投资，包括时间、资源、精力和机会，都被浪费了。很明显，学习转化应该得到比现在更多的关注。

实际应用

- 一个学习项目结束后，以达到预期绩效提升的员工比例来计算学习转化率。

学习转化需要得到更多关注

> 在大多数组织中，学习内容能否应用于工作，往往依赖于偶然性。

学习专家和业务负责人都应该更加关注提高学习转化率，因为与直接改进学习本身相比，它能更好地提升培训投资的回报率。人们投入了大量的精力、创造力和技术来改善教学，但学习转化往往依赖于偶然性。这一现象的结果是，大多数学习供应商都非常擅长设计和提供优质的学习体验，但对于如何改善学习转化知之甚少，不予重视。即使未来用人工智能进一步改进学习策略和技术，它们对于绩效的影响也不如学习转化显著。

例如，韦伯的一项研究发现，在一群参加了同一个培训项目的咨询师中，有一部分人在培训结束后又参加了一系列有规划、以行动为导向的教练谈话，而另一部分人没有参加这种转化支持；结果，前者的销售额增长是后者的三倍。辉瑞也发现，如果学习转化可以得到具体的支持，领导力发展项目的投资回报率就会提高 40%。莱姆巴赫和昂德的研究总结表明，如果企业可以重视学员的准备情况、学习转化设计和组织的一致性，那么学习转化率将提升 70%。

我们相信，除非业务负责人和学习专家一起努力解决学习转化的难题，否则学习的效果无法有效提升。我们说一起努力，是因为学习负责人和业务负责人谁也不能单独解决这个问题。

实际应用

- 请记住公式“学习×转化=结果”，并用它来向业务负责人解释转化的重要性。
- 重新分配学习与发展的创造力、精力、专业知识和资源，用于改善学习转化。
- 开始衡量学习转化，并设定改进目标。

为什么仅有学习体验是不够的

一直以来，大多数企业学习专家还是把所有的关注都放在了学习体验上，几乎完全忽略了转化这一步骤。他们觉得，如果培训内容足够吸引人、打动人，就可以产生足够动力，帮助员工完成从学习到结果的艰辛过程。这就好比儒勒·凡尔纳的科幻巨著《从地球到月球》（1865年出版）中试图用一次爆炸的威力就把物体发射到太空一样。

我们现在知道，光靠一次爆炸产生的动力不可能让物体摆脱重力的束缚。在飞行过程中过不了多久，空气阻力和重力就会起主导作用，物体的动力就会消失，然后掉回地面（见图D4.6）。

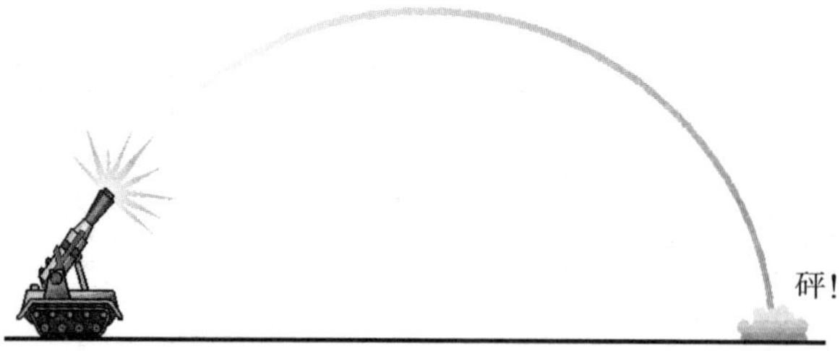

图D4.6　即使是有史以来最强大的大炮射出的炮弹也总会落回地面

企业学习项目也是一样（见图 D4.7）。无论一个项目最初能带来多大的动力，然而对改变的抵触和旧习惯的影响，会使学员逐渐失去学习转化的动机，最终回到培训前的行为模式上。正如火箭靠持续的推进力进入地球轨道或月球轨道那样，培训项目也需要对学员进行长期持续的动力支持，帮助学员达到“逃逸速度”。

学习一门新技能比改变一个旧习惯更容易。

图 D4.7　学习转化需要持续的动力

为什么防止学员旧习惯的复发需要持续的动力呢？咨询师和畅销书作者约翰·伊佐给出了如下解释：

> 学习就像坐着雪橇从刚下完雪的山顶上滑下来。第一次尝试时，你能开拓不同的路线。但是第二次滑下来的时候，雪橇会沿着你上一次滑雪时的路径前进。之后的每次尝试都在重复之前的痕迹，使这条路径更深，而你也更难滑出另一条路。这与大脑工作的情况非常相似：当你多次重复一个特定动作时，你的行为就会变得不由自主，并且难以改变。对于人类生存来说，这是必不可少的。因为如果我们必须时时刻刻去思考每个新的动作，人体就将无法正

常工作。但人类大脑这样运作的模式意味着，无论是“处理特定任务”还是“与他人打交道”这类长期养成的习惯，都需要花费很多努力才能改变。

神经科学家也证实了伊佐的说法。频繁的重复会在大脑中留下印记。和肌肉一样，大脑也会通过锻炼变得更大更强。一旦习惯在大脑中留下印记，我们就需要通过长时间的持续努力来改变它们。这也说明了为什么学习新习惯比改掉旧习惯要难。所以，虽然一次精彩的学习体验可以教给学员一种更有效的方法，但它不足以带来持久的改变。

对于个人和组织，“惯性”也是存在的，这种惯性会阻碍改变的发生（见图 D4.8）。正如牛顿第一运动定律所描述的那样，一切物体在没有受到力的作用时，总保持匀速直线运动状态或静止状态，除非作用在它上面的力迫使它改变这种运动状态。

图 D4.8　个人和组织都具有抗拒变化的惯性

➘ 动机和意志力

员工要改变行为，必须具备动机，即产生改变的意愿，同时还需要付诸行动。动机是行为改变的必要条件，但仅靠动机是不够的。人们可能会认为，在面临“不改变就没命”的极端情况时，没有人会拒绝改变。然而，研究表明，即使在心脏冠状动脉搭桥手术后，患者中也只有 10%的人成功改变了生活方式以降低再次发生致命心脏病的风险。这表明，即便在生死攸关的情况下，许多人也难以改变旧习惯。赫克豪森将这种现象称为“行动差距”，并指出要采取行动实现改变，不仅需要动机，还需要意志力（自我控制能力），且这两者都依赖于具体情境（见图 D4.9）。

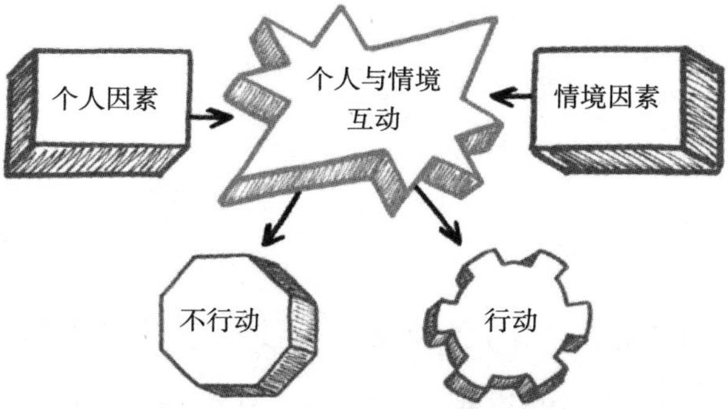

图 D4.9　行动（或不行动）是个人因素和情景因素相互作用的结果

如果学习项目要带来有意义且持久的绩效改变，它们不仅必须提供充分的改变理由（动机），还必须提供与具体情况相关的支持、触发因素和激励措施，以促使员工采取积极行动（意志力）。

实际应用

- 千万不要低估行为改变的难度，仅有学习体验是不够的。
- 给人们一个改变的理由（动机），并支持他们采取行动（意志力）。

问题出在哪里

如果提高学习转化的效果是提高培训投资回报的关键，为什么这仍然是一个难题？我们认为，主要有三个方面的原因：

1. 没人关注转化。
2. 缺少衡量标准。
3. 责任不明确。

没人关注转化

学习转化问题的根本原因在于缺乏关注；它往往未被视作一个问题，或者至少未引起高层管理的重视，这令人颇感意外。考虑到每年因学习转化失败造成的成本高达数十亿美元，或许是因为这种浪费属于一种"隐性成本"，不像产品召回或工业事故那样显而易见。

学习专家需要主动将这一问题提上管理层的议程，因为这对我们极为重要。如果一项学习项目结束后绩效未见改善，学习与发展部门可能会被指责，预算可能会被削减，即使真正的问题在于转化不足。我们需要让业务负责人意识到学习领域的巨大浪费，并促使他们采取行动。在他们的领导下，学习与发展部门与业务部门携手合作才是减少浪费的关键（见图 D4.10）。

将学习废品与生产废品进行类比，已被证明是吸引制造企业管理层关注的有效方法。在服务类企业中，让高层管理人员预估培训后绩效得到提升的员工比例也可能会很有用——无论他们预估的具体数字是多少——随后可以进一步询问他们，如果实际绩效提升的员工比例仅达到这个数字，公司的外部客户是否会感到满意，以及他们是否会因此担心客户流失。无论采用哪种方法，关键在于提高业务负责人对这一问题的关注度，并促使他们积极参与到问题的解决过程中。由于管理层的决策对转化效果起着决定性作用（见下文“责任不明确”一节），因此学习与发展部门无法独自解决这一问题。

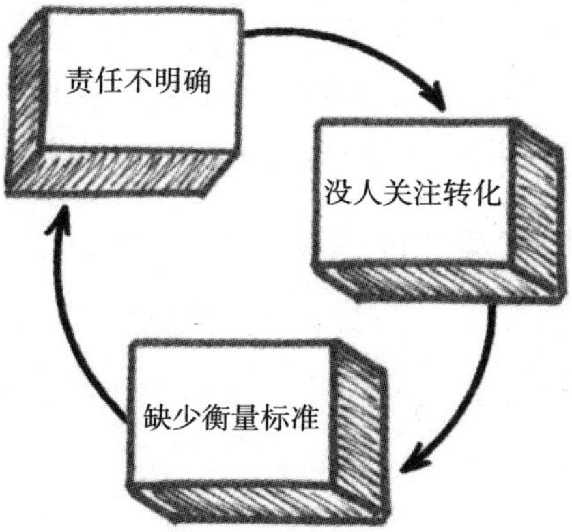

图 D4.10　没人关注转化、缺少衡量标准、责任不明确形成了一个恶性循环

缺少衡量标准

第二个让学习转化继续浪费企业资源的原因是缺少衡量标准。除非衡量并跟踪一个绩效指标，否则你无法改进它。没有衡量标准，一个组织就没办法评估行为变化后有什么效果，那么也就无法逐步改进系统。

企业通常会跟踪各种指标，从现金流到客户满意度，以便管理运营和优化绩效。学习和培训部门通常也会跟踪一些指标，但正如在第六法则一章中讨论的那样，这些往往是学习项目和学员满意度的衡量标准，而不是真正的绩效成果衡量标准。当没有对学习转化进行有意义的衡量时，就没有人可以被分配责任去管理它并实施持续改进的过程。

责任不明确

在运营良好的组织中，责任与问责的界限通常是清晰的。例如，地区经理负责实现其所在地区的销售目标；工厂经理负责完成质量、成本和产量目标；财务经理负责遵守会计规定，并确保财务报告的准时与准确编制，等等。然而，当涉及学习在工作中的应用时，却无人明确负责。

业务部门负责人往往认为培训是学习与发展部门的职责，与自己无关。他们没有意识到自身在培训过程中扮演着不可或缺的角色。正如美国退伍军人事务部首席学习官吉姆·特林卡所说："通常情况下，业务部门负责人都认识到培训或学习很重要。但是，他们却说，'是的，培训很重要。但是你看，我非常忙，我只能将这个工作交给学习与发展部门来做。这是他们的工作，不是我的'。"

同样地，许多学习专家也认为培训后的工作转化不属于他们的职责范围，而是业务部门的事情。罗丝玛丽·卡法雷利在《成人学习项目规划》一书中指出，许多培训专家"从未真正思考过把学习转化当成他们分内的事"。相反，他们认为："我的职责是确保利用最有效的方式向学员传授符合课程目标的内容，但是之后会发生什么就不是我所能掌控的了，那是业务部门的职责。"

学习型组织和直线管理者共同拥有培训的成功或失败。

结果是，学习转化陷入了无人负责、无人问责的地带。事实上，无论培训项目成功与否，培训部门与业务部门都应担负相应的责任。只有双方积极合作，推动学习转化，才有可能实现学以致用。否则，双方的积极性都会受到打击，就像业务负责人和学习负责人两个人站在一艘即将沉没的船上，却在争论船的哪一端水漏得更快（见图 D4.11）。当学习转化为绩效的过程失败时，追究谁的过错已经不重要了，因为每个人都不是赢家。因此，每个人都有责任堵住漏洞。

图 D4.11　如果培训没有产生效果，那么是谁的错并不重要，反正大家都不是赢家

由于没有人真正负责学习转化，学习专家和业务负责人始终没能未雨绸缪，提前做好预防措施。我们可以借鉴组织安全中的概念，展开“事故预防调查”。与其等转化失败后再亡羊补牢，不如在一开始就采取“预防”措施。

召开预防会议，在会议中向有经验的人请教如何防范问题发生，对可能出现的问题了如指掌。掌握了这些信息，项目团队就可以避免一系列问题。这种方法快速、简单、易于执行、成本低廉，更重要的是，可以让我们全面掌握可能出现的问题。

这个方法放在学习中，就是向项目发起人和设计者询问：“哪些原因可

能导致项目无法带来长久的行为变革？”接着，根据他们的回答，制定一系列防止问题发生的战略。既然学习转化是最有可能导致项目失败的环节，我们就要在这方面做最充分的预防措施。

实际应用

- 承担起学习转化的责任，要像规划课程一样认真规划学习转化。
- 业务负责人意识到他们在确保学习创造价值这一过程中的责任。
- 问：“如何确保行为转变和实现业务结果？”

影响学习转化的因素

影响学习转化效率的因素众多，其中一些是“先决条件”，这些条件必须先满足，学习转化才有可能实现，它们是转化的“基础材料”。有效转化的先决条件包括：

1. 学习内容必须有用。员工无法应用他们未曾学到的内容，只有当所学内容优于现有做法时，工作绩效才会提升。正如在第二法则和第三法则两章中所讨论的，学习本身受到诸多因素的影响，但就转化的先决条件而言，有四个属性至关重要：

- 所学内容：其相关性、有效性以及是否真正构成最佳实践。
- 学习方式：所采用的教学设计和方法论。
- 员工学习能力：接受培训的员工是否有足够的时间和精力学习相关内容。如果员工工作量过大，或者组织中发生的其他变化使他们感到迷茫，学习效果将大打折扣，无法满足转化的先决条件。

- 学习动力：学员对学习内容相关性和有用性的相信程度会影响学习和理解的质量与深度。

2. 员工必须对自己能够适应新情况、提升自我（具有“自我效能感”）充满信心。那些坚信自己能够改变、能够成长的员工，正如德韦克所提出的具有“成长型思维”的人一样，会更有动力去学习，并且会更积极地将学到的新知识付诸实践，与那些认为自己受环境、基因等因素限制的人形成鲜明对比。虽然一个人的自我效能感在成年后基本定型，但并非完全不可改变。获得积极的反馈、看到自己取得的小进步并得到认可、目睹身边同事克服困难以及进行自我反思等，都能增强员工的自我效能感。

转化氛围

假设员工已经具备了将学习应用到工作中的条件，那么他们是否会努力运用新技能和知识，还会受到工作环境中“转化氛围”的影响（见图D4.12）。罗伊勒和戈德斯坦将“转化氛围”定义为：“组织中所有能够表明何谓重要的行为和流程的集合。”其中有一个关键概念是“信号传递”。并非所有工作场合中的信号都是显而易见的，也并非都是有意发出的。根据信号理论，这些信号必须被接收者注意到并理解，才具有意义。然而，接收者理解的含义可能与信号发出者原本想表达的含义不一致。例如，一位经理表现出冷漠的态度，这可能无意间向他人传递出他不赞成的信号（见下文所述）。

美国运通公司进行的一项研究充分说明了“转化氛围”的影响。这项研究的最初目标是评估三种学习形式的效果，分别为传统课堂教学、混合式学习和在线学习。培训结束三个月后，根据参加培训的管理者岗位不同，以时间周期、转化率、收入影响、预测准确性、销售额、客户满意度、处理时间等作为评估参数，将这些管理者分为“高绩效领导者”和“低绩效领导者”两类。

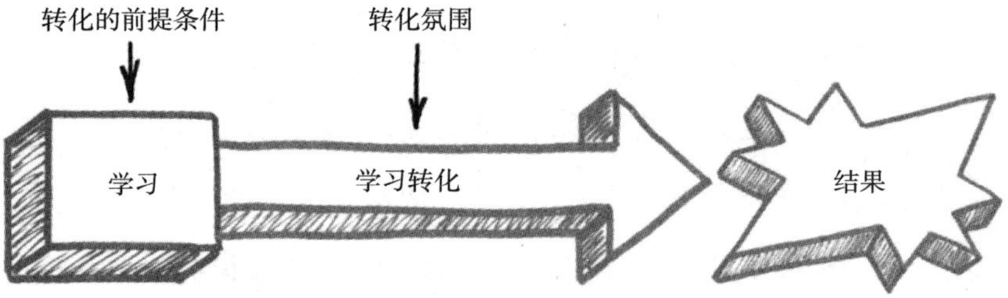

图 D4.12　转化氛围的健康程度决定了转化的效率

这两种管理者的评估结果差异很大。从收集到的报告和数据来看，“高绩效领导者”的生产率平均提高了 42%，而“低绩效领导者”的生产率仅提高了 16%。令人惊讶的是，学习形式并不是影响培训结果的关键因素。在三种学习形式中，都存在“高绩效领导者”和“低绩效领导者”。因此，一定有其他因素造成了培训结果的不同。

主要区别在于，取得高绩效提升的参与者具有以下特征。

> 问题是在办公室里发生了什么。

问题的关键在于“转化氛围”，尤其是学员的直接主管所采取的行动。得到“较多改善”的学员具备以下特征：

- 主动与其直接主管讨论和沟通如何将所学内容应用于工作实践的次数超过四次。
- 两次感受到其直接主管的支持与肯定。
- 两次以上期待因行为改变而获得认可或奖励。

研究者得出结论：

- 学员培训结束后回到的工作环境，能最准确地预测培训带来的真实效果。
- 为了使学员在回到日常工作后能够坚持学以致用，必须提供高度支持的学习转化氛围。
- 学习转化氛围能够真正让公司提高投资回报率。
- 对学习转化氛围重要性的理解，以及如何创造一个良好的学习转化氛围，应该在最初发起培训项目时就重点考虑。

其他调查研究也得出了相似的结论，即学员培训后回到工作岗位时的学习转化氛围，将对培训效果产生深刻影响。欧洲管理学院的赫米尼亚·伊巴拉教授在《哈佛商业评论》撰文指出："设计一流的培训课程会激发个人学习的积极性，可能带来很好的效果。但我的研究表明，培训的问题在于，培训结束后，这些高层管理者回到工作场所，面对日常的工作会发生什么？"换言之，一项培训项目是否能够有效地改善绩效，很大程度上取决于学习转化的氛围。

然而，还需要明确学习转化氛围究竟包含哪些方面，哪些方面对学习转化有益，哪些方面对学习转化有害。霍尔顿、贝茨和罗娜开发了"通用学习转化系统清单"。这份清单用于评估转化氛围的状态，判断哪些因素为培训带来正面影响，哪些因素带来负面影响。该清单已被证实是一个有效的诊断工具，能够帮助和指导学习转化系统的完善。

顾名思义，"通用学习转化系统清单"明确了学习转化环境是一个复杂的体系，即转化受到大量因素之间复杂交互的影响。在满足了转化的先决条件之后，"转化氛围"的健康程度将决定转化的效率。

为了便于理解和管理“转化氛围”（见图 D4.13），可以将其要素进一步细分为以下四类：

- 应用机会。
- 激励因素。
- 阻碍因素。
- 触发因素。

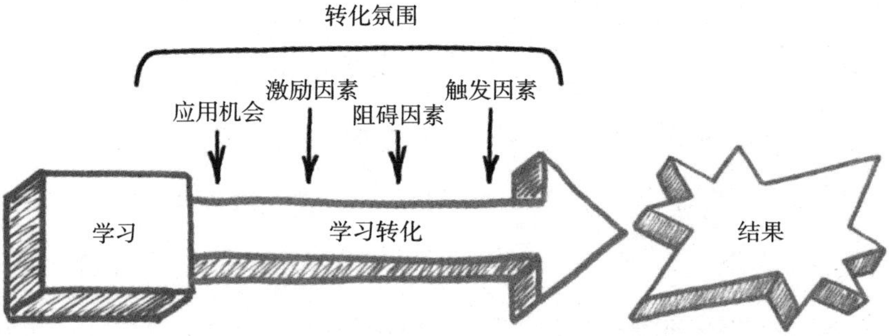

图 D4.13　转化氛围的影响因素包括应用机会、激励因素、阻碍因素和触发因素

应用机会

员工必须有机会应用新学习的技能和知识。培训员工学习他们永远无法使用的技能，是在浪费时间和精力。例如，有一家公司要求所有员工完成一个脚手架安全培训项目，这包括那些永远不会或不应该爬脚手架的办公室职员。这种培训显然毫无意义，纯属浪费时间和精力。

应用机会还意味着员工的管理者将允许他们按照所学到的方式去工作。遗憾的是，一些管理者却坚持说：“这也许是他们教给你的，但在我们这里不能这样做。”这种态度严重阻碍了员工将所学知识应用于实际工作。

激励因素

一个健康的“转化氛围”包括激励员工应用所学知识的动力，例如：

- 对付出努力和取得成就的认可。
- 物质或其他奖励。

为了使激励措施有效，员工必须：

- 相信奖励是基于行为和结果的。
- 重视激励措施。

阻碍因素

阻碍是指任何妨碍员工应用所学知识的事物，这些事物使应用过程变得更加困难，或者打击员工的应用积极性。阻碍可以是有形的（如缺乏工具或信息），也可以是无形的（如同伴的负面压力或来自管理者发出的混乱信号）。

转化氛围的许多元素，如同伴压力、管理者反馈和绩效管理系统，既可以是激励因素，也可以是阻碍因素。这取决于它们是支持还是破坏所学的内容。表 D4.1 列出了影响转化的（积极或消极）因素的例子。

表 D4.1　影响转化的（积极或消极）因素的例子

因　素	促进转化的情况	阻碍转化的情况
同伴压力	当同事鼓励使用新方法并在学习过程中容忍较慢或不完美的表现时，会促进转化	当同事贬低新方法并在/或向新员工施压，要求他们使用现有方法或走捷径时，会阻碍转化
管理者反馈	管理者对所教的方法持积极态度。 以身作则。 鼓励并赞扬应用新技能和知识的努力	管理者贬低所教的方法。 对学习与发展持负面评价。 未起到榜样作用。 不鼓励应用新技能和知识，反而给员工施压要求采用其他方法。 不认可改进的努力

续表

因　素	促进转化的情况	阻碍转化的情况
个人经历	当员工应用所学知识时，他们会获得积极的成果或认可	当员工尝试应用新技术时，他们会遇到诸如加班或批评等负面后果
绩效支持	员工可以方便地获得绩效支持工具、教练指导和专家建议，以帮助他们应用所学知识	员工遇到问题却难以快速获得帮助。 他们被期望完全依靠记忆
绩效管理系统	在绩效管理系统中，跟踪、报告和奖励的内容与所教的内容相一致	跟踪和奖励的绩效指标与所教的方法相冲突，或者未能给予奖励

人们根据自己的感知和信念采取行动，而不一定是遵循客观事实。

需要注意的是，一个因素是激励还是阻碍学习转化，取决于员工对它的看法。如果员工认为他们的管理者对新方法持负面态度，那么即使管理者在现实中是支持的，只是由于其他职责而分心，未能明确表达，员工也不太可能尝试使用新方法。

因此，改善学习转化过程的起点是评估员工对当前转化氛围的看法。我们基于霍尔顿和鲍德温的简略版学习转化系统清单，开发了一个转化氛围健康指数（示例 D4.1）。该指数要求参加学习项目的员工对每个项目进行评分。你还可以提前使用转化氛围健康指数进行评估，由你和学员的直接主管共同完成。利用这些结果来确定改进的机会。

示例 D4.1

转化氛围健康指数

请员工根据描述，给下面这些项目打分，分数从 1 到 10。1 到 4 分说明转化氛围不健康，是学习转化的阻碍，需要确定根本原因并加以解决；7

到 10 分表示转化氛围健康，有助于学习转化。请根据每个项目的两段描述进行打分：

1. 工作相关性

所教的知识和技能与实际工作关联不大。									所教的一切内容都与工作直接相关。
1	2	3	4	5	6	7	8	9	10

2. 效用

使用所学内容对工作绩效几乎没有影响。									使用所学内容对工作绩效产生了很大帮助。
1	2	3	4	5	6	7	8	9	10

3. 工作群体

同事嘲笑或试图劝阻我使用所学的内容。									同事鼓励我使用所学内容，并在我尝试应用时给予耐心帮助。
1	2	3	4	5	6	7	8	9	10

4. 管理者参与

我的主管积极劝阻我使用所学内容，或者对此保持沉默。									我的主管积极鼓励我参加培训并应用所学内容。
1	2	3	4	5	6	7	8	9	10

5. 反馈与指导

我没有得到关于应用所学内容的反馈或指导。									我收到了关于如何使用所学内容的有帮助的反馈和指导建议。
1	2	3	4	5	6	7	8	9	10

6. 认可和奖励

我没有得到因在工作中应用所学而产生的认可或奖励。									我在工作中应用所学的努力得到了认可，并且我已经（或期望）得到奖励。
1	2	3	4	5	6	7	8	9	10

7. 问责

如果我不应用学习的内容，没有人会注意或说什么。									我被期望应用所学内容。如果我不这样做，将会有负面后果。
1	2	3	4	5	6	7	8	9	10

触发因素

人类以他们的“自由意志”意识而自豪，他们相信自己的行为是由有意识的选择驱动的。然而，事实上，我们的许多行为是被外界刺激在潜意识中“触发”的。这正是棒棒糖和零食被放置在收银台旁边的原因。购买的冲动很可能是由与产品的视觉接触或某种促销刺激引发的。即使你之前并没有想到要吃甜食，你也可能会突然感到需要甜食。这种触发有多强大呢？在美国，消费者每年平均的冲动消费超过 5 000 美元。

触发因素可以帮助解决学习转化的一个基本阻碍：“眼不见，心不念。”员工经常被提醒他们的其他工作任务，但很少被提醒需要应用他们所学的内容。在大多数培训项目之后，学员通常不会再收到学习与发展部门的任何消息，直到收到报名参加下一门课程的邀请。作为学习专家，我们应该在培训后为学员提供各种提示和提醒，以触发他们缩小“行动差距”。

提醒有助于触发行动。

学习后的触发可以有多种形式，如短信、电子邮件、电话、自动日历项目或它们的任何组合。

最重要的问题是需要有提醒，以便避免忘记进行练习。任何提醒都是有价值的。例如，莱文森和格莱德开发了一种简单的设备，他们称之为动机®（MotivAider®），它所做的仅仅是按照设定的时间进行振动。即使这么简单、非具体且周期性的提醒，也在帮助人们实现各种目标方面表现出了显著的效果。莱文森和格莱德定义了一个有效提醒系统应具备的两个关键属性：（1）它必须可靠地吸引人们的注意力；（2）它的出现频率必须高，才能作为一个有用的提醒。

考虑到电子邮件的普遍性和低成本，它显然是触发的首选。例如，罗伯·巴特利特描述了一个只有一人的培训部门如何利用电子邮件创建一个低成本、低工作量的跟进系统。令人惊讶的是，尽管我们都经历着电子邮件的泛滥，但电子邮件提醒仍然有效。普洛特尼科夫及其同事进行了一项研究，测试了电子邮件提醒在帮助改变与运动和营养相关的行为方面的有效性。在他们对加拿大 2 000 多名员工的研究中，那些在 12 周内每周收到电子邮件提醒的员工，在体育活动和健康饮食方面表现出的改善，显著大于接受相同培训但没有收到提醒的控制组。凯撒医疗机构的一项类似研究发现，那些收到带有实用小建议的电子邮件提醒的员工，他们的生活方式习惯改善程度比没有收到这些信息的员工显著得多。这进一步证明了周期性触发的力量。

实际应用

- 使用转化氛围健康指数来评估你组织中的转化氛围状态。
- 调查得分较低的根本原因，并针对这些原因进行改进。

管理者的作用

管理者对于学习转化和转化氛围有着极其重要的影响。他们代表着最具影响力且最未被充分利用的资源，这些资源决定着学习能否带来结果。对近100篇研究论文的综述发现，管理者对转化氛围有着重要的影响。兰卡斯特、迪米连和卡梅伦得出结论：“管理者在培训前、培训中和培训后的表现，对培训转化起着关键作用。”罗伯·布林克霍夫则更简洁地表示：“有了管理者的支持，培训就能发挥作用；反之则不能。”盖洛普的研究人员基于广泛的访谈、调查和分析得出结论，团队参与度的70%差异完全由管理者决定。

管理者代表着最具影响力且最未被充分利用的资源。

管理者对学习转化和整体学习效果产生如此大的影响，这不足为奇。这是因为，无论员工对他们的主管看法如何，有一点是肯定的：主管是加薪、升职和发展的关键。所以，员工会特别留意自己的主管（有意或无意）发出的信号。如果主管对某件事表现出兴趣，就说明他们认为这件事比别的事重要。这一规律也适用于在工作中学习和应用新技能（见图D4.14）。

然而，对于大多数学习与发展部门来说，说服管理者积极地为学习转化提供有力支持，仍然是一个挑战。布罗德和纽斯特罗姆在他们1992年合著的《培训转化》一书中指出：“管理者无法为培训在工作环境中的转化提供持续有力的支持。我们认为这是一个根本性的问题，也是一个相当大的改进机会。”尽管这本书是在30年前出版的，但这一观点在今天依然具有重要意义。

图 D4.14　管理者的看法对学习效果的影响很大

管理者的参与程度

唐·柯克帕特里克认为，管理者对于培训的反应分为两个极端（见图 D4.15）。一种是极力制止下属员工应用学习内容："学归学，但工作还得按我们的规矩来。"我们听过的最过分的例子是一位加拿大石油公司的高管告诉我们的。公司曾经花费重金，包括学费、工资、交通费和住宿费等，派他去哈佛大学参加一个为期一年的高管培训项目。学成归来的那天，他被经理叫到了办公室。经理对他说："欢迎回来。我可没兴趣听你讲在哈佛学到的那些废话。"

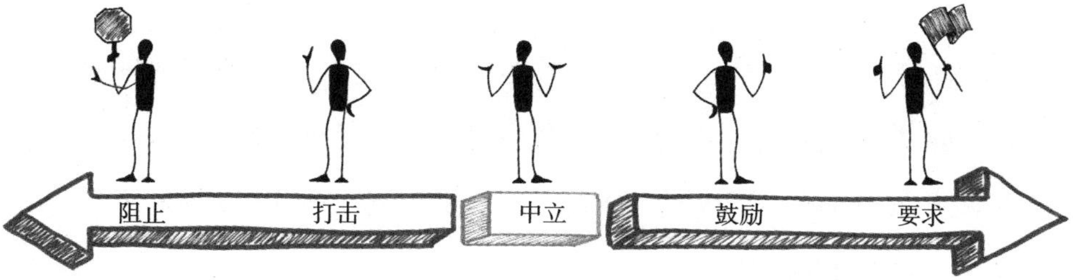

图 D4.15　管理者对下属使用新技能和知识可能产生的不同反应

当然，这是一个极端的例子，但每个公司都有一些管理者反对员工应用培训的新知识和技能。这表明没有人与管理者沟通培训的价值，并事先获得管理层的支持。这也反映了高层领导的管理失败，他们未能有效推动战略在管理层的落地。无论如何，反对使用新方法的管理者破坏了培训的有效性，导致了学习的浪费。

那些对应用持有不鼓励态度的管理者，其实也在浪费资源，而且会让员工感到迷茫和受挫。员工会想："如果不让我用这些东西的话，为什么我还要花那么多时间去学习？"唐·柯克帕特里克把"中立"或"漠不关心"放在了区间的中间位置，因为他认为这种态度不会造成任何影响。我们不同意。如果一个员工参加了学习项目，兴致勃勃地准备应用学到的内容，而主管对此只字不提，大部分员工都会觉得主管的意思是"别在这上面浪费时间"。换句话说，"漠不关心"其实会造成负面影响（见图D4.16）。

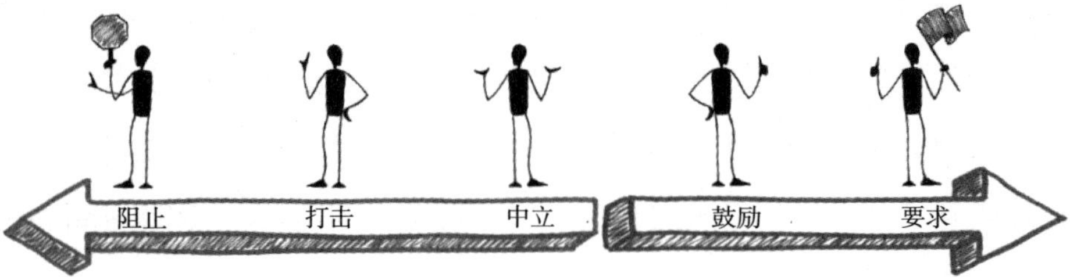

图D4.16　当一个主管是"中立"（什么也不说）时，影响是负面的

在职场中，否定一个人及其工作的最极端做法，就是表现出对他的漠不关心。这种冷漠比批评更可怕，因为批评至少表明这个人值得被关注。如果管理者没有对学习及应用表示出积极的兴趣，他们就扼杀了员工的动力，浪费了极好的改进机会。

与上面这些管理者相对的另一个极端，是那些鼓励下属应用学习内容的管理者。他们的积极态度是营造良好的转化氛围的关键，同时也是决定企业的培训投资是否值得的关键因素。对于新的学习内容，管理者应该至少表示鼓励；理想情况下，他们应该将其作为“我们在这里做事的方式”。后者能给组织的变革带来强大的动力（见案例 D4.1）。

案例 D4.1　让营销培训的价值实现最大化

当豪尔赫·瓦尔斯接过 SmithKline Beecham Animal Health 集团管理者职位的时候，他发现公司的营销现状亟待改进。于是，瓦尔斯与 Impact Planning Group 签订了合约，准备开展一场针对营销能力的密集型培训。他不仅要求营销部门参加这次培训，还要求所有管理者加入。因为他想借此强调，营销是每个人的责任——每个部门都会对客户对公司和品牌的看法产生正面或负面影响。

就项目本身而言，这次培训还算不错。然而，真正让培训发挥作用的，是瓦尔斯在培训总结会上提出的一项不可协商的要求：“今后，员工在制定所有营销规划时，都必须遵循培训中所学的内容。”他要求员工必须应用培训内容，并且承诺自己会提供相应的支持。他言出必行。之后，瓦尔斯拒绝了一切不符合培训原则的提案，甚至连看都不看。

有了这一规定，每位员工都开始在工作中应用新方法和新工具。公司运营计划的质量立即得到了改善。管理者、部门和领导团队的讨论质量也显著提升。这是因为大家怀着共同的理念。几个月之内，经过提升的规划和营销水平在顶线增长和底线增长中起到了显著的推动作用，尽管公司在这几个月并没有推出新产品。

如果瓦尔斯没有实施这一强制措施，而只是鼓励大家应用新方法，或者放任自流，员工就会觉得应用学习内容与否都无所谓。这样的话，整个改善进度就会变慢，效果也会大打折扣。正是由于坚持要求每一个人都应用学习内容，瓦尔斯才能保证企业的学习投资能够获得应有的回报。

总之，管理者对学习转化有着非常大的影响。他们发出的信号，无论是有意还是无意，都会影响其下属在学习转化上的投入。

实际应用

- 了解直接主管对学习项目成败的关键影响。管理者的支持是整个项目中不可或缺的部分。
- 不要满足于管理者的冷漠（“至少他们不是负面的”）。这种态度会对学习迁移产生冷却的影响。
- 认识到直接主管可以“决定或破坏”任何学习计划的成功。确保他们的支持作为每个计划不可分割的组成部分。

为什么管理者不愿意提供全面的教练支持

一直以来，我们都在思考这样一个问题：为什么管理者不愿意采取进一步行动来鼓励下属应用所学内容？如果员工的效率和绩效得以改善，管理者的工作将变得更加轻松，其发展前景也将更为广阔。既然员工已经投入时间学习新知识和技能，为什么管理者不再多投入一些精力，以享受绩效提升带来的丰厚回报呢？

管理者为没有跟进学习项目给出的最常见理由是“没有时间”。当然，在这个快节奏的时代，管理者不可能兼顾每一件事，他们需要做出取舍。因此，当管理者声称“没有时间”跟进学习项目并提供教练支持时，他们真正想表达的是，这件事对他们来说并不重要。

为什么他们会持有这样的想法？我们认为问题的根源主要有以下两个方面：

1. 管理者没有看到足够的价值（回报）。

2. 管理者对自己在这方面的能力缺乏自信。

价值

面对任务繁重、时间有限的局面，管理者通常会优先将时间分配给能够带来最大回报的事务，而对于那些不重要的事情，则会选择忽略。如果我们希望管理者积极推动学习成果的转化，就必须让他们相信，他们在教练直线下属时的投入，从长远来看，能够获得绩效改进作为回报。我们要让管理者认识到，他们可以使学习项目为自己的部门创造更大的价值。至少，我们应该让他们意识到他们在这一过程中所具有的重要影响力。辉瑞公司曾经公布了一项内部研究结果，该研究证明了管理者参与所带来的巨大价值。结果公布之后，培训后的教练支持情况有了明显提升，因为管理者认识到了其中的价值。

管理者必须相信，他们的投入可以得到回报。

与此同时，我们还需让公司高层认识到，若一线管理者未能为员工在工作中应用新知识和技能提供支持，整个项目的投资将付诸东流。我们应该鼓励高层将支持员工发展纳入管理层的年度考核和评估体系。在那些管理绩效突出的企业中，管理者会为直线下属的发展负责，而企业也将管理者的相关能力作为晋升考评的重要依据。

专业技能

没有哪位管理者愿意在员工面前显得缺乏专业技能或不熟练地使用这些技能，这会让他们感到难堪。如果管理者不确定如何做好教练支持，或者不清楚教练支持的具体内容，他们就会以“没有时间”为借口，拒绝与员工讨论学习内容，或者如何在工作中应用所学。

如果管理者有了自信，就更有可能提供课程后的指导。他们需要：

- 了解项目的内容。
- 觉得自己具备必备的教练专业技能。
- 制定明确的行动流程。

要确保管理者了解学习项目的内容，最理想的解决方案是让管理者在直线下属之前参加培训项目。不幸的是，这在实际项目中很少被采用。因此，至少要给管理者发送一份学习项目的简要介绍，让他们对项目的预期业务目标、项目内容和预期结果有一个基本的了解。这个过程务必要保持简洁高效。例如，一封简洁的电子邮件，附上几个介绍详细信息和教练建议的链接，比一个详细的课程大纲更有可能被阅读。

杰夫·瑞普是一名澳大利亚学习转化公司的顾问和研究员，他非常重视管理者支持所发挥的作用，因此他在员工培训前召集管理者参加了一次特别课程。课程的主要内容包括常用教练技巧，以及如何让即将到来的培训创造更大的价值。

在 Centocor 公司，当员工收到直接主管的反馈结果时，主管正在参加一个培训项目，学习如何最大化 360 度反馈结果的价值。项目结束后，趁着双方正在关注这件事，应尽快安排员工和他们的主管进行一对一的交流。

豪瑞公司北美学习中心负责人丽莎·贝尔曾经为“构建领导者绩效项

目”的学员的主管安排了为期一天的“影响力”课程。一开始，我们最担心的是主管不愿花费宝贵的时间来参加这种“额外的”课程。不过到最后，他们竟然还觉得意犹未尽。丽莎相信，这样的课程是项目成功的关键因素。

学习项目开始前，管理者与直接下属的交流对学习效果的影响是最大的。我们要鼓励管理者和直接下属在培训开始前互相沟通，因为它传达了管理者对这次培训的重视，并引导员工做好学习前准备。在这之前，需要给管理者提供有用的教练流程和工具，这样可以有效提升管理者的参与度（见案例 D4.2）。

案例 D4.2 如何在中型公司推动学习转化

梅拉妮·马丁内利和伊娜·温鲍尔-海德尔

一家奥地利中等规模的批发公司，此前主要依赖外部培训师开展学习项目。公司人力资源部门的职责是明确员工的培训需求，并寻找合适的培训师。培训结束后，会进行学员满意度评估。虽然每次培训后的学员满意度都较高，但公司管理层和人力资源部门负责人逐渐意识到，这些培训似乎并未产生实际效果。员工的行为和工作绩效并未发生明显改变。

为解决这一问题，公司开始采用一种更有效的培训方法。该方法围绕“学习转化的 12 个杠杆”构建新的学习模式。

从推动到拉动：将焦点从内容转移到关键行为

公司认识到，需要从“推动”方法（由人力资源部门决定培训需求）转变为由业务部门负责人的实际需求驱动的“拉动”方法。这一转变要求将焦点从学习目标转移到定义转化目标——推动绩效提升的关键行为转变。转化目标由学习与发展部门与业务部门共同确定，以确保与业务需求和绩效期望保持一致。

例如，不再设定内容导向的学习目标，如“学员将学习系统性销售循环和技巧”。而是确立以行为改变为中心的转化目标，如“学员在销售对话中运用销售技巧，并将他们的说话时间减少到对话时间的三分之一以下”。

新模式的一个关键要素是，除非与管理者明确定义并统一具体的关键行为，否则不会开展任何培训。这些讨论包括确定管理者需要采取的必要行动，以支持将培训转化为行为。例如，与学员进行培训前和培训后有组织的对话。只有当管理者承诺采取这些支持措施时，培训才会实施。其结果是，培训不再被视为仅仅是人力资源部门的工作（“人力资源希望我们再次派遣学员”）。相反，它被视为业务部门自己的工作（“我希望我的员工改变他们的行为，人力资源部门正在帮助我实现这一目标”）。

培训师工作指南的开发：一种转化有效性的系统方法

公司发现，不同的培训师和培训方法带来了问题。为解决这一问题，公司组织了一个研讨会，邀请了学习与发展团队成员以及核心培训师参加。在会上，大家一起找出了学习转化中的问题，并制定了一份详细的工具——“培训师工作指南”，用于未来的所有培训。这份指南包含了新的评估方法、工具和一些指导原则，目的是确保培训不只是一次性的活动，而是能够从课堂延伸到工作场所中。

“培训师工作指南”为每个学习转化杠杆列出了具体行动，从激发学习转化的动力到创建培训后的同事支持机制。每位培训师都签署了这份指南，承诺将这些做法融入他们的培训项目中。这份指南的推行已成为公司学习战略的基石，强调提供与业务目标一致、具有持续高影响力的培训项目。

“培训师工作指南”中的示例

杠杆4：清晰的期望

在每个项目启动之前，学员都会收到一份自我评估表，该表列出了该项“关键事件”。这种项目前的准备工作确保了期望的明确性，专注于预期的行为改变，并且使培训师与学员对预期结果及其相关性有了清晰且一致的理解。

杠杆7：转化的计划

培训师预留了10%的培训时间，用于指导学员制定学习转化的行动计划，与同事或直接主管讨论这些计划，并建立问责机制以确保后续跟进。他们采用了一份标准化的学习转化计划书，学员需在每个模块结束时完成填写。该计划书详细列出了具体的“下一步行动”。主管们已被告知相关情况，并被鼓励在每个模块结束后与员工讨论该计划书。

杠杆10：主管的支持

公司充分认识到主管在支持学习转化过程中发挥的关键作用。在培训开始前，学员需与主管就三个与学习转化相关的问题进行讨论。这种前期准备有助于统一双方的期望，并确保主管能够提供必要的支持，这对于巩固和维持新行为至关重要。在每个模块结束后，主管会收到3至4个问题，以便与学员进行讨论，这些问题独立于学习转化计划书之外。至关重要的是，主管需知晓，他们对学习转化的支持效果将受到评估。学员会被问及：“你的主管在多大程度上给予了你支持？在这一过程中他们采取了哪些具体行动？他们是否对你进行了激励？”

杠杆11：同事的支持

在学员之间建立“学习转化伙伴关系”是确保同事的支持与问责制的关

键策略。学员在培训结束后定期相互交流，分享他们在应用新技能和知识方面的进展以及遇到的挑战。这种同事的支持网络在培训结束后相当长的一段时间内，都能持续发挥作用，帮助学员保持动力并强化学习效果。

结果

通过聚焦关键成功行为，并使管理者全程参与培训，公司见证了员工绩效的显著提升。借助新的学习转化导向方法的实施，培训的有效性和对组织的影响得到了显著增强。

“培训师工作指南”的引入以及检查清单的应用，助力全体培训师实现了工作方法的标准化。每位培训师均签署并承诺遵循该指南所确立的原则，其中包括运用全部12种学习转化的杠杆。

培训项目与业务目标的契合度进一步提高，学习专家如今积极投身于公司的战略规划会议。凭借围绕这些关键杠杆构建培训项目，公司成功地实现了从以内容驱动和学员满意度为导向的培训模式，向以绩效和行为改变为导向的培训模式的转变，这一转变在学习转化和整体业务成果方面带来了显著的改善。

培训结束后，应鼓励学员与管理者尽快会面，讨论学员的主要收获及后续应用规划。部分项目要求学员制定个人目标或行动规划，可将这些信息整理后，通过电子邮件或其他学习转化支持系统发送给学员的管理者。此外，还可为管理者提供简明、具体的培训后行动指南，以便其采取相应行动，以实现培训项目价值的最大化。

最后，需确保管理者能够随时了解其直接下属已完成（或未完成）的任务。这可通过多种方式实现，例如，邀请管理者参加项目总结会（线下或线上），让每位学员回顾其目标、成就与收获；或邀请管理者评估学员的绩效提升情况。以考克斯媒体集团为例，该集团要求管理者通过观察来评价并认可学员的绩效提升结果。在诺华公司，除非管理者证明其观察到学员在工作中应用了新知识与技能，否则学员将被视为未完成该项目。

实际应用

- 与高层领导合作：将学习转化支持纳入所有管理者的工作职责之中，使其成为一项受监督且能够获得认可与回报的工作。
- 为管理者提供支持：向管理者提供其在每次培训前后开展教练工作所需的信息与支持。
- 强调管理者参与的价值：向管理者阐明，他们的参与能够使培训项目创造更大的价值。

第四法则的检查清单

50 多年来，人们早已认识到学习转化的重要性，因为它能够将所学内容转化为企业的业务结果。无论教学设计、电子化学习模块、情境模拟工具、在岗教练支持还是其他学习体验设计得多么吸引人，如果学员习得的新知识和新技能未能转化为工作中的应用，那么这些学习成果充其量只是昂贵的“学习废品”。在当今竞争激烈的商业环境中，没有任何一家公司能够承受资源的浪费，尤其是人力资源。如果不改善培训后的学习转化流程，由此产生的高成本是任何一家公司都无法承受的。

学习转化效果不佳以及由此产生的“学习废品”现象，背后存在诸多深层次的原因。因此，要解决学习转化问题，我们需要一个全面的、基于学习与业务管理团队合作的系统化方法。提升学习转化效果是提高学习与发展价值的最佳途径。这需要我们明确业务目标，设计完整的学习体验，并且最重要的是，建立能够帮助和支持员工在工作场所持续应用所学新知识和技能的系统和流程。

根据一些公司学习与发展部门的最佳实践经验，学习转化需要精心设计与规划，并积极有效地管理培训后的转化过程。他们通过明确期望、吸引管理者参与、定期提醒以建立问责制度并提供绩效支持，确保学员能够真正做到学以致用。那些投入资源来改进学习转化的公司，在培训结束后，员工的工作行为表现、绩效和投资回报率都有了显著提升。

使用示例 D4.2 中的第四法则的检查清单来检查你的学习转化计划。

示例 D4.2

第四法则的检查清单

使用下面的学习转化和应用检查清单来制定一个行动计划，以持续提升学习项目的价值：

- 学员只有在证明了其在工作中的应用和绩效改进时，才会获得学分或证书。
- 通过定期提醒学习内容、学员的个人目标以及持续练习新知识和技能的必要性，使学习始终保持在首位。
- 向管理者通报项目目标，并提供关于如何最大化项目价值的实用指导。
- 在培训之后，管理者要负责辅导他们的员工，并因这样做而得到认可。

- 管理者让直接下属对应用他们所学的新知识和技能负责。
- 对于取得很大进步和/或完成目标的学员，给予适当的认可。
- 有人负责评估和报告学习转化的有效性，并提出改进建议。

行动指南

致学习负责人

- 评估具有战略意义项目的学习转化氛围是否健康。
  - 若发现问题，应采取相应措施加以改进。
- 对学员进行调查，了解他们在多大程度上获得了管理者的支持。
  - 分享调查结果，并与高级管理层坦诚地探讨学员的管理者如何提升或削弱学习的价值。
- 积极督促学员应用所学内容。
- 为管理者提供简洁、有效的行动指南，以促进学习转化。
- 与管理层紧密协作，确保培训后的学习转化与应用得以实现。这需要团队共同努力，任何一方均不可推卸责任。正如埃尔德里奇·克里弗所言："如果你无法解决问题，那么你将成为问题的一部分。"

致业务负责人

- 回顾你在学习项目中的个人经历。你是被期望持续完成公司的投资并获得回报，还是将培训课程的最后一天视为整个学习项目的终点？

- 与近期参加过培训项目或有直接下属参加过培训项目的员工进行一次面谈。
  - 你的部门是否重视这些学员的学习与发展目标?
  - 你的部门对学习项目的态度是积极支持还是冷漠对待?
- 向近期有下属参加培训的管理者提出以下问题:
  - 他们是否了解该项目的业务目标?
  - 他们是否要求其直接下属对培训投资回报承担责任?
- 若你发现这些培训目标被赋予了“二等公民”地位，且常被学员及其管理者忽视，那么你实际上是在培训上浪费时间和金钱。
  - 与学习与发展部门合作以解决此问题。
- 发挥你的领导力，确保项目参与者将其所学转化为工作成果，从而提升其个人绩效及企业的业务成果。

第五法则

实施绩效支持

在绩效支持的所有理由中，“经济价值”或许是其中最为重要的理由。

——马克·罗森博格

一个组织能否成功取决于其能否满足成员的需求。最为理想的状态是所有工作均能完成得极为出色，客户也极为满意。当员工需要帮助时，为其提供绩效支持，包括合适的工具、信息，以及流程或决策上的支持，这对于实现目标至关重要。

第五法则是实施绩效支持，能够推进、深化并确保学习与应用。绩效支持可以使学员更有信心地说出“我能”。事实上，许多学员能否将所学知识转化为实际工作绩效，往往取决于绩效支持。

绩效支持可以确保员工每次都能在正确的时间，以正确的方式做正确的事情。它有多种形式，从简单的纸质工作辅助工具（或电子版）到基于人工智能的决策支持系统，以及专家、导师与教练。新技术加上无处不在的互联网资源，大大增加了提供绩效支持和促进工作中持续学习的机会。因此，绩效支持在提升绩效方面的作用将越来越大。

本章的主要内容包括：

- 什么是绩效支持。
- 为什么绩效支持会发挥作用。
- 实施绩效支持的最佳时机。
- 新的技术和新的可能。
- 人员与绩效支持。
- 第五法则的检查清单。
- 行动指南。

适者生存

迈克尔·沃特金斯在其著作《最初的 90 天：适合所有领导者的关键成功战略》的序言部分，阐述了他对这一领域产生兴趣的原因：“看到只有极少数公司会帮助宝贵的领导资源成功度过转型期，我感到十分震惊。因为按理说，这个时期应该是他们职业生涯中最重要的关口。为什么企业会放任员工自生自灭？如果新上任的管理者能够更快地度过转型期，企业又能获得哪些好处呢？”

同样的问题也适用于企业培训项目。为什么大部分企业在培训结束后就放任员工自流，而不帮助员工完成从教室到职场的过渡？如果员工能够坚持在工作中应用新的学习内容，企业又能获得哪些好处？既然企业已经在学习项目中投入了时间、精力和金钱，为什么不多投入一点，以确保学习内容的顺利应用呢？

戈特弗雷德松和莫舍对这些问题的回答如下：“在我们的集体思维中，学习活动这种范式根深蒂固，根本无法动摇……我们无法设计、构建和执行完善的支持体系，以帮助学员实现和保持绩效改进。”这种现象也可能源于我们受到“适者生存”心态的偏见。我们都曾听到管理者说：“我是在没有任何帮助的情况下成功的，他们也应该如此。”大学的课程评分通常是按照正态分布进行的，这样有些学生能得到 A，有些能得到 B，依此类推。然而，这与企业的管理理念是背道而驰的，因为每个员工的绩效都需要始终保持 A 级水平。

因此，我们应该提供一切必要的支持来实现这一目标。相关研究也已经证实，支持——特别是在转化阶段开始后的最初几周——可以通过改善工作绩效和效率，极大地提高学习的投资回报率。

绩效支持的力量

外科手术团队堪称世界上最训练有素的专业群体之一。要成为手术团队的一员，他们需历经多年的高等教育、培训与实践，方可担任医生、麻醉师、外科护士等职位。他们经验丰富，每年可能要负责数百台手术。然而，即便如此，他们仍会犯错。一旦出错，便可能影响病人的健康甚至危及生命。尽管他们的出错率极低，但每年由此造成的损失仍高达数亿美元，病人及其家属的精神损失更是难以估量。因此，我们有充分的理由致力于提高外科手术水平，但单纯依靠增加培训显然无法解决问题。

世界卫生组织找到布莱根妇女医院的外科医生阿图·葛文德，询问他是否愿意领导一个旨在减少手术后并发症和死亡率的研究项目。尽管葛文德起初持怀疑态度，但他最终还是同意尝试，并在后续认真检验了实验结果。葛文德在其著作《清单革命》中完整地分享了这一故事。我们提及此例，正是为了彰显绩效支持的强大作用。

葛文德及其团队设计了一份简单的检查清单，包含19项内容，分为三个部分（手术前、手术中和手术后）。这一解决方案使并发症减少了超过1/3，死亡率更是近乎减半。葛文德写道："检查清单可以帮助所有人避免犯错，它的应用范围要比我们想象的广泛得多。"如果绩效支持能对外科手术团队这样训练有素、经验丰富的群体的绩效产生如此显著的影响，那么我们不难想象它将给那些相对缺乏经验的员工或职场新人带来怎样的积极改变。

确实，有时仅需提供绩效支持，便能显著改善结果。我们的一家制造客户开展了一次达标培训活动，旨在减少停机时间、提高产量，培训后的反馈相当不错。然而，当查看生产记录时，却发现并无改善。于是，工厂经理联系了学习与发展部门，要求重新培训。由于学习团队曾研究过 6Ds® 法则，他们深知重新培训并非解决问题的良策。在同意重新培训所有人之前，他们进行了一项绩效分析，发现真正的问题其实很简单，即工人在实际操作中记不住达标方法的细节。因此，学习团队没有选择重新培训，而是为每个岗位开发了工作辅助工具。结果是停机时间大幅减少，产量也显著提高，且无须再花费时间和金钱用于再培训。

重点是，绩效支持可以减少培训甚至不再需要培训，绩效支持应该成为所有学习和绩效改进项目的必要组成部分。

实际应用

- 要认识到，恰当的支持可以帮助训练有素、经验丰富的团队显著改善绩效。
- 绩效支持应该成为所有学习项目的必要组成部分。
- 在同意提供培训，特别是再次培训之前，先检查一下绩效支持是否足够。

与客户服务和产品支持的类比

消费品公司投入大量资源来提供客户服务，从用户指南、在线帮助、免费的产品支持电话到在线实时聊天，不一而足。它们还经常就服务质量征求客户意见。为什么呢？因为它们深知“客户体验是公司在同业中保持竞争优势的最重要因素之一”，而且客户满意度取决于“整个产品”的体验，包括服务质量和产品质量（见图 D5.1）。产品再好也没用：如果客户弄不清如何使用，或者遇到问题却得不到清晰及时的解决，他们就不会满意。

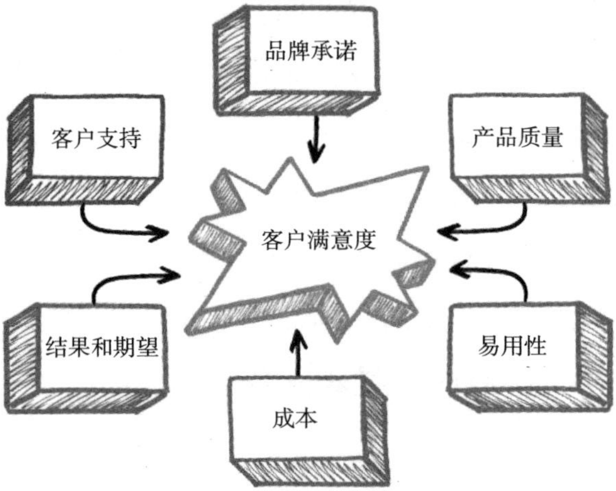

图 D5.1　客户满意度来自完整的产品体验

满意的客户可能会购买更多的产品或服务，并向他们的亲朋好友推荐这个品牌。而不满意的客户不仅会转向你的竞争对手，更重要的是，他们还会将不满传递给身边的每个人。因此，卓越的产品支持体系可以创造竞争优势。

这与企业培训非常类似。学员对培训与发展项目的满意度取决于完整的学习体验，包括他们能否应用所学的新知识和技能来实现个人目标。及时、有效、随时可用的绩效支持，可以提高人们应用所学知识的能力，从而提升学员和管理者对学习与发展部门的满意度。

就像消费品一样，满意的学员会倾向于追求更多的学习机会，并向其他人推荐培训项目。而无法成功应用所学知识的学员会感到不满意。他们会认为培训是在浪费时间。他们——以及没有看到任何改进的管理者——很可能将他们的不满传播出去。这种负面宣传会削弱对学习项目的支持，并使未来的学员产生偏见，让学习与发展部门在未来更难完成任务。

所有这些都意味着，在关键的学习转化阶段提供有效的绩效支持，符合学员、公司、学习与发展部门三方的利益。

实际应用

- 观察学员在应用所学内容和获得支持方面是否满意。
- 确保学员和公司外部客户获得相同的支持。

什么是绩效支持

绩效支持可以确保员工每次都能在正确的时间，以正确的方式做正确的事情。它既可以简单到一份张贴的操作流程，也可以复杂到由人工智能驱动的故障排除指南。其涵盖范围广泛，从自动纠正错误（如拼写检查）到设计成只能以正确方向插入的连接器等，都属于绩效支持的范畴。

绩效支持大致可分为四类：

- 实体类，如张贴出来的操作流程、打印的工作辅助材料、工具或标签等。
- 电子信息类，包括“如何做”的操作视频、检查清单和故障排除指南的电子副本、在线目录等。
- 系统类，如自动化的错误检查、安全锁定，或者在完成上一步之前不能进入下一步的软件等。

- 人员类，从同事到管理者，再到主题专家等。

这些资源，可以单独使用，也可以组合起来，从而提供四种类型的指导：

- 提醒触发器。类似于在线日历的提醒功能，告知员工何时该执行某项任务。
- 基本信息。提供执行任务所需的基本信息，如零件号、账号编号、详细设计图等。这些信息往往难以仅靠死记硬背来掌握。
- 思考指导。帮助员工思考问题，例如，如何确定问题类型，以及该采用哪种方法解决等。
- 动作指导。通过“如何做”的视频或示意图，指导员工如何进行实际操作。

绩效支持的优劣取决于任务的性质、工作环境以及工作内容。在设计绩效支持时，应寻找最简单、性价比最高的解决方案，避免过度设计。如果一张简单的纸质检查清单就足够解决问题，那么就没有必要考虑其他更复杂的解决方案。

为什么绩效支持能够发挥作用

首先，为什么正确的绩效支持会有如此神奇的作用？因为“学习知识和有效地应用知识两者之间存在着一条巨大的鸿沟”。一般来说，人们对事情的关键部分的记忆要比对细节的记忆好很多。所以，即使接受培训的人能够回忆起如何执行某项任务的大致情况，但很多人都很难记住所有步骤的正确顺序以及每个步骤具体如何执行（见图D5.2）。有了检查清单、步骤顺序或者类似的记忆辅助工具，人们就能按照正确的顺序完成所有工作，绩效也会因此得到改善。

图 D5.2 人们很难记住一个流程的具体细节

其次，即使一项任务经常做，已经牢记于心，但它的执行还是会受到环境因素的影响，有时候后果会很严重。例如，尽管资深飞行员雅各布·范赞滕有着几百次起飞和降落的经验，对这些操作步骤非常熟悉，但有一天，他因为着急在允许飞行时间到期前起飞而分心了。结果他忘了一个重要的步骤，即在沿跑道滑行前要先获得起飞许可，他驾驶的波音 747 飞机撞上了另一架飞机，导致 584 人死亡。因此，潜在的错误代价越高，绩效支持就越重要。

再次，我们在第三法则一章中提到，大脑的工作（短期）记忆容量有限。当员工尝试应用一种新技能时，绩效支持尤其有用，因为它能减轻工作记忆的认知负荷，使员工能够集中精力思考如何执行每个步骤。

课程设计师应该鼓励学员使用工作（短期）记忆去处理信息，而非存储信息。例如，当学员第一次接触新任务时，应为他们打印出清晰的操作步骤作为参考，以便他们专注于执行任务。纸质工序表形式的工作辅助工具，在这方面尤其有用。

出于类似的原因，对于涉及众多因素、步骤或考量的任务，绩效支持

具有不可估量的价值。期望员工回忆起所有相关因素，将其保留在工作记忆中，并同时处理它们，这无疑会增加出错的风险。

最后，绩效支持之所以有效，是因为如果某种方式已经形成习惯，就很难用新的方式执行任务了（见案例D5.1）。当人们尝试新方法时，无论是改变高尔夫球挥杆姿势还是演讲方式，绩效通常最初都会下降——即使新方法最终能产生更好的结果。旧习惯会干扰新流程的执行。没有提醒和支持，就很容易回到原来的做法。

案例D5.1 支持学习转化

彼得·爱德华兹，澳大利亚雷塞尔电气供应公司全国学习与组织发展经理

澳大利亚雷塞尔电气供应公司是一家领先的电气批发供应商，产品线极为丰富。从开关和插座，到灯具、配电、电缆，以及布线用的配件和安全设备，无论项目大小，我们都能为电工和承包商提供所有项目所需的产品。为了实现这一目标，公司需要大量有能力、敬业和尽职的员工。我们认识到管理者在打造高效员工队伍中所起的关键作用，因此开展了一个名为“领导者即教练”的项目，使我们的分公司经理能够与团队成员进行持续的、注重行动的一对一对话。业务目标是提高团队成员的参与度、经理的工作满意度（定性）以及实现战略目标的关键绩效指标（定量）。

我很早就与我们的区域经理进行了接触，让他们参与到内容的设计和项目开发过程中。我还与一些分公司经理进行了电话访谈，以了解他们在实施领导力沟通行为时遇到的困难。

最终，我们制定了一项为期16周的项目，包括两次为期一天的工作坊，并在工作坊之后积极推动学习转化。区域经理与我共同主持工作坊，并在工

作坊的角色扮演环节提供指导。

为了帮助推动学习转化，我实施了一系列全面的绩效支持工具/资源。我知道，当销售经理回到各自的分公司时，除非他们得到提醒和支持去改变，否则他们会非常快地恢复到旧有的习惯。我的目标是让他们时刻牢记学到的沟通策略，同时提供易于使用的工具来指导他们的行动。于是，我开发并实施了以下支持工具：

1. 快速参考工作辅助卡。这些卡片在工作坊的角色扮演环节中用于向学员展示如何将所学应用到实际工作中。鉴于经理们正在学习并应用一项新技能，这些卡片必须明确且具体。我们鼓励经理们将这些卡片张贴在办公室的墙上，以便在需要时能够随时查看。

2. 关键学习复习视频。我制作了十个简短的复习视频，这些视频将每周发送给每位学员，作为定期提醒。

3. 教练对话模板。我开发了一份三页的（计划—执行—回顾）教练对话模板。经理们在工作坊中练习使用该模板，并被要求在实际工作中也予以应用。我们鼓励他们在第 8 周将完成的“计划—执行—回顾”模板发送给其区域经理。

视频和工作辅助工具都非常受欢迎！对这些资源的反馈和使用情况良好。根据明确的业务需求构建项目，并积极规划和支持学习转化，两个关键绩效指标均有所提升。同时，也有可靠的定性证据表明，该项目正在改变经理与直接下属进行讨论的方式，以及直接下属对新方法的积极回应。

根据我在这个项目中的经验，我对其他学习专家的建议如下：

1. 花时间构建一个稳固的学习转化支持系统，便于每个团队复制。

2. 制作教学视频——管理者认为这些视频既吸引人又有教育意义。我通过网络摄像头录制了这些视频，并保持内容简洁。它们是领导力工具箱中的重要工具。

3. 让学员的管理者积极参与——请他们进行指导并提供反馈。

适当的绩效支持会增加员工在首次应用新技能和知识时的成功率。与那些最初几次尝试就失败的人相比，那些在早期就取得成功的人更有可能坚持努力进行改变（见图 D5.3）。这是因为“大量研究表明，小的成功蕴含着巨大的力量，其影响力与胜利本身的成就不成比例”。旗开得胜的感觉会让人更愿意继续学习，而出师不利只会让人降低学习的动力。

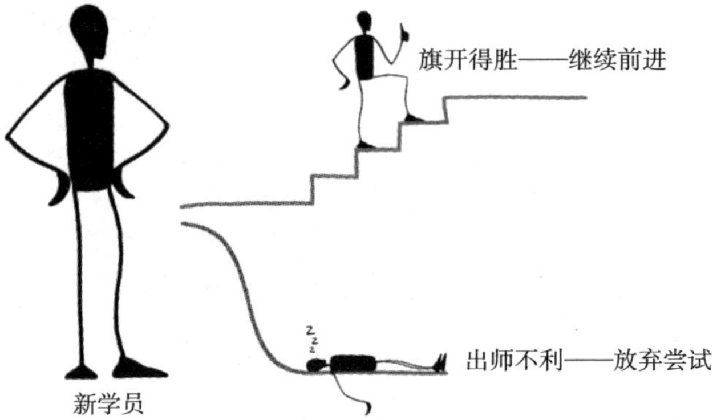

图 D5.3　绩效支持会增加“旗开得胜”的概率，激励人们继续应用新技能和知识

在某些情况下，绩效支持能彻底替代培训。例如，公司不会专门培训员工修理卡纸的复印机，因为使用说明直接嵌入在了软件和硬件里，这就是嵌入式绩效支持。快餐店通过简化操作，并在每个岗位醒目地贴上关键步骤，来减少培训。毕竟“做培训既费钱又费事；要提升员工工作绩效，人力资源开发专家和公司应该最后再考虑培训，而不是一开始就考虑它”。所以，在你决定要提供培训之前，先看看有没有合适的绩效支持能解决问题。

从经济角度来看，绩效支持具有显著的价值。美国海岸警卫队的研究表明：

- 工作辅助工具的开发速度可以是开发相同任务培训材料的三到四倍。
- 培训人员如何使用工作辅助工具的速度是不用它们进行相同任务培训的三到四倍。
- 与培训材料相比，工作辅助工具可以更快速、更低成本地进行修改。

此外，绩效支持本身就是一种强大的学习形式，因为它可以在员工需要和想要学习的时候（即“刚需时刻”）提供相关的指导。如今，我们几乎可以随时随地接触到海量的信息，这在人类历史上是前所未有的。员工可以在需要的时候，准确地找到自己想知道的信息，这无疑是极为理想的学习场景。

实施绩效支持的最佳时机

博伊德、戈特弗里德森、莫舍、罗塞蒂、谢弗、华莱士和威尔莫都讨论过实施绩效支持的最佳时机。他们的结论如下：

- 试图掌握一种新程序或新技能时。
- 执行不常用的程序时。
- 执行涉及多个步骤或因素的复杂任务时。
- 程序或信息频繁变化时。
- 如果任务简单明了且不需要特殊技能时。
- 当绩效的变化对质量、成本或客户满意度产生负面影响时。

- 如果有必须遵守的标准或规定时。
- 当错误非常严重或代价高昂时。

在这些情况下，绩效支持是其他学习方式的重要补充。即使学员在课堂练习中已经证明了他们的能力，他们可能也无法在紧张忙碌的日常工作中做好。正如艾利森·罗塞蒂指出的那样："如果他们在课堂上能做到，这并不意味着他们也能在工作岗位上做到。"

绩效支持范围

能够提升绩效的支持方式以及提供支持的途径多种多样，我们需要开阔思路并发挥创造力，将绩效支持视为学习项目不可或缺的一部分。表 D5.1 提供了最常见的绩效支持类型及其应用。

表 D5.1 常见的绩效支持类型及其应用

类　型	适用情况
提醒事项	确保不会错过时效性较强的活动，如完成一项审查、回电话等。提醒（"触发器"）是绩效支持的最简单形式，也是最广泛使用的形式之一。如今，几乎每个人都离不开电子日历的提醒功能。我们在第四法则一章中讨论了提醒对学习转化的重要性
关键信息	在人们有需要的时间和地点提供关键信息，例如，在轮胎侧面印的最大充气压力，或在工作岗位上方张贴操作步骤
嵌入式设计	确保正确使用。机器、零件或软件的设计应确保它们只能以正确的方式使用，例如，不同容器的灌装说明，防止出现液体或气体误灌。嵌入式设计尤其适用于那些失误会导致高昂成本或高度危险的工作

续表

类　型	适用情况
检查清单	确保在操作过程中包含了所有关键步骤或任务，并且这些步骤都已经完成。这在需要执行很多操作，或者遗漏某个步骤可能会导致严重后果时，这一点尤其重要
步骤说明	确保按照正确的顺序执行程序中的每个步骤。烹饪食谱就是大家熟悉的例子。对于复杂或很少执行的程序、正在学习新程序的人，以及按错误的顺序执行步骤会导致失败或伤害时，这一点尤其有价值
工作表	完成在各个步骤中需要进行计算的程序。填写税务表格就是一个很好的（尽管不太受欢迎）例子
流程图/条件框图	引导决策或进行故障排除，可以分解成一系列明确选择的问题。确保以符合逻辑、循序渐进的方式解决问题
照片或图表	展示物品或任务的位置，例如，飞机窗口处张贴的安全告示牌
实操视频	准确演示了如何执行特定程序或顺序。许多互联网视频都属于此类
脚本	确保口头沟通的一致性，如统一的营销信息或指令
可检索的数据库	提供快速访问大量信息的数据库，如产品、型号和零件编号的在线数据库。如果信息频繁变化或信息量太大难以记忆，这一点尤其重要
同事或专家教练	提供实用的工作技巧、绩效的定性评估、指导性的建议，以及给予鼓励和支持
咨询中心/专家指导	针对更复杂的问题提供帮助，特别是当简单的工作辅助工具和故障排除指南无法解决时

实际应用

- 开阔思路，发挥创造力，采用更多的方法实施有效的绩效支持。
- 在消费品行业寻找既有效又创新的解决方案。

新的技术和新的可能

技术正在逐渐模糊学习和工作之间的界限。奥德里斯科尔的著作预见到了这种融合，他写道：

> 随着技术变革的步伐日益加快……学习和工作之间的界限终将消失。培训和工作相结合将成为一种趋势。最终，培训将作为一种独特的功能，不再是许多员工的主要学习手段，取而代之的是工作信息系统。

新技术的出现和互联网的广泛普及，带来了更多激动人心的可能，让绩效支持变得更加丰富、简便、具体、个性化（见专家视角 D5.1）。由于平板电脑、智能手机和类似设备轻松访问视频的出现，人们可以随时随地观看视频，视频除了可以告诉人们做什么，还能演示怎么做。应用场景包括从如何定位或更换坏掉的零件，到如何组织一场高效的面试，一切都不再是难题。特别是新员工，他们习惯首先去找视频寻求指导。米歇尔·贝克的汽车有一次爆胎了，就是这么解决的。当她下车查看时，她 13 岁的孩子已经拿出手机开始在网上搜索相关的用户手册和在线教程了。

为了帮助大家想象技术对绩效支持可能带来的变化，我们可以想想以前怎么找路。几年前你出门还得买张地图，自己计划怎么走，或者问当地人怎么走，然后记下来照着他们指的路线走。要是没走错路、不用绕路，道路也没变，这办法还行。但是，一旦走错路、要绕了路或者道路发生了变化，你得费好大工夫才能回到正确的路线上。

现在，有了 GPS 和地图应用程序，你可以根据一步一步的指示朝着目的地前进。如果你有意或无意偏离了路线，系统就会立即重新计算出你该怎么走才能回到正确的路线上。这个系统符合“智能支持”的标准，它会实时查看你的行动路线，注意到因为事故或施工导致的延误，然后推荐更好的方案。

如果我们把学习比作一场旅程，我们应该追求那些能提供类似地图的绩效支持工具：它应该为我们指明终点的位置，然后指导我们选择最佳路线，并在我们偏离正确路线的时候及时提供和规划备选方案。

人工智能的持续发展将深刻影响并扩展绩效支持的可能性。多年来，教学设计师一直梦想着拥有真正的自适应系统，能够预测需求并针对具体挑战提供定制化的绩效支持。当前已经有很多这样的例子了，例如审查病人现有处方的药房系统，如果有潜在的不良反应时提醒医生；又如汽车的预警系统，当司机偏离车道或者跟车太近时会发出提醒。

这些系统正变得越来越复杂。实时语音翻译软件让国际旅行的压力小了很多，也让跨语言交流比老式会话手册（它们自己也是一种绩效支持）出错的概率小了很多。现在已经有第一代由人工智能驱动的教练，可以分析演讲或销售宣传材料并给出改进建议。

随着时间推移，这些系统将在某些工作中完全取代人类——就像机器人多年来在常规装配线上所做的那样。完全自动驾驶的汽车最终会成为现实。但在可预见的未来，大多数这样的系统将用来增强而不是取代人类的表现，例如在医学影像诊断方面。它们仍然需要人类的专业知识和干预。当今学习专家面临的挑战是，要对各种可能性持开放态度——关注其他领域正在发生的事情，并思考如何将这些新技术最好地应用到与工作相关的任务中。

专家视角 D5.1

通过技术加强绩效支持

西尔万·牛顿，德国慕尼黑牛顿咨询公司创始人

早在1969年，现代管理学之父、美籍奥地利管理学家彼得·德鲁克在《不连续的时代》中预言：“信息获取方式的革新对教育与学习的影响，将远超人类生活的任何其他领域。”

半个多世纪后的今天，这一预见正以惊人的速度成为现实。信息无处不在，而如何利用它优化学习解决方案，已成为每位学习专家的核心课题。在学习与发展的众多领域中，绩效支持正因新兴技术的崛起发生革命性变革，催生出最大化组织学习价值的新范式。

什么是绩效支持

绩效支持指帮助员工更高效、更精准完成任务的工具与资源。与传统培训不同，它无须员工脱离日常工作，而是直接嵌入工作流程中。其内容多为碎片化信息——可能是“微学习”甚至“纳米学习”单元，表现形式包括速查指南、操作提示与技巧、检查清单、智能情境化帮助系统。

关键新兴技术有哪些

人工智能、增强现实、虚拟现实和高级数据分析等技术正在重塑绩效支持，每种技术都在提升员工获取与运用支持工具的方式上发挥着独特作用。

1. 生成式人工智能。生成式人工智能基于机器学习算法，尤其擅长两项任务：捕获隐性知识和按需分发知识（通过分析员工绩效数据定位改进点）。该系统能精准提供即时定制化内容。例如，人工智能驱动支持工具可监测员工操作，通过手机或电脑的虚拟教练（以文字、语音或视频形式）

提供实时建议与纠偏措施。

例如：客服平台集成人工智能聊天机器人，在客服代表处理复杂请求时，即时推送相关案例解决方案与分步指导。知识工作者的办公软件（如 Microsoft Viva）嵌入人工智能助手，在项目推进或数据分析中主动建议优化方案，提升效率并缩短响应时间。

2. 增强现实。增强现实技术将数字信息叠加至真实场景中，为绩效支持带来巨大潜力。在制造业与维修领域，员工通过智能眼镜或移动设备可直接在设备上看到操作指引。

例如：工程师维修精密设备时，人工智能眼镜投射叠加式维修指南，减少查阅手册时间并降低错误率。外科医生使用增强现实头盔提升全膝关节置换术的精准度。

3. 虚拟现实。虚拟现实不仅用于沉浸式培训模拟，在绩效支持中同样高效。它能模拟复杂环境，让员工无风险、低成本地练习实操任务，尤其适用于航空、医疗等高代价错误领域。

例如：外科医生与飞行员通过虚拟现实演练高难度操作，提前熟练流程。某电信巨头用虚拟现实远程培训全国门店员工，成本仅为传统线下培训的零头，且能反复练习以缩短技能转化时间。

4. 高级数据分析。通过分析绩效数据，企业可识别员工瓶颈并制定针对性干预措施。

例如：营销机构可追踪高效行为与常见误区，生成活动策划交互指南或数据库挖掘工具。员工使用此类工具时，获得的支持与其需求精准匹配，从而提升未来的策划效能。

风险与挑战

尽管技术应用与效益日益清晰，仍需警惕以下问题：

- 数据隐私与安全（如防范未授权访问与黑客攻击）。
- 合规性（需符合行业或国家对数据存储与访问的特定法规）。
- 伦理考量（如员工隐私权与自主权的平衡）。

此外，尽管神经科学研究正不断揭示偏见机制，人工智能系统仍可能因原始数据或算法设计缺陷延续偏见，导致不公或歧视性结果。这需要持续监控以确保对所有员工与客户的公平对待。

未来展望

新兴技术不仅优化了现有实践，更开创了实时、可扩展、高效且情境化的支持新模式。它们让员工在工作流中即时获取所需资源，加速技能转化。能够驾驭这些技术并管控风险的企业，将显著提升组织整体效能。而这仅是开始。随着量子计算等技术的涌现，新兴科技将以更快速度持续变革学习与发展领域——尤其是绩效支持。作为学习专家，我们应主动拥抱机遇，引领技术应用的新浪潮。

什么是优秀的绩效支持

优秀的绩效支持主要具备以下特点：

- 随时可用。绩效支持的目的是帮助人们更好地完成任务，因此必须在需要的时间和地点轻松获取。这决定了最优的绩效支持形式和传递方式。例如，如果在某些情况下使用智能手机是危险的或被禁止的，那么手机应用程序就无法发挥作用；如果任务需要双手操作，那么绩效指导就需要采用免手持的方式。

- 针对性强。优秀的绩效支持是针对具体任务的，旨在帮助记忆，而不是包含所有已知的信息。好的检查清单会非常精确，不会试图详细说明一切——因为检查清单不能代替驾驶飞机。相反，它们只提供最重要步骤的提醒。
- 尽量减少干扰。好的绩效支持应该易于找到和使用，并且对正常工作流程的干扰最小。一篇著名的白皮书《信息工作的隐藏成本》指出，员工在寻找信息时浪费了大量精力，这些精力的价值可能高达数百万美元。如果获取信息需要花费过多时间，人们就不会去使用它。
- 实用性。绩效支持旨在帮助人们正确、高效地完成工作。在设计和测试绩效支持时，应考虑到目标用户可支配的时间和资源。
- 清晰直观。工作辅助和其他形式的绩效支持必须清晰直观，便于目标用户理解。例如，飞机安全卡依赖插图而非文字，因为并非所有乘客都能读懂英文。需要测试绩效支持工具，以确保它们满足这一标准。
- 经济性。绩效支持在三个方面需要具备经济性：成本低、文字简洁、节省时间。只提供完成任务所需的内容，不多也不少。
- 有效性。无论设计的是哪种绩效支持工具，它都必须在实际工作环境下发挥作用，并代表最佳实践。检验解决方案是否有效的唯一方法是进行测试。“在测试工作辅助工具时，我们总能发现许多未曾考虑到的问题。”只有经过测试、修改，并且通过经验积累和改进建议不断完善的工作辅助工具，才是最好的绩效支持。

- 实时性。就像公司和个人必须学习和创新以保持竞争力一样，绩效支持系统也需要随着条件变化和新的最佳实践出现而不断演变和改进。这意味着创建绩效支持工具或系统会产生持续的设计和维护成本。另一方面，与重新培训每个员工相比，更新绩效支持系统更有效且成本更低。实际上，当信息（如价格）或程序（如保险索赔范围）频繁变化时，应要求员工依赖最新的支持系统，而不是他们的记忆，因为记忆可能已经过时了几个版本。

计划活页夹并非工作辅助工具，原因在于其设计初衷是支持教学，而非直接助力在职应用。活页夹通常体积较大且结构较为笨重，难以快速定位到具体的主题或行动建议。我们访谈过的学员也承认，他们的大多数培训活页夹在授课结束后往往被束之高阁，不再使用。

基于这些标准，我们便能清晰地理解为什么项目手册也不是工作辅助工具。项目手册的设计是为了支持教学，而不是为了提升工作绩效。项目手册往往内容繁杂，员工很难从中迅速找到具体的内容或建议。我们采访过的学员均表示，他们的大多数项目手册在培训结束后都被搁置在角落，逐渐被遗忘。若要真正有效地为绩效提供支持，就必须重新设计培训材料，并专门为此重新规划其用途。

实际应用

- 设计针对工作的绩效支持，使用与培训相同的概念和插图。
- 在工作场所对绩效支持进行严格测试，以确保其易于理解，并能发挥预期作用。
- 严格剔除不相关的词语、步骤和信息，言简意赅，直击要点。

构建绩效支持

我们认为，绩效支持理应成为所有学习项目中不可或缺的组成部分。几乎不存在完全不需要绩效支持的项目，此类情况应是经过审慎考量的决策，而非学习与发展部门的疏漏。为了充分发挥绩效支持的作用，应将其纳入学习项目的设计初期，而非作为后期的补充。“绩效支持的嵌入性、直观性与针对性越强，参与培训的各方就越有可能认识到其价值，并在未来的工作中有效运用。”最佳实践是将绩效支持列为设计学习项目检查清单上的必选项。

卓越的绩效支持通常具有以下特点：

- 基于任务分析和所需绩效。
- 在培训过程中引入并发挥作用。
- 使用与培训本身相同的概念、术语和插图。
- 真正代表最佳实践。

提供绩效支持的最佳时机

如何判断何时以及在何处使用绩效支持来优化学习项目？在《将培训转化为商业结果实践手册》中，我们提出了以下建议：

- 与从事任务的员工交流。与正在从事该任务的员工进行沟通，让他们回忆自己刚开始执行这些任务时遇到的困难，以及哪些内容总是难以记住。同时，询问他们如果有什么工具能帮助他们更快上手，那会是什么。

- 访谈新员工。如果该培训之前已经开展过，可以与最近参加培训的新员工交流。了解他们在实际应用新学到的知识和技能时遇到的最大困难，以及他们认为什么工具能让应用新知识变得更简单。
- 询问工作中的员工。向实际从事该工作的员工了解他们是否开发了一些工作辅助工具，如便利贴、统计表、待办提醒等。员工通常会开发一些简单实用的小工具，并且乐于与他人分享。如果有人开发了符合最佳实践的工作辅助工具，应将其推广给更多人使用，并对开发者予以表扬。
- 访谈管理者。与负责该任务员工的管理者沟通，了解他们认为新员工在哪些地方会遇到困难。
- 考虑失败的后果。思考如果任务失败，会对公司、员工的职业发展或客户满意度产生何种严重后果。找出这些关键环节，并提前为它们提供针对性的绩效支持。
- 回顾不良事件报告。查阅事故报告、侥幸事件报告、违规行为报告以及客户投诉，从中找出可以通过改进绩效支持来预防的问题。
- 询问培训师。与培训师交流，在角色扮演和其他练习过程中，哪些内容对于学员来说最有难度。

确保一致性

为了让绩效支持发挥最佳效果，绩效支持必须与教学以及工作中所用的方法、方式和流程保持一致并加以巩固。如果存在大量相互冲突的术语，绩效支持的效果将大打折扣。如果绩效支持中使用的概念或流程名称与学员刚刚学到的内容不同，他们就会感到困惑。因此，为了使绩效支持更具实用性，应确保所有学习材料（包括工作指南）都使用相同的术语、概念和插图。同样，绩效支持工具所采用的流程必须与课堂中和工作中所用的流程保持一致。如果能够同时设计和制作课程内容与绩效支持，使其互为补充并相互推动，那么实现一致性将变得更加容易。

选择最佳实践

优秀的绩效支持的一个重要标准是真正代表最佳实践。如何确保这一点呢？可以通过与行业专家交流、观察他们的工作方式，或者邀请他们在工作指南发布前进行审查。此外，还可以通过邀请相关工作人员分享经验，实现最佳实践的众包。

一个典型的例子是 Aperian Global 公司开发的 GlobeSmart 网络工具。该工具提供跨文化沟通、员工管理、技术转化、全球客户及供应商关系改善等方面的信息。该工具邀请在不同文化环境中工作的管理者分享他们的想法和经验，从而自动完善系统内容。嘉宾们分享的内容经过检查、编辑后被添加到数据库中，使系统内容日益完善、深化和具体化。企业可以参考这一做法，根据自身情况建立类似的行业相关知识众包系统，以帮助员工提升管理、咨询、销售等方面的技能。

在培训中引入绩效支持

目前，人们仍然习惯在教学结束时才引入工作辅助工具："对了，这个工作辅助工具可能会对你们有用。"这种做法是不妥的。工作辅助工具是绩效支持的一种形式，因此应在培训过程中就引入，以便学员能够应用（见图 D5.4）。这样，学员就会明白，公司一直在鼓励并期待他们在工作中应用所学内容。我们应先设计工作辅助工具，然后再设计关于如何有效运用这些工具的培训项目，从而教导人们如何高效地使用它们。

图 D5.4　在培训过程中引入和使用绩效支持

甚至可以在培训前就让学员接触工作辅助工具，以便他们能够尽快熟悉相关内容（尤其是技术类内容），从而有足够的时间思考应用中的难点。我们的一位客户就是这样做的。他采用的是基于平板电脑的工作辅助工具。这不仅节省了课堂时间（讲师无须在课堂上介绍工作辅助工具），而且使教学更加有效，因为员工已经试用了该工具，并带着问题有备而来。

实际应用

- 在课程中引入绩效支持。
- 确保绩效支持与培训内容保持一致，并真正代表最佳实践。

人员与绩效支持

到目前为止，我们的讨论主要围绕第五法则的支持材料和系统两个方面展开。然而，有些绩效支持只能由人来提供。同事、导师、教练和管理者拥有独特的人类能力，能够提供任何绩效支持系统都无法提供的东西，如同理心、智慧、反馈、鼓励、协作解决问题和激励等。正如一句名言所说："教学和培训的重点在于讲述和分享知识，而真正的教练则是一种协作，帮助人们自己承担起变革的责任。"

在学习转化支持中，从朋友、同事到经理，很多人都发挥着作用，其中四种类型的人——管理者、讲师和引导师、同伴和专业教练尤为重要。接下来，我们将逐个讨论他们。正如其他类型的绩效支持一样，要让人的支持效果最佳，需要依靠学习团队来规划和引导。那些提供帮助的人需要明确自己的角色和期望（参见案例 D5.2）。他们也需要指导，以便让他们的工作更轻松，同时确保他们的辅导和所教的内容与项目的业务目标保持一致。

案例 D5.2　别把支持这件事交给运气

让缺乏经验的员工与经验丰富的员工结成对子，即所谓的工作观察学习，本应是一种极具价值的学习方式，有助于新员工迅速熟悉工作。然而，学习路径图国际公司总裁史蒂夫·罗森伯姆指出："虽然本应如此，但实际情况往往并非如此。"这是因为大多数公司在采用工作观察学习时，未能深入思考如何将其与员工通向熟练程度的学习路径图进行一体化设计，使其紧密配合、互为补充，而是放任自流，任由个人自行发挥主观能动性。这导致每个人的体验各不相同，最终结果也往往不尽如人意。

而且，这种学习通常是随机安排的。例如，"玛丽今天下午有空，你为什么不和她一起工作呢？"但玛丽有空的时候可能比新员工真正需要了解情况的时间晚了两周。

罗森伯姆强调："要最大化工作观察学习的价值，就必须精心策划，在最有价值的时机安排学习，而不是仅在有空时才进行。此外，还应为经验丰富的员工提供明确的指导指南——学习的目标是什么、涵盖哪些内容、如何总结反馈——否则就会陷入‘外行指导外行’的困境。”

罗森伯姆会帮助客户将工作观察学习融入学习路径图中。他的方法是严格定义学员在每次互动中需要学到的内容，并准备详细的指导指南，其中包括以下要点：

- 在交流过程中，确保学员能够观察到什么。
- 为保证学员吸收并理解重点，应提出哪些问题。

罗森伯姆表示：“自从我们开始帮助客户以更规范的方法对待这种非正式学习以来，他们就能比以往更快地使员工达到更高的熟练水平。过去，他们只是简单地将学习搭档凑在一起，然后期待最好的结果。如今，这种做法为导师和学员节省了时间，从而为企业带来了实际的价值。”

管理者

我们在第四法则一章中强调了管理者在推动学习转化中的重要作用。而在第五法则一章中，我们想说的是，管理者也需要绩效支持，才能胜任自己的工作。一个人被提升为管理者，并不一定意味着他懂得如何提供有效的教练（见图D5.5）。

理想情况下，管理者都会接受教练培训以及如何让特定学习项目发挥最大价值的培训。可惜，现实和理想还是有差距的。也正因如此，我们的许多客户发现，如果可以给管理者提供“如何做”的指导，他们就可以帮助直接下属从学习项目中获得更大的收益，从而提升绩效支持的频率和效果。

"不管做什么事情，不管你是谁，都要再接再厉。"

图 D5.5 管理者需要一些支持，这样他们才能更有效地开展教练工作

帮助管理者在学习转化和绩效支持中发挥作用的有效指南是：

- 要有说服力。要向管理者推销好处。就像学员一样，管理者也想知道"这对我有什么好处"。一定要让管理者相信他们的部门会从中受益。
- 要简洁。考虑到管理者时间很紧张，为他们提供的指导最重要的特点就是简短。大多数管理者都没时间去读冗长的邮件或文件。所以，指导内容应该简明扼要，直击要点。
- 要高效。和上一点的原因一样，你提供的流程必须高效。只需要最少的时间投入就能产出最大的影响，例如，培训前组织一场 5 分钟的电话会议。
- 要有针对性，以行动为导向。指导中要明确你期望管理者行动的内容和时机。不要只建议他们进行教练。给他们提供一个流程，其中要包括具体的问题或者大纲，指导他们完成讨论。
- 要层次分明。支持内容要以大纲的形式列出来，管理者可以根据自己的需要学习详细具体的例子或说明。

- 要方便易用。就像所有形式的绩效支持一样，我们提供的教练指南（包括纸质和在线版本）应该方便管理者在有需要的时候随时随地使用。

示例 D5.1 是管理者快速指导手册的范例。

示例 D5.1

管理者快速指导手册

培训后讨论概述

1. 及时安排讨论：在培训项目结束后，尽快安排一次培训后跟进讨论。

2. 讨论时长规划：计划进行 20~30 分钟的讨论。进行交流比时长更为重要；即便只有 10~15 分钟，也能彰显你对此的关注，并促进学习转化与成果提升。

3. 多倾听提问，让下属多表达：把大部分时间用于倾听和提问。你的直接下属应该承担大部分的发言任务。

提出四个关键问题：

- 对你来说最有价值的是什么？
- 你将如何应用所学到的知识？
- 这对部门和你的职业生涯有什么好处？
- 你需要我提供什么支持？

这次谈话的目的是强调你对此的兴趣，鼓励你的直接下属反思这段经历（从而巩固它），并让他承诺运用新知识和技能来实现有价值的成果。

各级管理者都必须“以身作则”，始终如一地践行他们在学习项目中学到的原则。否则，学习项目将无法产生任何有意义的变化，甚至可能比什么都不做还要糟糕（见案例 D5.3）。

案例 D5.3　言行不一会有哪些危害

某生物技术公司近十年来一直保持高速发展。随着业务的增长，管理者也借着这股东风快速晋升。然而，他们并没有接受过多少正式的管理培训，而且由于发展速度过快，这些管理者的工作经验和指导能力十分有限。

结果，大部分中层管理者完全凭借直觉行事，一味地模仿公司创始人的创业风格。后来，公司遇到了市场动荡，整个发展严重受挫，股票暴跌。高层领导意识到缺乏专业管理是一个严重的问题。因此，他们与一家供应商合作，共同设计并组织了一项为期五天的学习项目，旨在帮助管理者提升团队协作效率，推动创新，改善绩效，并通过授权建立以结果为导向的责任机制。

高级管理团队对该项目给予了大力支持，并发表了激动人心的演讲，强调这次学习项目对公司未来发展的重要意义。然而，项目正式启动后，他们却以“太忙”为由，未能参加学习。

结果是完全可以预见的。高层领导从未学习这些材料，也无法在管理工作中运用这些流程和术语。事实上，高层领导的许多行为与中层管理者所学内容完全相悖。

我们可以想象到这件事的结果。这个项目未能带来管理者期待的改变，也没有产生任何投资回报。高层领导的这种“言行不一”的态度不仅影响了项目的有效性，还在中层管理者中引发了对高层领导和培训价值的怀疑。

如果领导者不愿意“以身作则”，就不应该浪费资源去尝试培训别人这样做。

讲师和引导师

支持学习转化的另一重要力量来自学习与发展部门。学员通常都希望与讲师保持联系。在一个管理发展项目结束后的三个月内，我们对学员进行了调研。我们发现，如果讲师能够持续地支持学习项目，这将具有很高的价值，学员也很愿意在学习转化阶段与其保持联系。

这不难理解，正如安捷伦科技公司前首席学习官特里萨·罗奇所解释的那样："讲师之所以成为讲师，是因为他们拥有渊博的知识和出色的教学能力，因此他们的知识、观点和建议会得到学员的尊重。然而，从历史上看，教学在课程结束后就终止了，师生的沟通也随之中断，所以学习转化阶段并没有得到讲师——这些对培训内容最有见解、其观点最受学员重视的人——的支持。"

期望讲师提供持续的绩效支持，就需要给予他们时间和责任感，让他们在学习的四个阶段（而不仅仅是在课堂或虚拟课程中）有责任分享自己的专业知识。正如布罗德和纽斯特罗姆所指出的，学习专家应该从"严厉的讲师转变为致力于学员行为改变的引导师"。罗宾逊夫妇也提出，工作场所的学习专家应该是"绩效顾问"。罗奇和威克曾指出："讲师必须从'舞台上的圣人'变为'身边的向导'，从引导学习变为引导绩效。"

> **从"舞台上的圣者"变成"身边的向导"。**

鉴于引导者的时间是宝贵且有限的，应利用技术手段尽可能提高引导过程的效率。

同伴

学习过程中绩效支持的第三个有效但未被充分利用的资源是学习小组

中的其他成员。通过鼓励在整个学习过程中共享学习，利用小组的集体知识和经验，从而挖掘出组织中更多的隐性知识。正如惠普公司前 CEO 刘易斯·普拉特所说:“如果惠普公司能够充分利用内部已经存在的知识和经验，我们的利润就会高出三倍。”

在入职培训或基础培训课程中，使用同伴教练或“学习伙伴”是一种常见的做法，但这对所有学员都有价值，即使是高管也不例外。曾任通用电气克罗顿维尔学习中心领导力发展总监的琳达·夏基注意到了同伴互助的价值:“当领导团队相互分享彼此的发展需求，分享如何使用教练模型时，他们通常会发现三件事:（1）他们有相似的问题;（2）他们从彼此那里得到了很好的改进建议;（3）他们从彼此那里得到了支持来促进改进。”

如果分配学习伙伴，最好是三个人一组，而不是两个人一组。为什么呢？原因在于，相较于只有一个伙伴需要通知的情况，如果要与两个人沟通，推迟或爽约的可能性就会大大降低。务必让学习伙伴在培训结束前就拿出日历，将他们的首次讨论时间确定下来。如果培训之后再安排讨论时间，这件事基本就难以组织了。而且，还应为他们即将开展的讨论提供一个模板，包括清晰的结构、明确的目标以及建议探讨的主题，如此才能让他们的交流高效且富有成果。芬宁针对“责任伙伴”以及其他社区协作形式给出了具体的指导意见。

西里尔·柯万提议，学习与发展部门应当在学员培训结束之前构建起学习社区，而非听之任之，因为“学员的实际行动并不总是与他们的良好意图相匹配!”。

参与者的行动并不总是与他们的良好意图相匹配。

我们还可以通过实际或虚拟的方式把学员重新聚集在一起，帮助他们构建和维持学习社区。曾在波音、思科和家得宝等公司担任学习与发展部门领导人的加里·朱瑟拉表示：“我最喜欢让学员重聚在一起，让他们以小组形式反思经验，然后所有学员一起回到大教室分享一些有用的经验。他们发现自己既不孤单也不怪异。每个学员都毫不保留地分享经验，互相学习，最后得到很多克服困难的建议。”

我们曾在 6Ds 工作坊结束两个月后，通过网络会议的方式把学员重新召集到一起，请他们分享自己的经验、成功、失败以及学到的教训。这为工作坊本身设定了一个额外的终点线，学员也能通过分享最佳实践并继续相互学习而受益。本书中的一些案例就是来自学员在网络会议上分享的最佳实践。

社交网络

组织中有三种趋势使得通过社交网络促进协作变得更加容易、更具价值。首先，随着数字社交媒体环境中成长起来的年轻员工数量不断增加，他们习惯以这种方式进行沟通和协作。其次，新冠疫情导致虚拟会议和协作的广泛普及。最后，越来越多的人选择至少部分时间在家工作。这些趋势确保了数字社交网络在学习及学习转化过程中的作用将会继续增强。

当然，组织中的社交学习一直在进行，但通常仅限于与你在同一工作区域或地点的同事之间。数字网络技术极大地拓展了持续学习的潜力，打破了时间和空间的限制。如今，工作人员可以与不同区域、不同国家甚至不同公司的人进行交流互动。软件开发人员通常会相互求助，并经常从素未谋面的人那里获得解决方案，而这些人所在的公司他们可能闻所未闻。开发人员之所以愿意自由地分享解决方案，是因为他们希望他人也能给予回报，因为网络上的每个人都能从这种开放的交流中受益。

奈杰尔·佩恩将公开共享信息列为“任何学习型组织的核心”，并指出：“个人知识和专业技能固然重要，但总体而言，增加整个组织的集体知识才是最终的关键所在。这既是一种后天习得的行为，也需要拥有合适的环境，以便跨越时间和地域寻找和分享答案。”

如果允许社会化学习网络自然发展，而不是“过度设计”，那么它们就能发挥最大作用。专门研究学习社群的艾蒂安·温格曾这样解释：“当听到同伴讨论相关知识时，学员就能立刻获得他们的经验知识。这就是学习社群最为核心的价值。”

群聚效应

同事对员工努力应用新知识的反应是影响学习转化氛围的关键因素。当一批员工（尤其是一个完整的团队）同时获得相同的学习机会时，就会产生所谓的“群聚效应”。这种共同经历所产生的相互支持创造了一种环境，在这种环境中，学员可以相互支持，并加强彼此对新语言、新概念和新行为的使用。

以特定部门、业务单位或工作组为目标，迅速培训其中相当比例的员工，比零散地培训少数个体更有可能取得成功。如果一个团体中只有少数人接受了培训，那么这些刚刚成为新方法“布道者”的人就会面临巨大的压力。当他们重返工作岗位时，可能会被迫沿用旧的工作方式。正如惠普公司通过“动态领导力”项目所证明的那样，“如果你想大幅提升公司业绩，就需要很多人同时学习类似的东西”。他们在短短几个月内培训了数千名员工，以达到群聚效应。他们的努力在效率的提升中得到了数倍的回报。

很多人需要同时学习类似的东西。

专业教练

专业教练是绩效支持的另一个潜在来源。例如，经验丰富的员工可以帮助经验不足的员工掌握解决实际工作问题的技巧。然而，要使这种教练关系发挥最大作用，教练和学员双方都需要进行充分的准备。

正如教练帮助音乐家、演员、运动员及其他表演者精通表演艺术一样，导师也可以帮助员工掌握工作的技能。丹尼尔·科伊尔在全球范围内研究了“人才池”现象，即某些区域涌现出大量杰出人才。他发现，在这些现象背后，总有一些“大师级教练”——那些愿意帮助他人充分发挥潜能、富有才华且充满爱心的教练。

杠杆学习创始人艾玛·韦伯认为，与依赖管理者相比，使用训练有素的教练和明确的流程具有显著优势。因为管理者往往缺乏技能、信心和技巧，无法最大限度地实现学习转化。她设计了“将学习转化为行动®”项目。该项目邀请受过培训的教练在 12 周内与学员进行一系列有规划的行动会谈。项目的成果令人印象深刻。与那些没有收到特别跟进支持的学员相比，该项目的学员受益颇丰。

拥有一位教练本身就是一种激励，可以促使人们坚持到底、进行练习并反思。富达投资公司人力资源副总裁玛丽·简·克努森指出：“几乎所有的大公司以及飞速发展的小企业，在实施领导力发展项目时，都将高管教练视为其关键的高管和领导力培养活动之一。”

然而，对于大多数学习项目而言，使用高管教练的成本过高，且并非总是必要的。戈德史密斯、摩根和埃夫隆比较了五家不同公司的学习发展项目结果。其中一些公司使用了付费的外部教练，另一些公司则使用了内部教练。二者都增加了价值。他们得出结论，“教练可以成为培训的重要补充”，并且“教练不一定非得是外部聘请的”。

澳大利亚学习实践者研究所前研究主任杰夫·瑞普推荐了一种他称为“胜任教练”的方法。这种方法可以由许多人来执行，如其他学员、以往学员、讲师或者经理。“胜任教练”一共包括四个阶段：

- 准备阶段：让学员了解培训的相关性和重要性。
- 课程/工作坊（热身）：第二阶段由各种形式的学习活动组成，包括工作坊、在线学习（E-learning）、虚拟课程和实践学习。
- 胜任能力培养（实践）：至少包括三次胜任教练活动。
- 胜任总结：学员必须提交一份胜任总结才算完成培训。

虚拟教练技术催生了新的教练形式，这些形式不仅促进了互动，还减少了教练的时间投入。例如，允许销售代表录制他们的销售话术，并将其发送给管理者以供审查。管理者可以在自己有空时查看视频片段，并在特定时间点暂停视频，针对销售代表的优势和改进机会提供反馈。顶点制药公司采用这种方法让销售代表为即将推出的新药做好准备。结果令人瞩目：在药物获批后的 24 小时内，100%的销售人员获得了资质，而且所用时间和成本只是召集整个销售队伍的一小部分。一个意想不到的发现是，许多录音被标记为“第 10 次”、“第 16 次”甚至“第 35 次”。换句话说，销售代表进行了大量的自我辅导：录制、观看并重新录制他们的话术，直到他们觉得自己达到了一个足以自信地与管理者分享的水平。

由人工智能驱动的教练将发挥越来越重要的作用，尤其是在基本技能培养方面。这些系统可以“观察”或“聆听”演讲，并就演讲要点、关键信息的传达或遗漏、节奏、风格和语言提供反馈。最复杂的系统甚至可以生成学员必须回答的新问题。与传统的角色扮演相比，人工智能驱动的系统具有巨大的潜力，可以进行更多的练习，并且练习场景更加多样化。如第三法则一章所述，学习研究已经证明，更多的刻意练习与更高的专业技能水平密切相关，而各种场景下的练习有利于“远迁移”（即应用于新情况）。然而，我们怀疑虚拟教练能否完全取代人类教练，因为情感和个人联系是学习动机和学习的重要组成部分。教育神经科学研究揭示了情感和社会互动对学习、记忆和行为的强大影响。

实际应用

- 有些类型的绩效支持只能由人来提供。
- 让同事和以往学员作为教练；如果给予适当的指导，他们的教练工作会非常有效。
- 应用技术来简化流程，鼓励持续练习。

第五法则的检查清单

第五法则描述了突破性学习项目的特征，即在学习转化阶段（传统课程结束后）提供积极、持续的绩效支持。这种支持可以提高学员的成功可能性，延伸学习过程，增强学习动力，加速学习转化，从而提升绩效。

优秀的企业学习项目为学员提供的绩效支持，与他们为外部客户提供的支持具有同等质量。高效的项目会提供适当的工作辅助工具、移动应用程序、在线帮助、专家访问以及其他形式的支持，帮助员工应用所学知识并取得成功。这些项目要求管理者做好准备并参与整个过程，提供支持；

必要时，由学习和辅导专业人员提供进一步的支持。它们通过社交网络和软件促进协作学习，并利用人工智能和其他技术提供越来越符合实际情境的绩效支持。

那些通过将一部分资源投入到绩效支持中来管理“完整学习体验”的公司，比那些将思维和投资局限于课程和教室（事件心态）的公司，能从学习投资中获得更大的回报。

示例 D5.2 中的检查清单可以帮助你将第五法则付诸实践。

示例 D5.2

第五法则的检查清单

使用下面的检查清单，确保提供稳健的教练和绩效支持计划，使学习项目的价值最大化。

	要　素	标　准
❑	设计	绩效支持是课程设计不可或缺的一部分；学习专家应预测并解决学员可能遇到的困难或记忆上的模糊之处
❑	整合	在学习过程中引入和使用工作辅助和其他形式的支持，不要等到课程结束后才开始行动
❑	工具	为学员提供工作辅助、在线材料、参考资料等资源，强化课程内容，支持学以致用
❑	协作	正式课程结束后，鼓励和推动学员继续与同伴学习和分享
❑	教练	为学员提供方便高效的方式，让管理者、主题专家、讲师、同事或其他顾问参与学习转化和应用阶段
❑	管理者支持	鼓励管理者担任教练，为学员提供简单、有效、明确的教练辅导
❑	持续改善	在往期学员中进行调查，了解哪些额外支持可能使他们获得更好的学习效果；收集学员自己设计的辅助工具，并用于以后的项目

行动指南

致学习负责人

- 关注绩效而非培训：
  - 作为第一法则的一部分，与发起人讨论实现业务目标所需的绩效支持类型。
  - 要求将绩效支持作为学习团队设计的任何学习项目的一部分。
  - 包括全部三种绩效支持：材料、系统和人员。
- 在培训期间介绍并使用绩效支持工具。
- 如果没有提供绩效支持，请确认这一决定是经过深思熟虑且有充分理由的，而不是由于疏忽。
- 如果一种工作辅助或绩效支持工具足以发挥作用，就直接使用该工具。
- 学习项目结束几个月后，采访部分学员，了解他们是否收到了所需的支持。
  - 如果他们自己设计了绩效支持工具，可以考虑稍作调整后将这些工具推广到所有学员中。
- 试用工作辅助工具和其他类型的绩效支持工具。利用反馈意见进行调整和持续改进。
- 鼓励在教学期间及之后进行同伴互助。
- 记得为管理者和教练提供绩效支持，以鼓励他们的参与并最大限度地帮助他们发挥最大效用。

致业务负责人

- 盘点公司的学习项目，确保其中包含足够的绩效支持。
- 拒绝任何没有包括绩效支持的项目，帮助学习团队更加关注绩效而不是培训。
- 激发学习团队在应用绩效支持方面更有创造性和创新性。
- 牢记，成功的培训始终依赖于学习与发展部门和直线管理层之间的紧密合作关系。定期复盘你和团队的行动，确保双方的协作有效且持续。
- 让管理者提供绩效支持，以提高学习的投资回报率。
- 表彰并奖励在培养直接下属方面表现出色的管理者。
- 以身作则：按照你希望员工行为的方式行事。

第六法则

总结培训效果

没有持续的评估系统，学习、绩效和变革方面的专业人士就缺乏依据来判断他们所做之事的价值和贡献……

——鲁斯-埃夫特和普雷斯基

我们曾经管理过价值数百万美元的大公司。公司负责人最重要的任务之一就是决定如何合理分配公司的资源——包括时间、人才和资金——以确保公司既能实现短期盈利，又能保持长期发展。我们需要在各种项目中做出决策，有的项目我们会批准，有的项目则会拒绝或推迟（见图 D6.1）。例如，我们是该投资一个有潜力的新研究项目，还是去开拓海外市场？是该招聘更多的销售人员，升级改造我们的生产设备，还是培训一线管理者？这些都是我们需要考虑的问题。

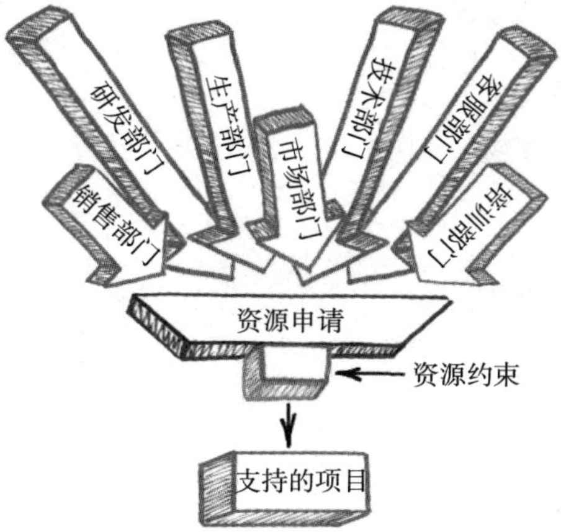

图 D6.1　管理者必须在许多相互竞争的需求和机会中做出选择

在做这些决策时，我们需要考虑很多因素。例如，这个决策是否契合公司的长期战略，成功的可能性有多大，预期的投资回报率是多少，时机是否合适，风险和回报的比例如何，是否能让公司的投资组合更加平衡，竞争对手在做什么，以及过去类似的项目效果如何。为了做出明智的决策，我们需要依赖高质量、可靠的信息。

简单来说，无论是直接还是间接，学习与发展部门都要与其他部门竞争公司的资源。为了持续获得投资和尊重，学习与发展部门需要像其他业务部门一样，按照相同的规则竞争。它需要提供可靠的证据，证明它已经有效利用了所获得的资源。第六法则（总结培训效果）即通过测量、分析、评估和报告学习项目的成果，为管理者提供所需的信息，帮助他们做出明智的决策：是继续、扩展、调整、缩减，还是完全放弃某个学习项目。

第六法则的特殊挑战在于决定测量和报告哪些内容、何时测量以及如何测量，以确保这些结果能够引导明智的行动并提升绩效。

本章的主要内容包括：

- 为什么要总结培训效果。
- 两个重要的问题。
- 有效评估的指导原则。
- 管理学习品牌。
- 第六法则的检查清单。
- 行动指南。

为什么要总结培训效果

有些学习专家不喜欢这样的想法：他们需要证明自己的工作成果，还要与其他部门争夺资源。在艾德兰·凯斯纳为《哈佛商业评论》撰写的案例《领导力发展：是福利还是优先事项？》中，学习总监抱怨道："我很不喜欢人们将学习项目方案与其他业务部门的项目案相对比。首先，我们的工作是培养人，这与那些诸如销售等可以量化的商业回报项目是完全不同的。"

我们同样认为，衡量学习的价值不能简单地按照财务逻辑来计算投资回报。事实上，不加区别地用同样的方法来计算学习的价值和其他业务的投资回报是完全错误的。但在商业环境中，没有任何项目能够毫无例外地免于证明其价值。学习与发展部门也不例外，它也需要使用组织的资源，而这些资源原本可以用在其他业务上。因此，学习与发展部门必须给出有说服力的理由，来证明学习项目为组织带来了什么价值，以证明这个投资是值得的。

因此，学习与发展部门必须测量、分析、评估和报告其成果的第一个原因是为了证明培训的价值。第二个原因是为了提升培训的价值。正如朗根克和西蒙内蒂所指出的那样：

> 在 21 世纪的全球市场上，世界各地的组织正面临着前所未有的竞争压力。这种竞争促使各行各业的组织更加重视提升绩效（包括财务、运营、服务、质量和创新等方面）。对提升绩效的重视体现在一个非常简单的组织现实中：各级管理者必须熟练掌握取得预期成果的方法，才能保住自己的工作，使自己的职业生涯得以发展。组织对提升绩效和改善结果的要求是一个永无止境的循环。

如果说有什么变化的话，那就是改进的压力变得更大了。如果你不能提高工作的效能和效率，那么你就失败了。但是，只有在对结果和过程都进行严格评估的情况下，改进才有可能。评估是持续改进的动力源泉。

需要更好的评估

几乎所有组织均在一定程度上对培训工作予以评估，但企业领导者对当前多数培训部门所提供的信息仍不满意。随着组织对各类项目问责制要求的日益提高，首席执行官期望看到组织在绩效改进措施方面的投资能够切实带来价值。尽管部分组织的管理者仍满足于活动报告（如培训人数、完成的在线课程数量等）或反应报告（柯氏一级评估），但若等到管理层要求提供成果证明时才采取行动，则为时已晚。若等到首席执行官要求进行投资回报率分析，以证明培训团队为公司创造价值时，恐怕为时已晚——彼时，首席执行官可能已经决定大幅削减培训预算，甚至解散培训团队……

仅证明培训项目受到欢迎或存在需求是远远不够的（参见案例D6.1）。首席执行官真正关注的是培训对业务的实际影响，而这一方面恰恰是最常被忽视、最少被测量与报告的。若学习专家希望建立并稳固在管理层中的地位，就必须回答企业领导者最为关切的问题。

案例 D6.1　警钟已经敲响

克里斯·高因斯在担任惠氏公司销售培训与管理发展部门执行总监期间，曾经历过一件事，这件事使他深刻认识到记录培训结果的重要性。某日，克里斯被老板叫至办公室。老板问道："克里斯，倘若我告知你我正考虑将你们部门整体外包，你会有何感想？"

克里斯起初震惊得无言以对，随后才结结巴巴地向老板解释此想法的不当之处："大家都喜爱我们的培训。""我们拥有优秀的员工、杰出的人才。""我们举办过众多培训课程。"……然而，他解释得越多，就越意识到自己的理由是多么无力。

没等克里斯继续说下去，老板便转换了话题，对他说："别紧张，克里斯，我并无将你们部门外包的打算。只是，有一家供应商一直向我强调这么做的诸多好处，而且他还准备了充分的论据与数据来支撑自己的观点。

“你要记住，我不可能永远在这个位置上。也许你的下一任老板就不会像我这般理解你们了。所以，下次你最好准备一个更具说服力的回答。‘大家都喜欢我们’这种理由是行不通的；我要是你的话，就会准备一些更有力的证据来证明培训的价值。”

两个问题

在担任首席运营官期间，无论是在市场营销、销售、广告、信息技术、制造还是培训等领域，我们始终在完成每个项目之后提出两个关键问题：“做得怎么样？”和“现在怎么办？”

- 当我们询问“做得怎么样？”时，我们关注的是：我们的努力是否带来了变化？这种变化的影响程度如何？你们的证据是什么？
- 当我们探讨“现在怎么办？”时，我们所思考的是：根据这些结果，我们接下来应当如何行动？是继续沿用当前的方法？是减少投入？还是需要采取完全不同的策略？

这两个问题的答案正是每一位业务负责人都渴望了解的。这两个问题都很重要，但第二个问题——“现在怎么办？”更为关键。原因在于，时间和金钱已经投入，它们属于沉没成本。现在关键的决策在于是否继续投入。继续投入是否会有更大的回报？

作为业务负责人，我们希望学习专家能够回答关于学习项目的这两个问题。我们期望你能提供关于学习效果的数据，并且就哪种行动方案最符合员工和公司的整体利益（而不仅仅是培训部门的利益）发表意见。尽管受到其他方面的限制，我们可能无法完全采纳你的建议，但只要你的观点有理有据，我们将会更加重视。

如果你们仅仅拿出数据，然后说“你自己想办法吧”，那么你们就没有履行好自己的职责。

并非所有的评估都有效

英国统计学家乔治·博克斯曾提出一句名言：“所有模型都是错的，但有些是有用的。”他的观点是，我们应当更关注某件事能否以有用的方式应用于日常生活，而不是无休止地辩论答案是否在任何情况下都是正确的。

许多人提出了不同的培训项目评估模型，从柯克帕特里克著名的四级评估模型到塔尔海默的 LTEM 学习转化评估模型。每个模型都有其优点，也都有支持者和反对者。我们无意在此回顾这些模型，这已经做过许多次了；我们也不认为再次这样做会帮助学习专家改进评估实践。

我们认为，学习项目的目标多种多样，无法用任何一种单一的方法或模型进行评估。里奇曾指出：“评估项目的过程没有固定套路，也没有特定的方法。由于大量变量的存在，大多数项目都是独一无二的。因此，我们不可能用同样的方法评估所有项目。”相反，我们另辟蹊径，提出少量且精炼的标准，旨在高效、灵活且精准地评判任意给定方法对于各类特定项目的优劣。

从我们（以业务为中心）的视角来看，有效的评估应满足以下条件：

1. 能够解答利益相关人的问题，使他们感到满意。
2. 提供他们做出明智决策所需的信息，以便选择最佳的未来行动方案。
3. 就如何进一步改进评估流程提出建议。

如果评估达到了这三项总体目标，无论使用何种评估模型或方法，评估都是成功的。如果未能实现这三点，评估就是失败的，而且浪费了时间和金钱。

在商业环境中，评估需要“足够好”，以便做出正确的决策，但不需要达到在学术类杂志上发表论文所要求的严格程度。评估的广度、严谨性和深度应取决于决策的成本、风险、潜在回报和战略重要性。

在培训评估的讨论中，往往忽略了对利益相关者满意度的研究。这是一个错误。如果评估不能满足决策者的需求，那么评估再完美、再复杂也无济于事。很多时候，评估往往是从学习与发展部门的角度出发，而没有充分征求客户（通常是提供资金和人员的业务负责人）的意见和建议。因此，作为第一法则的一部分，在项目一开始就讨论业务负责人对项目成功的定义至关重要。

衡量与评估

术语“衡量”和“评估”经常被混用，但它们指的是不同的概念。

- 衡量是对某物进行量化的行为：确定数量、数目、范围、尺寸、频率等，通常以标准单位表示。
- 评估涉及赋予价值或重要性。

因此，衡量是客观的、无价值的且固定的，而评估是主观的且取决于具体情况。例如，一根绳子可能长 10 米。它的长度是固定的，但它的价值取决于具体情况。一根 10 米长的绳子在从 8 米高的悬崖上速降时非常有价值，但如果悬崖有 20 米高则毫无价值。一瓶葡萄酒作为礼物的价值取决于接受者是不是美酒鉴赏家或禁酒主义者（见图 D6.2）。图 D6.2 表明，价值是主观因素。

因此，相同的结果评估在一家公司或一种情况下可能比在另一家公司或情况下更有价值。要进行有意义的培训评估，你需要提前了解利益相关人的价值取向。

图 D6.2 价值是主观因素

产出和结果

爱因斯坦曾有一句名言："并不是一切可以量化的东西都有意义。"这句话表明，尽管某些参数可以被量化（计数），但这并不意味着它们在回答一个问题时就具有重要性（价值）。在学习与发展领域，也并非所有由学习与发展部门收集和报告的指标都有价值，以证明一项学习项目是否值得投资。

培训部门可以评估的对象大致分为两大类：产出（按照人才发展报告原则——由人才发展报告中心提出并作为通用的定义和原则，并在万斯和帕尔斯基的《测量解密》中详细描述的——效率衡量指标）和结果（效果衡量指标）（见表 D6.1）。

表 D6.1 内部学习过程指标（产出）与业务结果之间的对比

产 出	结 果
参加人数	行为改变的学员增加
项目/学员/课时的成本	提高生产率
开发的数字化学习项目	更高的质量/更少的错误

续表

产　出	结　果
课程完成的数量	提高客户满意度
教学课时数	提升员工敬业度
开发的绩效工具	减少事故和停机时间
培训课时开发量	缩短新员工胜任工作的时间
教练课时数	成功案例（成功应用实例）
接受培训的员工百分比	降低生产成本
评估结果	提高销售效率

产出（效率衡量指标）：例如接受培训的人数、成本和教学课时数等，这些指标对于管理学习功能以及发现改进机会很重要。然而，它们并不是对业务有意义的结果（见图 D6.3），因此不应被当作核心成果来呈现。

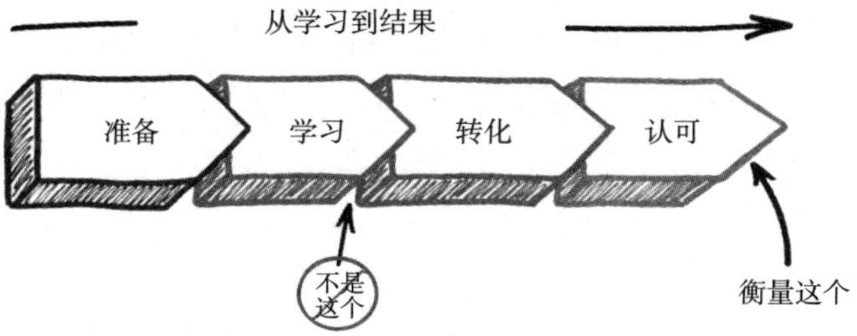

图 D6.3　输出（效率）指标，如反应或获得的知识，并不是企业感兴趣的结果（效果）

结果（效果衡量指标）：这些指标才是真正对业务有意义的内容，如员工绩效提升、业务目标达成或投资回报率提高等。

仅评估项目的产出是不够的，因为不了解这些活动对成功结果（满足业务需求的结果）的影响，就无法准确评估活动的价值。例如，学员今年完成的 E-learning 课程数量是去年的两倍（产出实现了 100%的增长）。这看似是一件好事，但前提是完成E-learning课程能够带来更好的绩效。反之，如果E-learning没有带来明显的绩效提升，那么今年的成本浪费便是去年的两倍，这显然不是值得庆祝的事情。正如凡·阿德尔贝格和特罗丽所指出的："如果你的培训项目没有带来任何业务价值，那么就算你在培训上只花了一块钱，这个项目也是超支的。"

同样，课后测试虽然是课程中的重要组成部分，至少可以评估学员是否记住了所学知识，但这样的学习并非业务的最终目标，它只是通往绩效提升道路上的一个里程碑。或许正是基于这样的原因，美国陆军经验教训中心才认为，只有实现了行为改变，才算真正掌握了学习内容。即使学员已经学习了相关内容，他们也不能仅凭知识就做出符合业务需求的行动或行为。"人们可能清楚地知道应该做什么（如学习新技能、改变不良习惯或完成某项任务），但实际行为却往往与这种认知不一致，导致未能采取相应的行动。"这种现象被Pfeffer和Sutton称为"知行差距"。因此，提高的学习分数（柯氏二级评估）并不能证明创造了商业价值。

为了赢得持续的支持，你必须展示你的努力产生了有价值的结果，而不仅仅是活动和学习。

实际应用

- 同时衡量效果和效率，仅衡量产出是不够的。
- 使用过程/效率指标来管理学习职能。
- 向管理层汇报成果（效果）指标。

做得怎么样?

评估培训成果的第一个原因是回答“做得怎么样？”这个问题。也就是说，要证明在学习项目上投入的时间、金钱和人才对绩效产生了有意义且符合预期的影响。为此，评估必须满足四个指导原则。

四个指导原则

为了提供决策者所需的信息，评估必须跨越四个障碍（见图 D6.4）：

- 相关性：与项目目标相关。
- 可信度：让利益相关人信服。
- 说服力：对决策者有说服力。
- 高效性：在资源使用上高效。

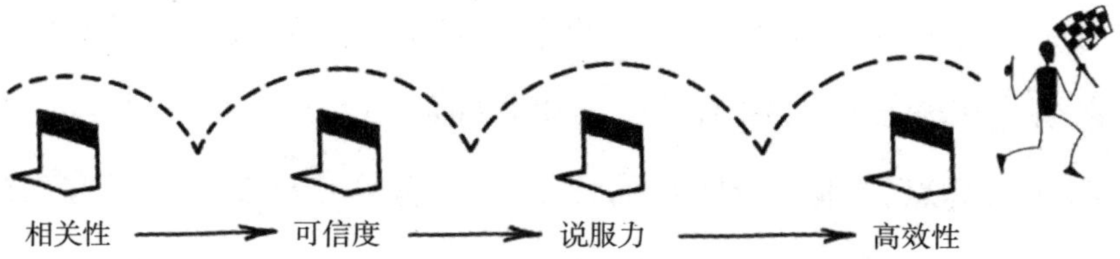

图 D6.4 要获得成功，评估必须跨越四个障碍

相关性

有效评估的第一原则是，所衡量的结果必须与制定项目的目标相关。也就是说，所评估的结果与业务目标有着直接而明确的关系。在评估文献中，这被称为表面效度。根据罗斯埃夫特和普雷斯基尔的说法，“任何测量

的有效性都是数据收集最重要的方面之一”。表面效度“指的是工具看起来合理和相关的程度，给人的第一印象就是它能测量它想要测量的东西”。

结果指标需要与业务目标相关，这一点似乎显而易见。如果不是因为这一原则经常被违反，我们都不好意思提及。杰瑞·穆勒在《指标陷阱》一书中指出，“……可以评估的并不总是值得评估的；被评估的东西可能与我们真正想知道的没有关系”。

关于这一原则，大家最常犯的错误就是把“反应层级”（柯氏二级评估）的学员评分当成评估项目结果有效性的证据。在企业中，有效的学习干预是指能够以某种对组织非常重要的方式提高工作中的绩效。由于反应评分通常是在培训结束后不久收集的，因此学员还没有足够的时间来运用他们的新技能，从而证明项目的有效性。

此外，反应评分既不能预测行为改变，也不能预测业务影响。例如，狄克逊曾经发现，课后测试的分数和学员对项目相关性、内容量、趣味性或讲师技能之间没有任何联系。艾力格和同事分析了34项过往研究后发现，反应评分、学习目标评估和工作中的学习转化之间的联系非常有限。欧娜和同事在研究了学员的反馈和学习转化之间的关系后，得出结论：“这项研究支持这样的观点，即反应层级的评估在评估学习与发展成果方面的作用有限。”

尽管有大量证据表明反应评分并不可靠，但它们仍然是培训项目中最常收集和报告的信息。为什么呢？因为它们易于收集且具有吸引力：它们可以被量化、分析、拆分、组合、图表化、进行比较和报告。正如美国银行员工体验与组织效能主管史蒂夫·林迪亚所说，反应评分是“便利的评估指标”。

从逻辑上看，人们似乎会从他们评价高的体验中学到更多。但这种假设不仅是错误的，而且是危险的。反应评分，无论其问题的措辞如何，都会受到学员对体验的喜爱程度的影响。而培训的娱乐化——从而提高反应评分——实际上可能会削弱学习效果（参见案例 D6.2）。

案例 D6.2 反应评分并非越高越好

一家欧洲的科技公司计划解雇一名培训师，因为该培训师在学员满意度（反应评分）的评估中一直得分较低。这些评估问卷主要包括诸如“你对培训师的感觉如何”“你认为他的授课是否有效”之类的问题。然而，在公司做出解雇决定之前，他们向畅销书《SPIN 销售》的作者尼尔·拉克姆寻求了建议。当尼尔·拉克姆从效果层面而不是从反应层面深入调查这一问题时，结果却令人意外。

拉克姆根据学员的学习结果作为评估标准对培训师进行了排名，而不是依据即时的反应评分。他们原本考虑要解雇的那位培训师，实际上是表现最好的培训师之一。“最终，”拉克姆指出，“反应评分给管理层提供了完全错误的印象。”

罗杰·谢弗里亚也在 21 世纪不动产公司证实了拉克姆的观点。谢弗里亚和他的团队根据业务结果（培训后产生的房源数量、销售额和佣金收入）来跟踪每个课程的毕业生。他发现，一位在满意度调查中被学员评为所有培训师中倒数第三的培训师，其学员在培训后三个月内的工作绩效却是最好的。正如谢弗里亚所说：“结果表明，反应评分与培训后工作的绩效没有显著的相关性。”

这种偏差出现的原因在于，当把培训评估的标准界定在工作绩效上时，那些让培训真正有效的因素（如要求学员进行角色扮演、挑战他们的思维、给予坦诚的反馈等）并不能让培训师受到欢迎。相反，培训师可以通过一些方式提高反应评分（如讲有趣但无关紧要的故事、提前下课、跳过不受欢迎的练习、即使不恰当也给予积极反馈等），但这些做法实际上会损害学习和应用的效果。同样，根据高反应评分给培训师或供应商发放奖金，也可能会导致学习效果下降。

关键在于，反应评分被高估了：最高的反应评分并不一定能带来最高的培训价值。

为了使反应评分看起来更具结果导向性，一些公司开始要求学员估计自己培训后的绩效将提高多少。学员可以从0%到100%之间选择，每10%递增一次。但这至少在两个层面上是荒谬的：首先，学员没有相关的经验或专业知识来做出可靠的预测；其次，又有谁会真的相信仅靠一次培训就能使员工的产出提高50%呢？这也许就是为什么在八种培训效果评估模型中，CEO将反应评分排在他们希望看到数据的最后一位。

这是否意味着反应评分毫无价值？也不尽然。虽然它们不能预测工作中的绩效，但它们仍然可以为学习与发展部门提供关于学习项目设计和实施效果的反馈。正如一位首席学习官告诉我们的："如果员工不喜欢试听课程，我就会取消这个项目。"反应评分是评价培训供应商的关键指标，因为购买决策往往更多地取决于人们对这次学习体验的评价，而不是它对绩效的实际影响。同样，培训组织者最关心的是确保下次培训的参与率，这同样更多地由反应评分而非实际工作绩效决定。不幸的是，使用反应评分选择培训师和供应商往往会使培训走向娱乐性而非实用性。

塔尔海默并没有完全否定反应评分的价值，而是建议我们考虑如何使这些数据更有用、更注重绩效。他的建议包括：

1. 使用清晰且相关的问题。避免模糊的措辞和笼统的概括，例如“我在学习项目中很投入”。

2. 提出学员可以根据自身经验回答的问题。不要让他们评价“培训师准备很充分”之类的问题。他们怎么知道呢？他们能回答的只能是他们是否理解了培训师所讲的内容。

3. 提供描述性的且易于理解的选择，而不是李克特式的“同意/不同意”量表。要求学员从以下描述中选择：

- 几乎所有内容都可应用在我的工作中。
- 大部分内容可应用在我的工作中。
- 有一些内容不应用在我的工作中。
- 很少或根本没有内容可应用在我的工作中。

此外，避免对结果进行简单的平均处理。这种做法会掩盖数据中的关键差异与重要模式。相较于仅提供李克特式量表平均得分 3.2，展示反映上述答案分布的直方图将更为有益，因为它能更有效地揭示问题，如学员或内容选择方面存在的不足。

4. 在学习项目结束两到四周后，可以再次对用户进行调查。这样，他们就能评估自己是否在工作中应用了新技能，以及为什么没有用，而不仅仅是他们是否认为自己会应用。

实施塔尔海默的建议是朝着正确方向迈进的关键一步。它为改进教学提供了更多有价值的信息，但仍然没有回答管理者的基本问题：“培训是否对绩效产生了影响？”

评估学习也是不够的

那么，评估新技能的获取和学习目标的实现（柯氏二级评估）又有什么用呢？当然，技能获取是提升绩效的必要前提条件：员工不能应用他们没有学到的东西。因此，作为过程评估，学习与发展部门需要知道教学设计和实施的效果如何。然而，遗憾的是，实现学习目标并不能预测是否能实现业务结果。

为什么呢？因为许多用来评估学习效果的模型都非常注重事实的记忆，而不是对知识的应用。其次，即使评估要求在工作中或高仿真模拟中观察学员是否掌握了技能，也不能证明这些技能能在工作中得以应用并提升绩效。

行为改变才是结果

行为变化才是大多数项目的结果。对许多项目来说，证明行为的变化就足以满足管理层的信息需求。为什么呢？因为企业学习项目的目标是提升绩效。为了提升绩效，员工必须以更有效、更高效或两者兼而有之的方式完成工作（见图 D6.5）。因此，如果行为没有改变，结果就不会改变，或者结果的改变也不能归因于学习项目。由于是行为变化带来了结果的变化，行为变化必然先于绩效的变化。因此，行为变化是结果改善的领先指标。

图 D6.5　只有当员工改变他们在工作中的行为时，绩效才能得到提升

领先指标的概念源于卡普兰和诺顿提出的“平衡计分卡”，他们在评估

方面做出了开创性贡献。他们的观点是，领先指标——如客户满意度评分或正在开发新产品的数量——比财务报表能更好地预测公司的未来绩效，财务报表只反映过去的绩效。在学习与发展方面，工作中行为变化比学员反应或对他们所学内容的评估更能预测业务的结果。

因为行为变化先于业务结果的变化，所以它们是价值实现的里程碑，表明项目正在按照预期的进度推动。如果学员表现出了期望的行为，这表明学习系统（教学加上转化氛围）正在发挥作用，应该继续实施下去。如果没有观察到行为的变化，那就说明有些地方出了问题，需要进行调整。

事实上，观察到工作中期望的行为变化就足以达到管理层满意度的要求。为什么呢？因为管理者已经接受了行为和结果之间的强关联（见图 D6.6），这也是最初要做培训的初衷。学习与发展部门需要证明的是，培训加上绩效支持能够产生更多的行为变化，让管理者相信这些行为变化会带来绩效的提升。此外，将行为变化与学习体验联系起来也更容易让人信服，因为与业务结果相比，行为变化受到的干预因素更少。

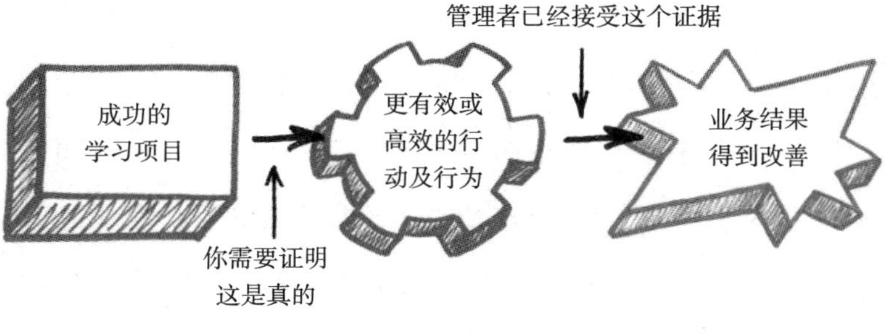

图 D6.6　管理者已经接受了行为和结果之间的强关联。你必须证明培训产生了行为变化

先明确目标，再考虑方法

在我们看来，学习专家最常见的错误在于，在确定需要评估何种内容以获取有用信息之前，便开始考虑如何进行评估。实际上，最为关键的是

明确评估的具体内容。一旦确定了评估目标，便可以寻找资源（包括人员和图书资料）来帮助自己了解如何开展评估工作。此外，还可以与市场研究、制造以及流程改进等部门的评估专家合作，毕竟任何人都不可能做到样样精通。评估既是一门科学，也是一门艺术，因此应尽量寻求专业人士的帮助以处理过程中的细节问题。将精力和专业技能集中于确定评估内容，这才是管理层最为关注的问题。

选择评估指标

如果反应和学习层次的评估指标与企业学习项目的成果无关，那么什么才是相关的呢？答案很简单：任何直接与业务目标（关键绩效指标）相关且获得发起人认可的评估指标。业务目标至关重要。由于价值的判断具有主观性，因此在结果规划轮中定义业务成功就显得尤为重要。评估哪些结果应由学习与发展部门和发起人共同决定。学习专家不应假设自己知道发起人想要什么或重视什么。正如一句俗语所说："人们通常假定自己知道客户想要什么，而实际上，他们并不知道。"

教学设计的一致性原则要求学习评估必须与学习目标相匹配。这一原则同样适用于对学习项目的整体评估：第六法则一章中所评估和总结的内容应与第一法则一章中定义的业务目标保持一致。换言之，第一法则和第六法则应成为任何学习项目的起点和终点（见图 D6.7），它们相互支持并将其他法则联系在一起。我们建议采用一种常识性的方法来评估相关性。根据项目目标，我们可以收集的相关的数据类型包括行为观察、反馈意见、业务指标、案例故事、预测数据等。例如，如果项目的预期目标是改善客户满意度，那么就需要评估客户满意度的变化，如客户对服务质量的看法；如果项目的目标是督促员工遵守标准操作流程（SOP），那么就需要评估员工遵循 SOP 的程度，等等。虽然可用的评估指标种类繁多，但不同种类的数据相对较少，收集信息的方式也是如此（见表 D6.2）。

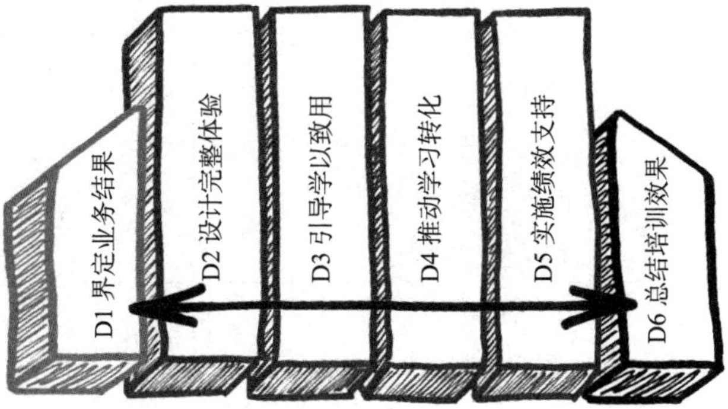

图 D6.7　第一法则和第六法则应成为任何学习项目的起点和终点

表 D6.2　数据种类与收集方式

数据种类	示　　例	收集方式
业务指标	销售数据 生产数据 质量指标 停工天数 人员流动	从业务系统中获取
时间	新员工达到熟练程度的时间 生产时间 等待时间 按时完成率	观察 公司记录 自动化系统（如电话等待时间）
行为观察	正确流程的使用 销售技巧 教练技巧 电话礼仪 正确的安全程序	对观察者进行调研 直接观察（公开或隐蔽）使用 清单或评分标准 录像 演示/角色扮演 自我评估

续表

数据种类	示　　例	收集方式
反馈意见	满意度 服务质量 领导力效能 演示水平 改进程度 相关性/实用性	调查/网络访谈 评分服务 焦点小组 访谈
预测数据	节省的时间 使用次数 财务收益	调查 访谈
外部事件	事故/伤害 险肇事故 诉讼官司 负面评价/引用	监管机构记录 法律部门 互联网搜索
案例故事	成功故事 关键事件 案例故事	调查 访谈
工作成果	计划 报告 展示	与评分标准的对比 属性清单 专家评估

业务指标

业务指标是公司作为其持续运营的一部分而定期收集的数据。这些数据包括销售额（项目和金额）、错误数量或废品成本、制造成本、交货周期、缺货情况、损耗、预测准确性等。如果现有的业务指标符合项目的相关成果指标，并且不会被其他因素完全混淆，那么就应当使用它们。业务指标的优势在于其具有可信度和相关性。此外，由于这些数据已经在收集过程中，因此无须再花费额外的成本来获取它们。

行为观察

在培训项目中，如果关注的成果是工作中行为的变化，那么最相关且可信的数据源于直接观察（见图 D6.8）。这些数据既包括可靠性较低的自我观察，也包括由专业观察者完成的绩效清单，如通过“神秘客户”来评价客户服务。其他数据来源还包括询问客户、经理、同事或下属关于特定行为变化的情况。行为观察还可以包括计数、评分表或要求提供具体的例子。

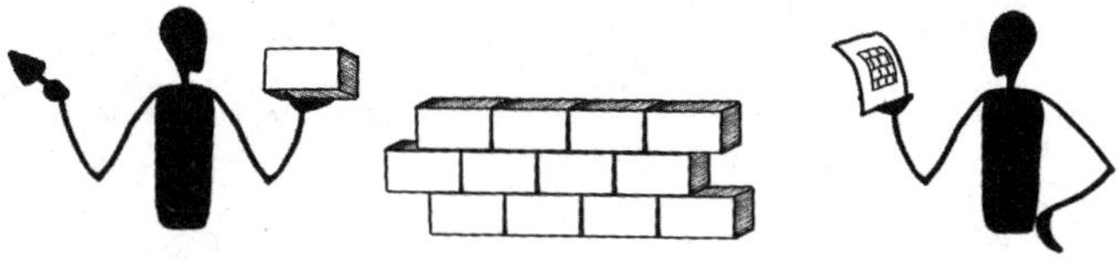

图 D6.8　直接观察是最相关且可信的评估方式

为了确保收集的数据的有效性，评估者需要亲自观察学员的行为表现，并且确保学员能够清楚地理解评估者的问题，能够准确地回忆并描述刚才的行为动作。我们可以向学员提供评分要求，告知他们评分内容和评分方法，这样可以提高观察数据的可靠性。

预测数据

预测常常用于商业计划的制定，例如，“你认为需要多少时间才能完成”或“下季度的销售额你预计有多少”。在培训评估中，预测也被偶尔使用，例如，“你应用培训所学知识的次数有多少”或“你认为培训的价值有多少”。

由于有些数据只能通过预测获得，因此其可信度肯定比那些可以量化的业务指标或通过直接观察获得的数据要低。为保证预测数据的可信度，预测人员必须具备足够的知识和专业技能来提供合理的预测，并且没有过高估计或低估的动机。例如，一位索赔处理人员能够较为准确地预测一项索赔案件可能需要的时间。然而，如果让索赔处理人员预测一个培训项目能为公司节约多少钱，这种预测结果通常并不可靠。

如果你决定将预测作为一种培训效果的评估方法，那么必须首先获得项目发起人的认同。之后才能设计问卷或访谈提纲，并根据人们的知识范围和专业方向，让他们提供预测数据。

反馈意见

反馈意见或看法似乎在所有数据中的可信度最低。然而，有时反馈意见既是最相关也是最重要的结果，人们会根据他们的反馈意见做出决策。例如，员工对老板的看法会影响他们的工作积极性以及留在公司的可能性；客户的意见则是他们是否愿意再次与你合作以及向他人推荐你的关键指标。

净推荐值要求客户在 0 到 10 分的量表上对“他们有多大可能推荐产品或服务”进行评分。雷奇汉认为这是预测未来增长最重要的指标之一。席尔万·牛顿创造性地将净推荐值应用于通用电气领导力发展项目的持续改进中。他要求管理者通过对培训后直接下属的行为变化进行观察来评分，即他们有多大可能性向其他同事推荐这个项目。然而，这与让学员在培训结束时直接给出净推荐值评分是截然不同的。后者只是一种反应评分的形式，因此不能作为对结果的评估指标。

专家意见

“专家意见”是反馈意见的一个子类别，由“精通该领域”的专家对结果进行评估。对于旨在改进“工作成果”（如演示文稿、计算机代码或战略计划）的项目，专家意见可以是一个合适的评估标准。针对此类旨在改进工作成果的项目，其评估策略是找到专家（如果可能，还需要找到一个客观的评分系统），对成果的质量提出专业意见。让他们比较培训前后的成果，但不要告知他们哪个是培训前的成果，哪个是培训后的成果，以防止对他们产生偏见引导。

案例故事

“案例故事”这种数据类型与其他几种类型有所不同——以故事的形式讲述学员在获得学习机会后所实现的成就。人们越来越认识到故事的力量，在商业环境中，它能够启发、教育、激励，并留下持久的印象，产生长远的影响。

案例故事是罗布·布林克霍夫“成功案例法”的核心（见图 D6.9）。整个过程简单易懂。首先，在培训结束后的某个时间（具体时间取决于培训的性质和目标），对学员进行调查，询问他们在工作中是否应用了所学内容，并对应用过程中的成功程度进行打分，评分范围从“没有明显成功”到“非常明确的成功并有相应的结果”。接着，访谈那些有成功故事的学员，让他们详细描述故事的细节并进行确认；在合适的情况下，总结并评估该项目对业务结果的影响及其财务价值。

同时，我们也要访谈那些报告没有取得成功的学员，以了解是什么阻碍了他们的成功，而这些障碍正是我们要改进的方向。将成功学员的百分比与未成功学员的百分比进行比较，有助于管理层看到“学习废品”，即潜在价值被“浪费”的情况。

成功案例具有相关性和说服力，又容易让人记住，可以用来呈现学习与发展的价值。然而，需要注意的是，在你使用案例故事评估培训效果时，你必须保持客观和清醒的判断力，确认这些案例故事的真实性。例如，如果学员说他应用学到的内容赢得了一个重要客户，那么你需要确认该笔销售记录，或者联系客户进行核实；如果另一名学员说他挽留了一名原本准备辞职的关键员工，你需要与那名关键员工进行确认。为什么要这样做呢？因为你要保证成功案例的真实性，如果发现这些故事是杜撰或夸大的，那么评估的可信度会受到严重质疑。

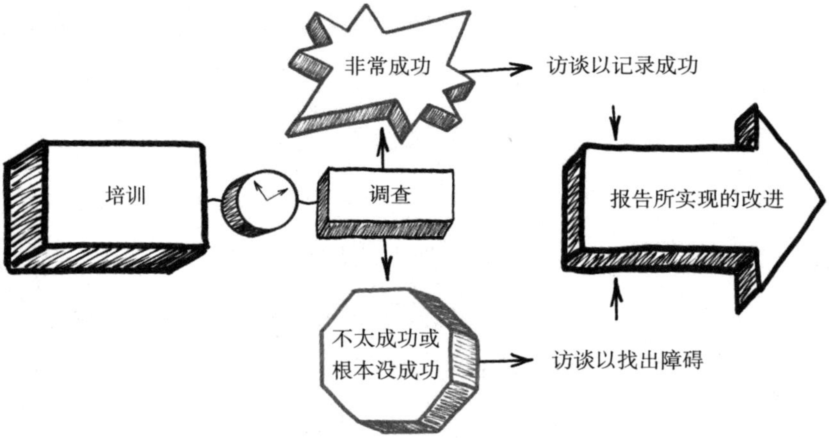

图 D6.9　罗伯·布林克霍夫提出的成功案例法

投资回报率不是唯一的评估指标

管理者有责任经营好公司的资源，要投资那些预期能产生高于成本价值的项目（见图 D6.10）。这表明（正如一些人所主张的那样），评估培训效果的唯一真正有意义的指标是投资回报率：

$$投资回报率=\frac{财务回报-成本}{成本}$$

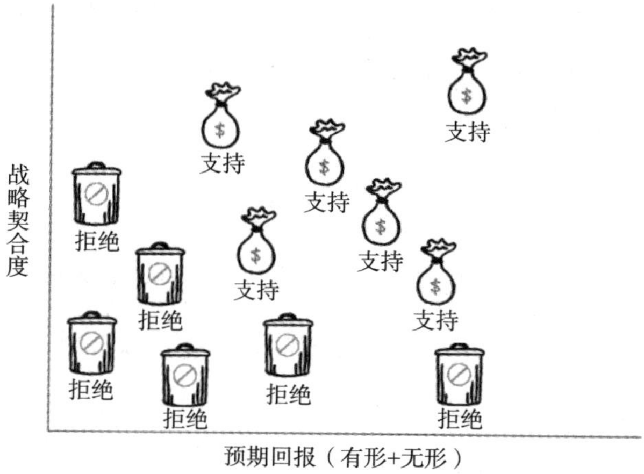

图 D6.10 管理者在决定优先考虑哪些项目时，既要考虑预期回报（广义上的），也要考虑战略契合度

问题在于，投资回报率并非企业领导者最为关注的评估指标。阿什里奇商学院的一项研究发现，学习专家高估了业务负责人对通过投资回报率评估学习有效性的兴趣。例如，如果管理层的主要关注点是缺乏“随时可用”的后备管理者来接替即将退休的管理者，那么管理发展项目最重要的成果是增加可立即晋升的管理者数量，而非投资回报率。

此外，对有些项目开发可信的财务指标可能非常困难。因此，一种常用的方法是让员工估算培训带来的增量价值、他们认为这些价值中有多少归功于培训，以及他们对估算的信心（以百分比表示）。企业领导者认为这种估算方法并不可靠，因为往往会估算出高得离谱的回报率，远远高于其他类型项目的投资回报率。

这并不是说财务上的投资回报率不重要。如果公司领导特别看重投资回报率，项目还有可以货币化的成果，且大家对计算投资回报率已达成共识，那么就需要认真思考如何计算投资回报率。如果公司领导需要具体的数字，不要自行分析，应找财务专家来帮助分析数据和准备报告。否则，如果自己不能真正理解这些财务数据，还强行解释和汇报，那将大大损害自身的可信度。

底线

相关性是有效评估的必要条件。如果发起人认为评估指标与回答“做得怎么样？”这一问题无关，那么无论收集了多少数据或信息，无论评估结果多么令人印象深刻，此次评估都是一场失败的评估。

对于不同的项目，适合的评估方法和指标各不相同，但原则相同：需就成功的定义达成一致（例如，更好的客户服务意味着什么？），然后找到（或开发）尽可能可靠、准确且高效地评估它的方法。

实际应用

- 认真执行第一法则。要选择相关的评估指标，就需要明确界定预期成果。
- 使用常识。如果你提出的评估指标与项目目标有相关性，明智的领导会同意的。
- 与你的领导沟通核实，确保他们同意你提出的评估指标是他们想知道的。

可信度

有效的评估必须跨越的第二个障碍是，所收集的数据、所做的分析及得出的结论对目标受众而言必须是可信且值得信赖的。即使评估具有相关性且结果令人印象深刻，但如果决策者质疑你提供的数据、分析过程或结论的真实性，那么评估也无法达到预期目的。

值得注意的是，可信度并无绝对标准。正如“情人眼里出西施”一般，可信度也是因人而异的。也就是说，可信度是主观的、因情况而异的。不同的管理者对于他们认可的可信证据可能有不同的标准，不同企业由于文化背景不同，对可信度的要求也存在差异。例如，制药或工程公司对可信度的要求通常比广告公司更为严格。

从自身亲身经历出发，我们或许能更容易理解“可信度”的含义。我们每天都会被无数推销信息、拉票信息或其他类似信息狂轰滥炸。在这些信息中，有些是你相信的，有些是你怀疑的，还有一些被你直接忽略。你在这里所使用的标准，与你的领导在评估你的建议时所使用的标准是相似的。

使用调查工具

目前，在线调查工具的出现具有简单经济的特点，能够快速收集大量信息，从而大大提高了评估的效率。然而，不幸的是，这也降低了调查的有效性和可信度。这是因为调查工具常常被误用、过度使用，而且很多问卷存在设计不合理或缺乏良好的过程管理等问题。

例如，询问人们他们认为自己学到了多少知识，然后进行测试评分（柯氏二级评估），其准确性并不能代表真正可以应用的知识有多少，而且我们也不应该这么做（尽管有不止一家评估软件公司在鼓励学习专家采取这种做法）。同样地，询问学员对预期工作绩效的看法，也不能代表项目的真实结果所带来的价值。

设计调查问卷的结构——包括问题的描述、问卷的长度、评分量表的选择等——都深刻地影响着调查问卷的效度、信度和完成率。菲利普斯和亚伦等人提供了一套非常有用的调查设计、管理和分析的入门工具。如果你不熟悉社会学研究方法，那么可以请教市场研究部门的同事或其他数据收集和分析的专家。

你可能未曾察觉，评估事物可信度的一个关键参考因素，便是事物的结果与你已坚信内容的契合程度。人们往往更倾向于接纳那些能够支撑其既有观点的数据（即确认偏差），而非那些与他们观念截然相反的信息。对于学习专家而言，这意味着，如果有人从一开始就对培训的价值持怀疑态度，那么他们对你所提供的评估结果将会更加严苛。这也恰好印证了贝尔辛的观察：公司认为与他们的需求匹配度越高，评估所要求的数据就越少。

应当铭记，所有的评估都带有政治性，因为它涉及金钱、权力、声誉和权威等诸多因素。在提案阶段，如果人们对项目的价值存在较大争议，那么可以断言，评估结果将面临严格的审查，评估的可信度也将受到严峻挑战，尤其是那些从一开始就反对项目的人。对于知名度高、成本高、战略性强或具有争议的项目，你必须格外留意，以确保评估结果的可信度。如果项目是政治上的“烫手山芋”，则应考虑采用独立的评分人或评估人。

其他有助于提升评估可信度的因素包括数据量、合理性、偏差、可理解性和信誉等。

数据量

一般来说，数据量越多，研究成果的可信度越高。基于对100名参与者的研究提出的建议，比基于对50名参与者的研究提出的建议更具可信度。原因有两个：（1）被比较的群体规模越大，真正具有可比性的可能性就越大；（2）群体规模越大，就越有信心将任何差异归因于培训，而非偶然因素。

对于学习与发展而言，调查的回复率是一个特殊的挑战。被调查的人数并非关键，重要的是有多少人做出了回应。低回复率会破坏可信度，因为它让人怀疑那些愿意回复的人是否准确地反映了整个群体的意见。可以通过以下方法提高调查的回复率：

- 保持调查简短。一般来说，完成率与长度成反比。
- 让说明、问题和流程清晰易懂。
- 强调调查结果对参与者关心的事情的重要性。
- 承诺向完成调查的人发送最后的报告。

即便如此，你可能还需要付出特别的努力来提高回复率，例如发送多次提醒邮件或者提供抽奖等激励措施。甚至有必要通过电话进行调查，或者聘请外部公司来做这件事。

在我们看来，如果占用了人们的时间，要求他们完成一项调查，那么就有责任向他们汇报调查的结果。低回复率的部分原因是，他们看不到最后调查的结果，也感受不到调查的价值。如果你想让人们参与进来，就要让他们看到他们的意见得到了重视。

其中还存在一个收益递减点。从这个点开始，收集额外数据所耗费的成本就会超过这些数据对可信度的价值。罗布·布林克霍夫建议我们借鉴法律标准："排除合理怀疑。"也就是说，我们只需对人们对项目的质疑做出解释，要提供的数据量应该刚好能满足管理层制定决策的需求。至于绝对的证据，我们既没有能力提供，也没有必要提供。

合理性

影响可信度的第二个因素是结果是否看起来合理。通俗地说，这可以称为“取样测试”，即“如果结果好得令人难以置信，那么它很可能就是不可信的”。这引出了一个有趣的悖论：结果越好，越容易受到质疑。对于投资回报率研究而言，可信度是一个特别的挑战，因为它们报告的回报率通常比企业其他项目的回报率高出许多倍，因此，业务负责人会产生质疑。

同样的道理，如果你报告的一切都是成功的，你的可信度也会受到质疑。企业里的事情不可能件件都能成功，尤其是第一次尝试时。除了汇报项目取得的成果，你也应该汇报培训中的一些失败和不足，这样才有助于建立公信力。

> **你必须同时报告失败和成功。**

偏差

如果受众对数据的收集、分析或者汇报方法存在质疑，那么评估的可信度就会受到影响。因此，我们在选择评估内容和数据时，一定要谨慎处理，或者听从专家的建议，以避免常见的偏差。例如：

- 选择性偏差。只选取那些更有可能做出正面回答的人。例如，只邀请那些表现出色的学员对项目进行评分，或者拿“高潜力”的学员与未受过培训的一般员工进行比较。
- 问卷偏差。数据的收集或处理方式会引导参与者给予肯定的回答。例如，“这次培训让你受益匪浅，不是吗？”
- 反馈偏差。这是调研中无法避免的问题。如果只有少数人提供了反馈，那么人们会认为这个反馈结果可能无法代表大多数人的想法。
- 访谈者偏差。如果员工认为评估不是匿名的，提供负面评价可能会给自己招来麻烦（虽然不一定真有麻烦），那么他们就会“美化”自己的回答，或者选择那些“政治正确”的答案。

- 报告偏差。大家都会怀疑那些研究和报告结果的人，因为他们能从报告中得到好处。因此，即使学习与发展的评估报告是公平的，其中关于项目成功的信息也会被认为存有偏见，即使事实并非如此。如果项目非常重要或存在较大争议，你可能需要聘请独立的访谈者、评估者或报告者。

可理解性

可信度建立在可理解性之上。没有人愿意觉得自己被“蒙蔽”或“糊弄”——如果业务团队看不懂你的评估方法，或者报告里满是晦涩的术语，他们自然会怀疑结论的可靠性。除非万不得已，避免使用复杂的设计或分析框架，改用业务部门熟悉的语言和逻辑。例如，直接说明“培训使客户投诉率下降了 20%”，远比强调“我们完成了四级评估”更有说服力。后者不仅无法体现你的专业价值，反而会让业务负责人觉得你脱离实际。

信誉

最后，结果是否会得到认可并采取行动，还取决于你个人的可信度以及学习与发展部门的整体信誉。正如库泽斯和波斯纳在《领导力》中所说：“如果你不相信传达信息的人，你就不会相信其所传达的信息。”在其他条件相同的情况下，来自过去被认为有可信数据来源的报告，比缺乏可信数据来源的报告更具可信度。

获得信誉需要时间，而保持信誉则需要格外小心。正如一句名言所说：“信誉是最难获得的特质之一，而且它是人类品质中最脆弱的。它是一分钟一分钟、一小时一小时、一个月一个月、一年一年地积累起来的。但它可能在很短的时间内失去……”为了在战略讨论中赢得一席之地、获得发言权并获得完成任务所需的资源，学习与发展部门必须持续不断地提供可信的证据来赢得影响力。永远不要因为设计不佳、执行不力或幼稚的评估而损害你的信誉。

实际应用

- 与利益相关人沟通，确认他们认为你的方法足够严谨、易于理解且不带偏见。
- 用真实直观的结果（包括正面和负面结果）争取和维持信誉。通过直率地报告结果（无论好坏），努力建立并维护信誉声誉。

说服力

有效评估必须跨越的第三个障碍是，为特定的行动方案提出一个令人信服的理由——是继续、扩大、调整还是终止学习项目。即使你的评估满足了前两个标准（相关性和可信度），如果它不够令人信服，评估仍然是失败的。

一个令人信服的评估是明确的、令人难忘的、有影响力的和简洁的。

明确的

我们认为每项评估都应包含对未来行动的建议（“现在怎么办？”）。作为学习专家，你有责任向管理层清晰地说明这是一个最佳的行动方案（见图D6.11）。

图 D6.11　学习与发展部门的职责是提供管理层需要的信息，以便他们做出明智的决策

在第二次世界大战中，美国军方提出了“完整的参谋作业”的概念，以确保决策和行动的快速与高效。已故的史密斯、克莱恩和弗兰奇公司的首席执行官弗朗西斯·博耶在给公司运营委员会的一份备忘录中总结了这样一个观点：“你的工作是研究、整理、再研究、再整理，直到你有了一个行动方案，而且必须是所有备选方案中最好的那个。”国际知名咨询公司德勤期望他们的咨询顾问都能为客户提供最佳的行动方案。我们对学习专家也应当有同样的期望。

大多数报告都太长且太枯燥无聊。

这并不意味着管理层一定会接受或能够按照你的建议采取行动。尽管如此，通过基于现有证据明确阐述最佳行动方案，你将赢得战略规划部门和业务部门的尊重。在行动方案中要清晰明确地提出你的建议，千万不要把它们放到报告的最后，因为很少有人会读到那里。要明确、大胆地提出行动建议，并说明能实现的结果。不要使用“不妨考虑一下”这类模棱两可的话来削弱你的建议。提出明确的观点，这是你的职责所在。

令人难忘的

管理者经常受到成百上千条信息的连番轰炸。大多数信息将很快被遗忘，只有少数信息能够被记住。你需要确保你的信息在所有这些背景噪声中脱颖而出，以便它被记住并付诸行动。

在畅销书《行为设计学：让创意更有黏性》中，奇普·希思和丹·希思回答了这个问题："为什么有些信息能够被记住，而其他信息却被遗忘了呢？"在回顾了一系列"有黏性"的信息——从都市传奇到伊索寓言——之后，他们得出了结论，令人难忘的信息有六个原则：

- 简单：精炼核心信息。
- 意外：吸引维持注意。
- 具体：帮人理解记忆。
- 可信：让人愿意相信。
- 情感：使人关心在乎。
- 故事：促人起而行动。

这些原则与典型的公司报告和 PPT 形成了鲜明的对比，后者往往是复杂的、可预见的、抽象的和枯燥乏味的。约翰·沙利文直言不讳地指出："大多数的学习评估报告都太长、太枯燥无聊。"

为了撰写出令人信服的评估报告，我们需要注意以下三点：

1. 简单化。确保从分析中得出简单、清晰且明确的建议。

2. 令人惊奇。如果可能，从一个意想不到的角度入手，或者寻找一个令人意外的元素，或者将信息以不同以往的方式呈现。然而，采用后者时要谨慎，因为信息以有趣和令人意外的方式呈现，与因太"哗众取宠"而不被接受仅有一线之差。

3. 采用讲故事的方式。让结果更具体、更有趣且更难忘。即使使用特定的定量评估数据，如果在其中添加故事，也将使评估更加难忘（见案例D6.3）。

案例 D6.3 太多的数字，太少的故事

在早期的一次咨询业务中，我们犯了一个错误：报告过于正式和科学化。我们曾帮助一家财富 500 强公司评估主动变革管理培训项目的结果。为了评估培训效果，我们要求学员举例说明他们应用所学知识取得的成果（如果有的话）。

我们收集了数百个丰富、翔实而具体的案例，这些案例证明了培训能够帮助学员提高效率、消除浪费、满足客户需求等。在财务部门的帮助下，我们计算出了项目所带来的财务价值，并将产出与成本做了对比。结果，投资回报率是令人鼓舞的。

我们准备好了一系列看似有冲击力的图片、表格和幻灯片，却没有把故事放进去。

报告最终提交给了董事会。董事会非常认可我们的报告，但汇报结束后，却没人能记得报告中的任何图表或统计数据。如果我们在报告中加入一些非凡的成功故事，那么多年后的今天，这些故事仍可能会被人津津乐道。这就是故事的力量。

这个案例带给我们的启示是，故事虽然无法替代定量研究，但它是酵母，能够将不易记住的报告变成令人难忘的报告。无论你使用何种数据收集和分析方法，在汇报时都要寻找机会加入说明性的故事。如果故事中能包含情感因素，那就更好了，这将使报告更加令人难忘。

有影响力的

影响力既包括传递的内容，也包括表达的形式。内容是前提，你必须证明采纳（或未能采纳）你提出的行动方案后对公司将产生什么样的重大影响。例如，如果某个方案因为业务负责人不支持其实施而未能取得成果，那么你就需要说明继续维持这种现状将会浪费多少时间和金钱。

表达形式即如何传递信息。这意味着，用业务的话语体系告诉他们最关心的事情。不要低估你的评估结果，如果你的评估有很棒的结果，却以缺乏影响力的方式沟通，无法对受众产生影响，这实在是一场悲剧。

简洁的

最后，一个有说服力的评估应该简明扼要且切中要害。人们更容易被简短而有力的分析打动，而不是冗长而复杂的分析。为了确保你的逻辑链清晰易懂，报告只应包含论证所需的必要细节，其他内容可以放在附录或备用幻灯片中。

同时，一旦达成共识或决策，应适时停止，不要“画蛇添足”。在销售中，这意味着在交易达成后不要继续说话，因为你可能会说一些让客户改变主意的话。这同样适用于向管理层做汇报。一旦你的建议得到认可，就马上停下，无论你还想再展示多少张幻灯片。

实际应用

- 确保你的评估报告是明确的、令人难忘的、有影响力的和简洁的。
- 使用故事让评估的结果生动起来。
- 评估必须包括具体的行动建议。只有将评估结果付诸行动，评估才有价值。

高效性

最后的障碍是效率。高效的评估使用最少的时间、资金和人力资源来产生可接受的结果。效率固然重要，但只有在满足了前三个标准（相关性、可信度和说服力）的情况下，效率才有意义。换句话说，评估错误的东西永远不会有效率——无论评估的成本有多低，速度有多快。正如彼得·德鲁克所说：“世界上最多此一举的事，就是高效地评估本不需要评估的东西。”

这里的基本原则是，评估所花费的成本绝对不能超过评估结果所创造的价值。评估只要能为相关业务决策提供支持并且能满足目标受众的要求就可以了。世界上没有完美的评估，我们的目标是用最小的成本产出相关、可信、有说服力的信息。

效率很重要，因为评估结果具有时效性。任何评估工作的成功都取决于评估结果的时效性。如果开展评估是为了解决某些问题或更全面地了解某些问题，那么通常对这些信息是有时间要求的。有时，这些要求与预算周期、资金申请的截止日期、生产和交付的最后期限或采取其他行动之前的准备截止时间有关。如果评估错过了这些最后期限，评估就没有作用了。

你可以通过使用日常业务或人力资源工作中已经收集到的数据来提高评估效率。如果还需要评估经营绩效的其他方面，则可以寻找数据收集的自动化方法。对于大型项目，可以从所有学员中随机抽样收集数据，因为收集所有学员的相关数据会增加成本。但抽样量超过一定比例后，也不会增加额外的可预测性。

同样，也不要浪费资源去收集那些永远不会被审查、分析和用于决策的数据。唐·柯克帕特里克评估模型的原则之一是建立“证据链”，将每个层级的成功与最终结果联系起来。虽然建立证据链在理论上是有道理的，但效率低下。如果你能证明取得了相关的绩效成果，你就不需要花费资源来证明学员学到了什么，很明显，他们已经学到了。

实际应用

- 根据项目的成本、知名度和战略重要性进行评估，不要花费超过决策价值的时间或金钱。
- 尽可能实现流程自动化，但不要为了“效率”而牺牲相关性和可信度，低成本收集不可信的信息并不高效。

指导原则小结

总之，由于学习项目的目标、类型和种类繁多，因此不能采用单一的、一刀切的评估方法。然而，四个指导原则适用于所有的评估。表D6.3总结了这些原则。

表D6.3 有效评估的指导原则

标准	属性
相关性	• 具有表面效度。 • 回答客户想知道的问题。 • 与预期结果明确相关
可信度	• 有足够的数据点，具有代表性。 • 公平性。 • 信息来源可信。 • 目标受众能够理解。 • 合理性（不会好得不真实）

续表

标　准	属　性
说服力	• 提出明确的建议。 • 令人难忘的。 • 简明扼要且切中要害
高效性	• 符合上述前三项标准。 • 合理利用时间和资金。 • 只收集预期可使用的数据

这是培训的问题吗

假设你被赋予了一项任务，即创建一个学习项目，其目标是提高一款新产品的市场渗透率。你设计并执行了一项全面的学习体验。三个月后，你将新的市场渗透率与培训前的水平进行了比较。市场渗透率显著提高。你这就证明培训起作用了，对吗？

未必如此。衡量高层次成果（如销售额）的问题在于，它们受到除培训以外的许多因素影响。在这种情况下，部分增长仅仅是由于时间的推移，随着销售人员在销售过程中变得更加熟练，这部分增长本来就会发生。公司几乎可以肯定也在广告和市场营销上进行了投资以创造需求。市场部会声称它在其中占有一席之地（或者更有可能的是，占据最大的功劳）。

在试图将其他高层次指标（如留存率、客户满意度等）的变化完全归因于培训时，也会出现类似的问题。

评估领先指标。

解决的办法之一是将评估重点放在培训可以解决的具体事情上。如果目标是帮助销售人员提升解决客户异议的能力，那么就评估他们在这方面的行为表现，而不是公司总的销售额。如果目标是通过培训提升管理者积极正面的沟通表达能力以打造和谐的工作环境，那么就要评估他们对积极性语言的运用技巧。这比员工满意度更直接地与培训相关。

另一个解决方案是评估“领先指标”，即产生预期结果所必需的行为。例如，如果某项干预措施的目标是通过培训销售代表的提问能力来促成订单，那么前期评估的结果指标应该是他们在与真实客户沟通中提出的问题数量和质量情况。分析这些行为是否显著增加才是培训支持绩效提升的可信指标，而不是销售额，因为影响后者的其他因素太多了。

分离培训效果

关于“分离培训效果”的重要性已经有很多论述，尤其是在对培训价值进行量化投资回报的研究中。但我们并不认为这是必要的，甚至认为这不是一个好的主意。

首先，在商业环境中，不可能完全分离出培训的效果。在科学研究中——例如，在评估一种即将上市的新药时——黄金标准是病例对照比较，即将接受治疗（试验）组的结果与未接受治疗（对照）组的结果进行比较，而未接受治疗（对照）组在可能影响结果的变量方面尽可能相似。理想情况下，受试者被随机分配到其中一组或另一组，以避免任何系统性差异（偏差），受试者和评估者都不知道哪一组是哪一组（双盲）。这种设计在商业中并不实用。你不会想把一组训练有素的飞行员的安全记录与一组未经训练就允许飞行的飞行员的安全记录进行比较，也不会想把一组未经训练的客服人员作为对照组，对毫不知情的客户进行服务，以观察他们的表现如何。

对于那些需要在一段时间内逐步开展的项目，可以比较受过培训的员工和尚未接受培训的员工的绩效表现，或者将员工接受培训前后的绩效进行比较。这种设计虽然不如病例对照比较那样科学，但对于业务决策来说也“足够好”了。还有一些复杂的统计技术（如多元分析）可以梳理出各种因素的价值，但它们复杂、耗时，而且很难向管理层解释。

你始终在评估整个学习生态系统。

其次，当你评估企业学习项目的结果时，你评估的是整个学习生态系统的结果，而不仅仅是教学本身的结果。正如我们在第四法则一章中详细讨论的那样，管理者决定了培训的成败。如果培训取得了成功，他们理应获得一部分功劳；如果培训失败，他们也应承担部分责任。你永远无法完全单独分析出他们的影响；他们是系统的一部分。“当我们评估项目或干预措施时，我们实际上是在评估整个绩效系统的影响……”

汽车的性能就说明了这个问题。你是否能到达目的地取决于整个系统。如果发动机坏了，那么无论轮胎或刹车有多好都没有用。同样地，如果传动轴断了，那么即使发动机再强大也无济于事。试图单独分析轮胎与发动机的贡献率是没有意义的。

一个常用的方法是让学员估计他们的进步由培训带来的占比多少。作为企业领导者，我们认为这样的估计是不可信的。被问到的人也没有经验或专业能力能做出这样的估计。而且，要准确地做出这样的估计是非常困难的。例如，你现在的成功与学会阅读有多大比例的关联？这种估计的可靠性从未经过严格的验证。我们不建议使用这种方法，因为作为企业领导者，我们认为这会破坏你们结论的可信度。

评估的目的是获取可供操作的改进信息。

最后，我们认为学习与发展部门试图宣称对某次项目成功有多大比例的贡献就是一个错误。

这对于任何项目成功所需的团队协作是有害的，它会在贡献谁最大的问题上使一个部门与另一个部门对立。我们发现这样说更有用：“丰硕的成果来自培训部门与业务部门的共同努力，缺一不可。”

现在怎么办？

到目前为止，我们讨论了总结培训效果的第一个原因：证明它们实现了目标并为企业增加了价值。总结培训效果的第二个原因是为了改进今后的工作（以回答“现在怎么办？”这个问题）。为此，你不仅需要了解结果，还需要了解取得这些结果的过程。

评估是过程改进的重要前提。我们认为，建立和加强组织的学习能力，让组织从学习投资中持续获得更好的结果，这是学习与发展部门的使命，而评估是完成使命所用的主要工具。

“持续改进”的理念最早用于制造企业，对产品质量的提升起到了关键性的作用，同时也帮助企业大幅降低了成本。如今，超过 90%的制造企业都在使用这种方法。后来，该理念和方法被应用到其他商业领域中，也取得了同样的成功。这些原则和实践现在都被统称为“精益管理”——一种“涉及持续学习循环的管理系统，在这个循环中，工作被标准化和可视化，价值和绩效得到评估，问题被及时发现，理想的流程被构想出来，并且工作为了追求这个愿景而实现持续改进”。

精益管理的两个核心理念是：

1. 企业中的一切皆为流程。
2. 每个流程都可以改进。

持续改进的早期倡导者之一爱德华兹·戴明甚至表示："如果你不能将自己正在做的事情描述为一个流程，那么你可能不知道自己在做什么。"正如我们在第二法则一章中解释的那样，通过学习来提升绩效是一个流程——一系列旨在产生特定成果的活动。为了改进"从学习到结果"的流程，职场学习专家需要学习并应用精益原则，其中最重要的模型如下所述。

流程改进模型

兰利及其同事提出了三个基本问题，作为流程改进的基础：

- 我们期望实现的目标是什么？
- 我们要做出什么样的改变以实现改进？
- 我们如何知道这个改变是一种改进？

第一个问题"我们期望实现的目标是什么？"至关重要。只有知晓流程应产生何种结果，才能对流程进行改进。尽管这一道理看似显而易见，然而弗雷希特林发现，在多数评估中，最常出现的错误便是"对预期目标缺乏共同认知"。若要使学习更有效、更高效，应从第一法则着手，精准界定企业期望达成的结果。

第二个问题"我们要做出什么样的改变以实现改进？"体现了持续改进的一项基本前提：无论当前流程状况如何，总有改进空间。

第三个问题"我们如何知道这个改变是一种改进？"是第六法则的关键所在。要判断流程是否有效，以及任何改变是积极的、消极的还是多余的，唯一的方法就是对结果进行有意义的评估。

PDCA循环

计划—执行—检查—行动（PDCA）循环，有时也称为戴明环，是流程改进的基本工具。PDCA循环包含四个要素：

1. 计划：设计新项目或改革现有流程。
2. 执行：实施计划。
3. 检查：根据预期目标评估项目结果。
4. 行动：利用获取的信息启动下一个循环。

改进模型（见图D6.12）将PDCA循环与上述流程改进的三个基本问题结合起来，形成了一个新的模型。该模型可以应用于任何流程，包括学习。检查步骤的重要性怎么强调都不为过。除非将评估的相关结果与预期目标进行比较，否则无法知晓最初的计划是否有效，以及所做出的改变是改善了结果、毫无效果还是使情况变得更糟。“你可以在不进行评估的情况下提升绩效，如凭直觉、凭经验、通过识别模式等，但你无法以可靠或可重复的方式做到这一点……”

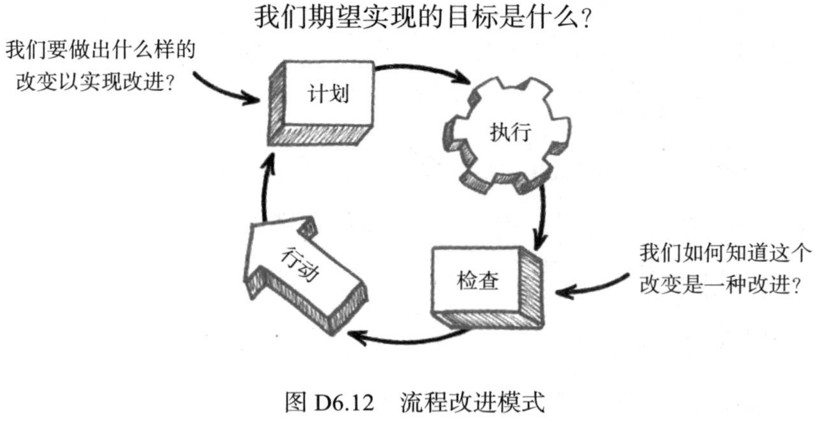

图D6.12　流程改进模式

在6Ds工作坊上，我们将流程改进比喻为射中靶心。弓箭手通过射出成千上万支箭而成为高手。每次射箭后，他们都会评估自己离靶心有多远，并调整瞄准方向，这样，随着时间的推移，他们就能持续射中靶心。然而，如果射手是盲人或被蒙住眼睛，会发生什么情况呢？在缺乏反馈的情况下，弓箭手永远无法取得进步。

遗憾的是，许多企业的学习与发展部门就像盲人弓箭手一样。他们知道目标是什么，也做出了调整，但他们要么无法评估相关结果，要么更糟糕的是，他们依赖具有误导性的“简单方便的评估标准”，而那些标准与要射中的目标几乎没有关系。威尔·塔尔海默认为，缺乏可靠的评估标准阻碍了我们这个职业的发展：“事实上，作为学习和绩效的专业人士，我们很少收到有关我们做得如何的有效反馈。没有反馈让我们无所适从，我们也根本得不到足够好的反馈来提高我们的绩效。”

评估过程执行情况

要实现持续改进，除了评估最终结果，还必须评估流程的执行情况。执行不到位是企业失败的主要原因之一。无论计划多么完善，“没有执行，突破性思维就会崩溃，学习无法创造价值，人们无法实现他们的挑战性目标，革命也会戛然而止”。公式是：

$$策略 \times 执行=结果$$

最佳结果需要合理的策略和出色的执行。流程中的任何环节都可能出现问题。结果会受到瓶颈步骤的限制。例如，即使培训本身非常出色，但学习转化不力，也不会为业务带来什么影响。要改进流程，必须明确哪个环节是当前最薄弱的环节。

首先，要绘制当前工作的流程图。一个有用的工具是建立逻辑模型（见图 D6.13）。逻辑模型展示了一个项目的关键要素，显示了它们之间的关系，以及它们如何对最终结果做出贡献。逻辑模型明确了“变革理论”——项目背后的假设——以及在哪里进行评估最有价值。逻辑模型对于设计和评估企业学习项目都非常有价值。

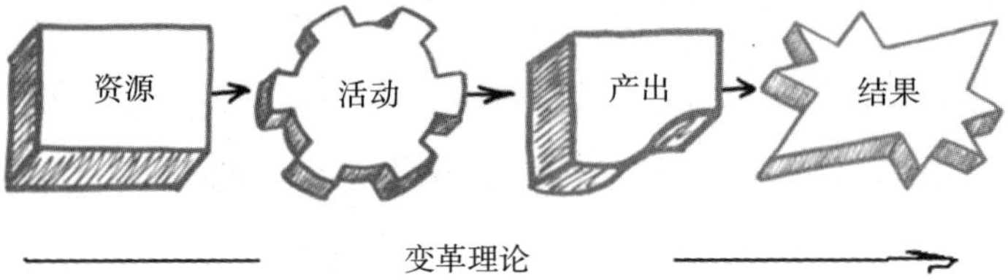

图 D6.13　逻辑模型

逻辑模型的通用结构如图 D6.13 所示：资源（包括时间和资金）被投入各项活动（如培训、行动学习项目、绩效支持等）中，这些活动进而产生输出（如受训人数、辅导时长、参与社交网络的人数等），而这些输出最终带来了结果（如客户满意度提升、销售额增长、生产周期缩短等）。

尽管逻辑模型是从资源向结果（从左至右）进行绘制的，但在制定有效的干预策略时，实际的操作顺序是相反的。即首先明确期望达成的结果，然后确定为实现这些结果所需的活动和资源。考虑到结果是在一段时间内逐步实现的，因此在逻辑模型中通常会将结果区分为短期结果和长期结果（见图 D6.14）。

逻辑模型中的“活动”对应学习价值链中的“学习体验”：这些活动是学员掌握技能并有效应用它们所需的一系列体验。它们包括准备、学习、转化和绩效支持等子过程。每个子过程都可以进一步细分，例如，学习转化活动可能包括同伴指导、工作评估、管理者反馈等。

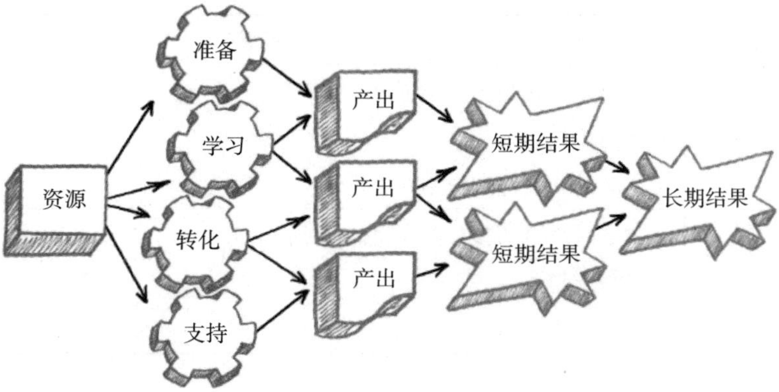

图 D6.14 逻辑模型中的每个要素都包含许多子过程，其中任何一个子过程都可能是潜在的失败点

要优化“从学习到结果”的过程，就必须找出当前最薄弱的环节，制定并实施改进计划，然后继续找出下一个最薄弱的环节。由于任何强有力的学习项目都涉及几十种不同的活动，因此首先要优化最有可能出现问题的环节，这通常是在学习转化阶段。表 D6.4 列出了从学习到结果过程中的常见问题。

表 D6.4 从学习到结果过程中的常见问题

步　　骤	常见问题
分析	• 在没有进行有意义的绩效分析的情况下，就把培训当作解决方案。 • 未能识别关键行为
目标设定	• 未能清晰地定义成功。 • 将目标定义为学习目标而不是绩效目标
准备	• 学员未能在培训前完成预习工作。 • 培训中未使用预习作业或学员认为预习作业无用。 • 管理者有意或无意贬低培训价值

续表

步　骤	常见问题
教学	• 在有限的时间内安排了过多的内容。 • 练习不足。 • 内容的相关性和应用性不足
转化	• 缺乏管理者的参与和支持。 • 绩效支持不足。 • 缺乏问责制

在逻辑模型中，如果假设管理者会指导并激励员工，那么就必须评估指导和激励的行为是否发生以及发生的程度（见专家视角D6.1）。这正是越来越多的项目评估包含学习转化过程的原因。具体来说：

- 管理者是否在培训前与员工对即将进行的培训进行了交流？
- 管理者在培训结束后，是否与直接下属进行了讨论？如果是，这种讨论进行了多少次？
- 员工是否认为他们的管理者鼓励他们在工作中应用所学内容？

总的来说，要回答管理层“现在怎么办？”这个问题，需要了解两个方面：一是努力的结果；二是流程中哪些部分可以进一步优化。罗伯·布林克霍夫的成功案例法的优点在于，它不仅能总结成功的案例，还能有目的地识别存在的障碍。即使结果看起来令人满意，仍然有必要评估过程并发现改进的机会。如果结果不如预期，这一点就更为关键了。假设培训失败了，而真正的问题出现在其他地方，这将是一个错误——而且可能对公司的长期发展产生不利影响。

实际应用

- 构建逻辑模型，说明活动与结果之间的关系。
- 确定可能的失败点并收集相关数据。
- 制定并推荐一个改进计划，以加强流程中的薄弱环节。

专家视角 D6.1

学习转化氛围自我评估表

保罗·莱奥内博士，测量提升咨询公司创始人

经过20年对500多个培训项目以及近100万名学员进行影响力研究后，我得出了一个结论：除非你知道如何评估培训氛围，否则你无法评估培训真正的影响力。而除非你知道如何评估培训的影响力，否则你也无法评估培训氛围。

在这里，“氛围”简单来说就是一系列环境因素的集合，在学员回到工作岗位并尝试转化应用他们所学的新技能时，这些因素会对他们起到促进或阻碍作用。想象一下，一粒花种（即培训项目）被种下后，尽管它一开始生命力很旺盛，但如果没有它所需要的温度、阳光和水分（即氛围），它就无法生根发芽、开花结果。同样地，培训之后学员回到工作岗位上，如果工作氛围对学习转化有利，培训项目才能真正发挥影响力和实现投资回报。由于任何培训的影响力都无法在真空中进行评估，在不评估氛围的情况下就无法评估培训的影响力。所以我在传统的培训五级评估的基础上增加了第6层级评估——“转化氛围评估”（见图D6.15）。第6层级评估高度支持的转化氛围能够让你公司提高“投资回报率”。

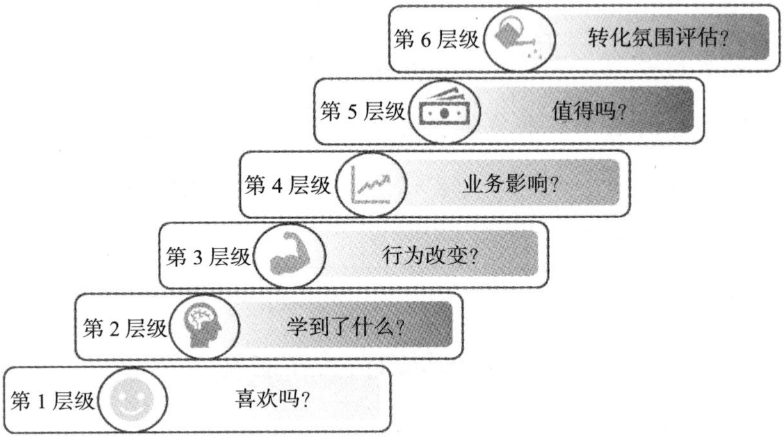

图 D6.15 我们从六个层级评估培训的影响

这么多年来，我给很多企业做过培训评估，当我给他们分享第 1 层级至第 6 层级的评估结果时，我发现，这些企业认为最有趣、最有信息量的部分是对转化氛围的评估结果。当我告诉他们，我将向他们提供第 1 层级至第 5 层级的评估结果时，他们会很兴奋——因为只有不到 4%的公司做到了五级评估，能做得好的更是少之又少。但是，当我告诉他们，我还将向他们提供六级评估结果，这样可以解释培训对提升工作绩效为什么会成功或失败时，这才真正让他们感到坐立不安。想象一下，你可以对你的业务伙伴说："我们知道这次培训对某些员工比对其他员工更有效，我们知道为什么它更有效，这就是你可以做的让培训在未来更有效的方法。"在这里，你为利益相关人提供了他们所需的信息，让他们开始改善他们的转化氛围，这样可以更好地收回培训的投资。

为了说明六级评估的显著效果，我举一个近期的研究案例。在一个培训项目开始后的几个月，我们进行了第 1 层级至第 5 层级的结果评估，发现抽样调查样本的参与者整体投资回报率达到了 45%。这意味着在培训每投入 1 美元，企业就能收回 1.45 美元。接着，我们将原始样本分为两个组：一组在培训后的几个月里得到了管理者的高度支持，另一组在同期得到管理者支持比较少。此处我们关注的转化氛围因素是“工作中的管理者支持力度”，这通常是转化氛围成功的关键因素。然后我们为这两个组用同一个方式分别进行了收益和成本计算（见图 D6.16）。

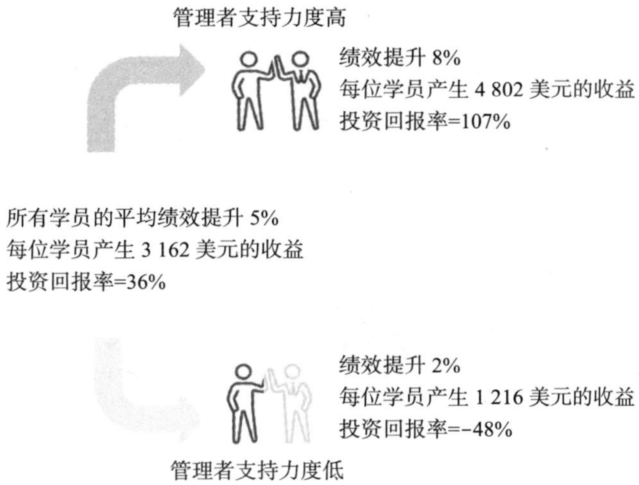

图 D6.16　管理者的支持力度可以决定投资回报率的高低

我们发现，得到管理者大力支持的学员回到工作岗位后，投资回报率达到 107%，而得到管理者较少支持的学员，投资回报率为-48%。这意味着，参加了完全相同的培训（同样的内容、同样的主持人、同样的时间安排）的学员，在第 3 层级的行为改变、第 4 层级的业务收益以及第 5 层级的投资回报率方面，都存在着明显的差异。事实上，管理者的支持是整个培训投资的决定性因素。

重点在于：在花费大量资金去修复或改变一个看似“不起作用”的培训项目之前，先考虑一下你培训后的氛围——温度、阳光和水分。如果氛围适宜，你的每一个培训项目都会产生更高的回报。如果你能证明培训带来的更高回报，明年的培训预算就会增加。利益相关人更满意，影响力更大，资金更多——这难道不是最佳的投资回报率吗？

培训效果的六步评估法

从实践的角度来看，你如何进行一项考虑到上述所有因素的评估呢？我们建议分为六个步骤（见图 D6.17）。

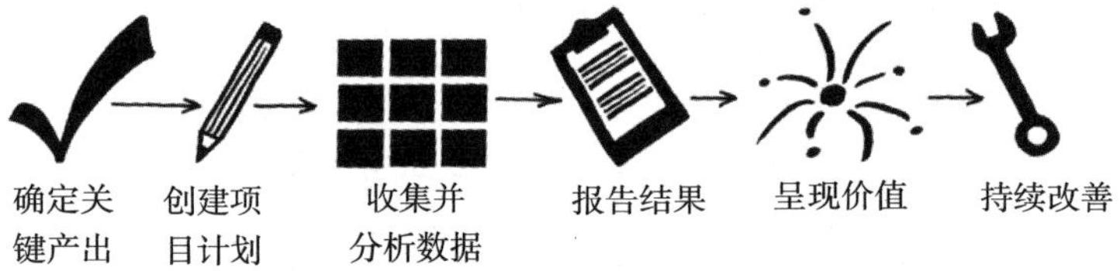

图 D6.17　培训效果评估的六个步骤

确定关键产出

确定评估什么是培训效果评估过程中最重要的决策。理想情况下，业务结果和成功标准应该在第一法则一章就与项目发起人达成一致。如果使用过结果规划轮，那么在这一步只需简单回顾你与发起人的讨论结果。如果还没有定义成功标准，那么在开展下一步之前，你需要确定最重要的业务结果，并获得管理层的认可。不要假设你对成功标准的定义就是业务负责人想要的。

还有一个办法是在开始评估之前就写好行动总结。当然，结果部分肯定要留到评估结束以后再补上。但是，你可以先想好评估方法、收集的数据、收集方法等内容，以及你期望能够得出的结论类型。总结写好后可以拿给发起人看，并询问他们这是否满足他们的需求。这种书面总结可以帮助发起人明确自己的需求。

| 不一定越多越好

当然，不管采用哪种干预措施，都有大量的评估指标可供选择。万斯和帕尔斯基确定了 190 种可能的学习干预措施评估指标。显然，对于任何特定目标，只有少数指标是相关且有说服力的。可以将评估指标缩减至可量化的“几个关键指标”。你跟踪的指标越多，投入（包括时间和金钱）就越高，需要解释的内容也就越多。在某种程度上，信息就会迷失在细节中，你的评估就会失去影响力。

另外，你还需要决定需要收集哪些输出（活动）指标来评估过程效率并发现改进机会。回顾项目的逻辑模型或学习价值链，寻找影响结果的关键因素。

实际应用

- 选择几个结果指标：回答“项目是否有效？”这一问题。
- 选择几个流程指标，回答这个问题：“流程中的哪些部分可以进一步改进？”

创建项目计划

每个评估——即使是相对简单的评估——都是一个项目：它有一个包含多个步骤和多个依赖关系的时间线。一旦你选择了关键的少数评估指标进行评估，下一步就是通过以下方式创建一个稳健的评估项目计划：

- 创建项目时间线。
- 决定何时收集数据。
- 选择比较对象。
- 选择数据收集方式。
- 计划分析。

创建项目时间线

你需要一个项目时间线来跟踪所有需要完成的关键活动，包括由谁在何时完成。例如，何时发送调查和提醒，安排后续访谈，完成分析等。有许多商业项目管理软件可供你使用。如果你对评估感到陌生，请专家审查你的计划会是一个明智的选择。可能有一些方法可以简化流程或加强分析。

决定何时收集数据

决定何时收集数据与收集何种数据同样重要。越早评估结果，数据就越有用，有助于决定是否扩大、继续、修改或终止项目。但要评估结果，就必须等到学员有时间运用所学知识并取得成果。

对于一些类型的培训（特别是技术培训），可能在几天内就能明显看到改进。而对于其他类型的培训（如策略销售、管理或领导力），可能需要数周甚至数月的时间才能看到期望的结果。对于这些见效较慢的项目，可以寻找工作中的行为变化。实际上，有意义的行为改变可能就是管理层所需的有效性证据。阿斯利康的首席执行官大卫·布伦南这样解释道：“显然，人们希望量化业务结果。但我认为，虽然量化业务结果是一项重要的评估指标，更可评估的其实是学员行为变化的质量。”

> **实际应用**
>
> - 只要一出现结果，就可以马上开始评估项目是否发挥了作用。
> - 如果发起人同意，你可以使用行为改变作为评估指标，因为它们可以尽早被观察到，而且不容易被外部因素干扰。

选择比较对象

声称一项学习项目提高了绩效，这引发了一个问题：“与什么相比？”这种说法是指人们在培训后的绩效比培训前更好吗？还是指接受培训的人比未接受培训的人绩效更好？不管怎样，评估总意味着某种形式的比较。

因此，设计（或委托进行）一个项目评估的重要部分是决定学员的培训效果与什么比较。这个决定很重要，因为每当你做出比较（更好、更快、更准确等），都可能被要求证明这些比较是合理的。

比较可以是历史的（纵向比较）或同时期的（横向比较）。典型的历史比较是评估每位学员在培训前后的绩效表现。例如，你可以比较每个销售代表在产品培训后与该产品培训前的销售业绩。另一种方法是请一位有经验的观察者将学员的当前行为表现与他过去的行为表现进行比较。在这两种方法中，每个人都是自己的“对照组”，这避免了在比较两个不同群体时可能产生的许多潜在偏差。此外，它具有很高的表面效度：如果大多数员工在培训后表现更好，那么这是一个相当有说服力的论据，证明学习增加了价值。

但是，这种方法不是完美的。无论如何，人们的表现往往会随着经验的积累而提高，所以在第二次观察中，部分或全部的绩效改进可能是由经验的增加带来的，而不一定是培训所带来的效果。当然，随着时间的推移，培训前后的环境可能发生其他一些与学习不相关的变化，这样的变化可能影响员工的绩效。尽管如此，前后对比通常是一个不错的选择，因为它们易于理解并被公司领导者广泛接受。

如需更深入地讨论有关评估的内容，请参考相关图书，如罗斯埃夫特和普雷斯基尔等人的著作，赖安在实验设计方面的著作也值得借鉴。为使评估更具可信性，关键是找到合理的对照标准。当无法完全消除偏差时，要承认其存在及其对结果可能产生的影响。

在这里，我们不做学术上的深入探讨。评估培训效果的目的是更好地为管理决策提供支持。如果选择了错误的评估指标或比较对象，就会导致错误的决策。如果过高地估计了项目的真实价值，就会决定继续实施该项目，很可能导致投资的浪费。反之，如果评估设计不当，低估了一项有效项目的真正价值，就可能导致该项目被砍掉或缩减投资。

实际应用

- 决定将学习活动的成果与什么进行比较。
- 不要试图计算学习贡献的百分比，这并不特别相关或有用。

选择数据收集方式

如何获取数据？常言道，“细节决定成败”。你所评估的内容决定了评估的相关性，你如何评估则影响其可信度。因此，你需要确保利益相关人不仅同意你提出的评估内容，还要同意你提出的评估方式。

例如，项目发起人可能会同意行为的改变是项目成功的标志。但记录行为变化的方式有很多。你可以简单地要求学员进行自我报告。然而，企业领导者可能不会太相信自我报告，因为他们知道人们往往高估自己的能力和表现。你可以要求学员的管理者来确认行为的变化，但你需要确保这些管理者有足够的机会观察到相关的行为。对于一个高风险或高度政治化的项目，你可能需要考虑聘请第三方来观察并记录行为。

同样，发起人可能希望对学习的影响进行财务分析。这种分析需要多严格？是由学员自己估算就够了，还是必须由财务部门进行分析？这些问题的“正确”答案因情况而异。它们取决于项目的成本和重要性、可用资源的可行性以及利益相关人的接受程度。

表 D6.5 列出了最常见的数据收集方法及其优缺点和注意事项。选择能提供所需信息的最有效的数据收集方法。你可能需要在成本、效率、相关性和可信度之间做一些权衡，但要小心，在努力降低成本的同时，不要降低评估的可信度，以免评估变得毫无价值。

表 D6.5　常见的数据收集方法及其优缺点和注意事项

方　法	优　点	缺　点	注意事项
调查	经济、快捷	答复率低且影响可信度	必须精心设计 受访者必须具备相关知识
面谈	深入洞察	耗费比较多的时间	需要精心安排，以避免偏差
焦点小组	比调查更深入的洞察	耗时长且需要专业技能	群体互动问题可能导致（进程/项目）偏离正轨
业务系统的数据挖掘	可信度高且无成本	可能难以获得访问权	可能需要专业知识和 IT 部门的帮助

续表

方　　法	优　　点	缺　　点	注意事项
观察	在业务结果发生之前	需要大量的人参与	需要确保一致性
专家评估	高可信度	通常成本高昂	专家的选择很重要

如果你计划以业务指标作为结果评估指标，务必确保能够获取极为详尽的数据（如针对单个参与者的数据），以便开展培训前后对比分析，或者对接受培训与未接受培训的情况进行比较。需与IT部门、财务部门或任何掌握相关数据的部门进行沟通协调。在沟通时，应清晰说明所需数据的具体内容、使用主体以及所涉及的时间范围。若存在隐私相关问题，可采用化名或数字编码的方式，对参与者身份进行妥善保护。

实际应用

- 选择一种能够在合理成本下生成相关性高、可信度强且具有说服力的数据收集方法。
- 如有可能，定期追踪业务指标，以确保其可信度和成本效益。

计划分析

在着手收集数据之前，必须先考虑数据的分析方法。也就是说，需要明确如何对数据进行整理、编码（如有必要）、分析处理以及总结。此外，还需确定将采用哪些统计方法（如果适用）。

数据分析本身是一门专业学科，除非自身接受过相关分析方面的专门培训，否则应咨询公司内部的统计专家、市场研究专家，或者向精通评估的外部顾问寻求帮助，以确保评估设计具备足够的能力来发现差异，并能够产生可靠、准确的结果。同时，了解受众也至关重要。例如，科学或工程公司的领导可能期望看到统计分析，而零售或服务公司的领导可能会觉得统计分析难以理解或不够可信。

并非每个项目都能取得成功。分析结果有可能表明项目未能带来显著收益，或者收益过小，不足以覆盖成本。正如通用磨坊公司前首席学习官凯文·王尔德所解释的那样："有些事情会成功，有些事情则会失败。你必须有勇气去追问并找出原因。"

在规划阶段，即在启动评估之前，就需要决定如何应对负面结果。在实施计划之前，必须回答这个问题："如果评估结果不理想，我们将如何应对？"一旦数据被收集，就不能将其"掩埋"或忽视。无论是从道德还是管理的角度来看，都有责任报告正面和负面的结果，并根据数据提出建议：是改进项目还是终止项目。

实际应用

- 在开始收集数据之前，先思考如何分析结果。
- 寻求专家的帮助，确保数据可用于分析。
- 提前考虑如何处理负面结果或无效果的证据。

收集并分析数据

一旦评估计划经过审查并达成一致，便进入执行阶段。需指定专人负责管理项目并实施计划，因为即使是一个相对简单的设计，也涉及诸多复杂环节。

若缺乏足够的项目管理资源，你可能需要自行管理项目或将项目外包。无论哪种情况，都不可低估正确执行的重要性，执行不力是导致失败的常见原因之一。

收集数据

如果你使用的是新开发的问卷或数据收集系统，务必先进行试点测试，以确保问题易于理解且答案能够被正确记录。如果你采用访谈法，需采取措施确保一致性和公正性，如使用结构化访谈，正如巴比或伯纳德等定性研究文献中所讨论的那样。除此之外，数据收集主要是定期监控获取的信息，确保回复率足够高且数据收集系统正常运行。

分析数据

一旦完成数据收集，我们便可以着手进行最令人期待的步骤：分析数据，以判断项目是否达到了预期效果。这一过程涉及将一组结果（如培训后）与另一组结果（如培训前或未培训）进行比较。如果数据为定量数据（如计数、分级、计价等），那么在评估时就需要运用一定程度的统计学分析，以确认结果并非随机产生。若结果为定性数据，则需要对主题和案例进行分析。

你还需要通过分析关键流程成果来确认改进的机会。例如，管理者是否积极参与其中？学员对项目相关性的看法如何？是否运用了绩效支持，在实际操作中是否起到了帮助作用？同时，需要考虑并准备好评估执行质量如何影响结果指标。

实际应用

- 同时分析结果指标和过程指标。
- 考虑执行质量如何影响结果。

报告结果

一旦得出结果（无论结果是好、是坏，还是好坏参半），都需以一种能够支持明智决策的方式对结果进行报告。沟通应达成以下两个目的：

1. 回答管理层的两个关键问题：做得怎么样？现在怎么办？
2. 建立学习品牌（即我们在下文中提到的“销售卖点”）。

项目发起人希望了解，他们在学习项目中投入的时间和资源带来了何种价值（“做得怎么样？”）。他们还需要相关、可信且有说服力的证据，以协助他们决定采取何种行动方案（“现在怎么办？”）（见图 D6.18）。当然，无论结果多么出色，他们都会想知道项目在未来如何能够做得更好。在企业中，永远不能长时间躺在过去的功劳簿上。

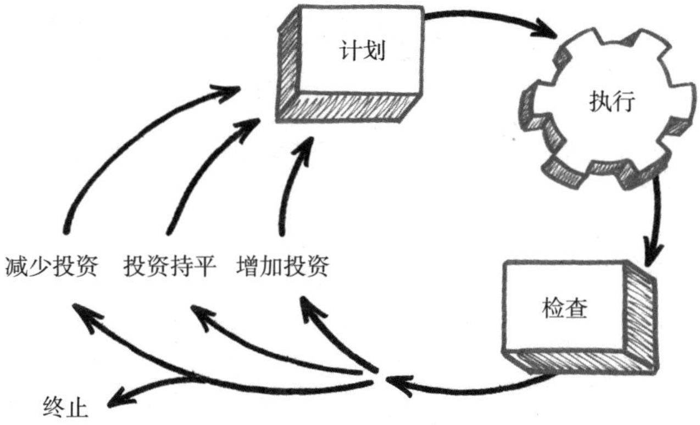

图 D6.18　基于评估结果，管理层有四种可能的行动方案

向管理层提交的报告应当简明扼要、数据充实、分析务实，并且提出具体建议。报告应运用领导者熟悉的语言撰写，避免使用学习领域的专业术语（如“柯氏四级评估”等）。正如沙利文所指出的那样：“历史经验表明，管理者不会去学习你的专业语言，也不会从你的角度来思考问题，因此你必须去适应他们。”

类似地，在运用统计和财务分析时也需要注意相关事项。企业领导者对于统计学的了解程度及其信任程度存在较大差异。不要试图用晦涩难懂的统计或财务分析让他们感到困惑。而且，无论你做什么，都要确保自己能够自信地回答他们对分析结果所提出的质疑。没有什么比你无法解释自己总结出来的内容更能降低你的可信度了。

尽快切入主题。

最后，不要浪费时间，要直奔主题。管理者都是以问题为导向的，他们既没有时间，也没有耐心一页一页地去查看你所写的内容或幻灯片来寻找合适的信息。如果他们不能在开头第一段或第二段中迅速抓住问题的核心，他们很可能会将该报告放到一边或者直接丢弃。因此，一定要在第一页写一个内容摘要，这非常关键，因为这往往是管理者唯一会阅读的部分。在摘要中，要清晰、简洁地表达你的重要观点，并提供明确的建议。不要给读者留下悬念，你需要记住，这不是在写小说。

芭芭拉·明托在其广受赞誉的《金字塔原理》一书中指出：

> 写作中最关键的行为是设计报告的结构与顺序。最清晰的顺序是先给出结论（结论先行），然后再分别给出具体的观点。这一点无论如何强调都不为过。

在报告正文部分，应提供支持内容摘要的关键数据，而将具体细节置于附录中。附录内容需涵盖支撑和解释观点所需的逻辑模型、评估方法、数据表、成功案例以及分析。定量信息应通过结构合理、清晰的表格和图片呈现。报告需直言不讳地说明评估或结论的局限性，总结提炼出“经验教训”，并阐述如何使后续项目更加有效地思考。最后，明确提出明确的后续行动建议。

尽管向高层领导提交一份正式的书面报告是必要的，但这还不够。为了确保信息能在嘈杂的公司环境中被听到，如同任何销售或营销信息一样，信息必须得到强化。如果可能的话，应亲自向管理者做一个简短的结果汇报。汇报应开门见山，用尽可能少的时间和尽可能少的幻灯片，并在规定时间内完成。这样做会赢得尊重和支持。

实际应用

- 简明扼要地向管理层汇报评估结果。
- 为报告撰写一页纸的内容摘要，把它放在第一页。

呈现价值

如果无人知晓，总结了卓越结果的评估报告也毫无价值。仅仅提交报告是远远不够的。有效评估的一个重要组成部分是“呈现价值”，即广泛且积极地推广结果的价值。应当仔细思考关键受众是谁，以及如何最有效地与他们进行沟通。在报告中，一定要对业务负责人的贡献表示感谢。

销售卖点

“销售卖点”一词是由埃尔默·惠勒在20世纪30年代提出的，他是测试销售研究所的负责人。在他的著作《经得起考验的销售句子》中，他提出了第一条销售原则：“不要卖牛排——卖的是滋滋声！”他所说的“滋滋声”，是指潜在客户渴望得到你所提供的东西的主要原因。牛排的“滋滋声”比牛排本身更能促成销售……惠勒认为，任何事物中都隐藏着“卖点”。如果你能识别并积极推广这个卖点，你就能让潜在客户说出“我想要”，而不是“哦，好吧”。

打造学习品牌

有效地宣传和推广学习结果，对建立学习的信誉品牌至关重要。学习也有“品牌”似乎有些奇怪，但是，企业大学研究中心发布的白皮书这样解释：

> 一切东西都有品牌，当然学习与发展部门也不例外。这是因为，品牌其实来自人们的看法和观点，我们无法阻止人们形成自己的观点。

印迹学习解决方案公司总裁克里斯·奎因表示：“品牌是存在于客户心智中的一种东西，它总结了产品的属性、利益和价值。品牌很重要。正因为品牌很重要，所以必须加以管理。”

营销人员花费大量的时间、精力、创造力和金钱来管理产品的品牌。他们的目标是在品牌与客户渴望的东西之间建立积极的联系，然后将这种联系牢牢地印在客户的脑海中。学习与发展专业人员需要为学习品牌做同样的事情（见专家视角 D6.2）。

专家视角 D6.2

讲述你学习与发展的成功故事

史蒂文·贾斯特，普林斯顿指标公司 CEO 兼首席顾问

在二十多年来对学习负责人进行的调查中，一直表明呈现培训对组织的影响是他们的首要任务之一。然而，同期的类似调查显示，仅有不到 20% 的学习与发展部门真正开展了影响力研究。这是为什么呢？

在接受调查时，大多数学习负责人都提到了时间和预算问题。但我有一个不同的看法：人们并不完全清楚如何去做。

大家都知道如何创建一个评估项目（尽管这些评估并不总是符合有效性标准），但并没有统一的方法论来评估对组织的影响。虽然可以计算投资回报率，但这能呈现学习影响力的全部吗？我相信大多数人会认可投资回报率并不能反映全部情况。而且，想要准确计算培训的投资回报率也非常困难。在大型企业中，影响结果的因素太多，很难有效将培训对绩效的影响区分出来。

从几年前开始，我收到越来越多客户的请求，要求我帮助他们进行影响力研究。于是，我开始寻找（或创造）一种既实用又稳健的方法来证明影响力。这种方法除了提供数据支撑，还能提供有意义的影响力故事。很快，我开始关注罗伯·布林克霍夫的成功案例法。简单来说，利用成功案例法，你可以找出那些在培训后能够将所学知识应用到工作中的学员（成功案例），以及那些没有应用所学知识的学员（失败案例）。然后通过调查

和访谈，试图找出导致成功或失败的共同因素。

我很快意识到，在这一点上，我们不再是在评估学习（这是我非常有经验的领域），而是在评估绩效（这是我经验较少的领域）。因此，我对绩效改进和评估进行了深入研究。我又选择了一个模型，这次是托马斯·吉尔伯特的绩效工程模型，这是早期版本的绩效模型，也是大多数现代绩效模型的基础。通过结合布林克霍夫和吉尔伯特的观点，我提出了一套方法论，用来识别成功（和失败）案例，并解释为什么有些培训项目会成功，而有些项目会失败。

大约两年前，我的一位客户要求我对一门非常知名的领导力发展课程进行影响力研究。巧合的是，正是这门课程才让布林克霍夫开始研究成功案例法。布林克霍夫注意到，这种标准化课程对不同公司产生了不同的影响。不仅是公司与公司之间，同一公司不同部门之间也是如此。

既然课程是相同的，那么一定是课程之外的因素影响了结果。具体来说，布林克霍夫注意到，培训结束后，约有15%的学员尝试使用所学知识并取得了一些成功，约有70%的学员尝试后就放弃了，还有15%的学员根本没有尝试。总体而言，对于这门课程和其他课程，他计算出只有15%~20%的培训能真正对组织产生影响。

我做这个项目是从影响力研究的起点开始。我问我的客户："成功会是什么样子？"更具体地说，"我们将如何评估它？"

我发现，评估成功的指标有两种形式：一种是软指标，通常以调查的形式呈现结果；另一种是硬指标，即以关键绩效指标的形式呈现结果。因此，对于领导力发展课程，我们可能会关注直接下属的离职率（硬指标）和员工满意度调查（软指标）。由于我的客户培训的是一线经理，我们设计了一个调查工具，向三组受众提出了相同的问题：直接下属、经理以及领导层（即经理的上级）。然后，我们对这三类受众的调查结果进行了比较。

最后，在确定了“成功案例”和“失败案例”之后，我们使用了吉尔伯特的绩效工程模型确定并归类哪些在工作中是正确的（当事情顺利进行时），哪些是错误的（当事情出错时）。

这种方法的美妙之处在于，它不仅做了定量分析（使用了关键绩效指标等硬指标），还带来了三个实际的好处：

1. 它创造了一个学习与发展的成功故事，我们用这个故事与高管层沟通。

2. 它提供了反馈，帮助我的客户制定持续改进的培训计划。

3. 它确定了那些促进或阻碍成功的企业环境因素，这些因素不在学习与发展的范围之内。

“无论你选择管理与否，你的学习组织都有一个品牌。”企业领导者对学习与发展价值的看法会影响他们对学习计划投入资金、时间和精力的意愿。因此，你需要“推销”你的成功经验，宣传学习的价值，因为“如果你不吹响自己的号角，别人就会把它当作痰盂”。

实际应用

- 决定你希望建立的学习品牌是什么（你想以什么而广为人知）。
- 通过所有的沟通和服务，积极建立那种声誉，公开、有效、反复地宣传培训的成果。

持续改善

持续改善是整个过程的最后一步，也是至关重要的一步。无论结果多么引人入胜，无论成功故事多么令人着迷，总会有提升的空间。持续发现改进机会并采取行动，这是卓越组织与一般组织的区别所在。日语中有一个词——kaizen（通过微小、递增、持续的改善）——随着时间的推移会累积成相当大的竞争优势。在《从优秀到卓越》一书中，吉姆·柯林斯将持续改善比作飞轮效应，用来解释其价值："飞轮的每一次转动都是建立在先前所做工作的基础上，使你的努力投入产生复合效果。"没有哪一次单独的推动能让飞轮转得更快，而是所有的推动力——当持续应用并叠加在一起时——都能让飞轮转得更快。

最有效的学习与发展部门都有一个严谨的过程，确保定期回顾每一个项目的成果和结果指标，并制定具体的行动方案以实现持续改善。

以下几点可以帮助你制定持续改善行动计划：

1. 这个问题有多重要？

你永远不可能满足所有学员的需要或偏好。将你的精力聚焦在被大量学员多次提到的问题上，或者流程中经常失败的问题上。

2. 它值得改进吗？

并不是所有可以改进的地方都应该改进。寻找那些对业务影响有最大潜在改进空间的领域。

3. 根本原因是什么？

我们要透过现象看本质。如果学员认为他们学到的知识实用性不强，那么这个问题的原因是什么呢？是内容的问题，还是这些学员不是合适的人选，抑或是学员是对的但时间不对？在开始设计解决方案之前，一定要确定问题的根本原因是什么。

4. 我们有哪些选择?

不要觉得自己必须“重新发明轮子”。你需要阅读相关文献资料，并与处理过类似问题的其他学习专家交流。

5. 我们应该先解决哪个问题?

先选择一个或两个领域先着手解决。寻找“低垂的果实”——那些相对容易或成本较低就能解决，但回报潜力巨大的机会。

6. 如何评估变化的影响?

将 PDCA 循环的检查步骤作为计划的一部分。决定你要评估什么，以及如何评估你是否确实改善了现状。

7. 重复。

对每项举措重复此循环，逐步为你的组织创造竞争优势。

最后，应积极地开展持续改善工作。定期从日常管理工作中抽离出来，为学习团队提供反思的时间、许可和空间。对当前正在进行的工作提出质疑，并审视环境中可能出现的新机会或颠覆性的创新。好奇心、正直、诚实和勇于变革是真正专业人士的标志。

实际应用

- 将评估中的启发转化为行动，为企业创造竞争优势。
- 在那些具有最高回报潜力的领域做出改变。
- 花时间进行反思，审视环境中潜在的威胁和机遇。

第六法则的检查清单

6Ds®法则的最后一项——总结培训效果，其主要目的在于呈现学习项目的结果及其所产生的价值，同时也能够发现未来创造更大价值的机会，这一环节至关重要。对结果进行严格评估，能够提升学习与发展部门的可信度，并充分展现学习项目的价值。

如果从项目设计之初便将评估纳入规划之中，那么评估将最为有效。评估需收集与业务目标相关、让利益相关人可信、对决策者有说服力的数据。此外，评估本身必须高效，仅投入必要的时间和资金，以支持关于未来投资的明智决策。

评估一个项目的“正确”方法，应依据利益相关人对价值的定义、项目的性质与战略重要性，以及预期的业务结果来确定，而非基于某种理论上的理想。需要评估的是与业务相关的结果，而非活动、反应或学习目标的达成情况。关键过程的执行质量——尤其是对学习转化的支持——同样需要进行评估，并从中发现改进的机会。

报告结果应简明扼要。最终报告应涵盖失败的过程、不够成功的结果以及成功的结果；通过案例故事使结论更具说服力和难忘性；并清晰阐明关键结论与行动建议。此外，还需撰写一页纸的内容摘要，涵盖所有关键信息、结论与建议。

最后，应广泛推广成果。利用各种媒体进行宣传，以建立并维护一个积极的学习品牌。可参考示例 D6.1 中的检查清单，制定一个包含所有关键属性的有效评估计划。

示例 D6.1

第六法则的检查清单

使用下面的检查清单，制定一个完善的计划来评估结果，证明学习体验的价值，实现持续改善。

	要　素	标　准
❑	一致性	项目的评估方式已经提前与发起人进行了讨论并达成了一致
❑	指导原则	评估计划符合相关性、可信度、说服力和高效性的指导原则
❑	先行原则	已经确定了证明项目有效性的先行（领先）指标。在项目实施过程中将这些指标作为过程性评价指标
❑	数据来源	已经明确了评估所用数据的来源并已确认其可用性
❑	数据收集	已经制定了一个计划用来收集那些无法在日常运营中收集的数据
❑	参照指标	已经考虑了将学习后的结果与哪些因素进行比较，以支持“更好”“改进”等结论
❑	可信度	如果发起人选择财务分析或投资回报率作为成功标准，那么请向财务部门寻求支持
❑	改进机会	积极收集项目的信息，以发现后续改进的机会
❑	检查回顾	整个评估计划已经通过相关专家的审核，并确认其有效性和可靠性
❑	汇报计划	已经考虑了如何汇报和呈现数据及结果
❑	营销推广	已经确定了结果的主要受众，并为这些受众制定了沟通计划

行动指南

致学习负责人

- 回顾你目前掌握的所有证据，说明学习与发展是如何带来业务结果的。

- 你能用一个有说服力的案例说明学习与发展带来的有价值的绩效吗（增益绩效）？
- 你能有说服力地说明为什么减少学习投资会损害公司的长期绩效吗?
- 如果以上回答皆为“不能”，请立即采取改善措施。

- 在采取任何学习项目之前，就评估方法和成功标准的定义达成一致。
- 确保你的报告包括以下内容：
    - 相关性。
    - 可信度。
    - 说服力。
    - 高效性（满足以上三点之后）。
- 积极主动。在被要求之前就开始评估结果。如果等到需要证明学习与发展的价值时再行动，可能为时已晚。
- 简明扼要地报告结果。不管是好的、坏的或没有变化的。
- 报告中始终包括行动建议。
- 用一页纸的内容摘要总结培训效果。
- 营销学习项目的价值：
    - 如果无人知晓，那么你的结果再好也无济于事。
- 确定你希望的学习品牌是什么，并确保部门每一项工作都与品牌保持一致。

致业务负责人

- 回顾你目前收集到的有关学习项目结果的信息。
    - 你是否满意?

  - 你是否认为这些结果具有相关性、可信度和说服力?
  - 是评估与业务相关的结果，还是仅仅评估学习活动和满意度?
  - 这些分析是否与其他类似的投资项目一样进行严谨的分析?
  - 如果不是，请与你的学习团队交流，并说明你需要哪些信息来做出明智的投资决策。
- 要求每个学习与发展项目都包括与投资规模和战略重要性相称的评估。
- 如有必要，为学习负责人提供内部评估专家或外部顾问的资源。
- 保存预算报告——特别是关于承诺的利益部分。第二年，询问：“做得怎么样？”和“现在怎么办？”

尾　　声

最后，我们从学习中记住的都是我们在实践中应用过的知识。

——约翰·沃尔夫冈·冯·歌德

以下两个基本信念一直激励着我们的工作：

1. 今天，企业学习与发展项目为组织提升了价值。

2. 未来，它们能够并且应该创造出更大的价值。

学习项目是组织对其人力资本进行的战略性投资。对于公司的未来而言，学习项目与公司在研究、新产品开发、销售、营销、并购等方面的投资一样重要。因此，它们需要时间、人才、资金、管理监督和持续改进。学习与发展只要以全面系统的方式进行规划、实施和管理，就能产生显著的回报和竞争优势。

自从 20 年前《将培训转化为商业结果》首次出版以来，我们欣喜地看到，许多不同行业、国家和不同文化背景的组织将这些理念应用到它们的学习项目中，使这些项目更加有效，也使得学习与发展专业人士更有价值。

虽然 6Ds®法则为本书所收录的那些成功案例做出了贡献而让我们感到自豪，但我们知道，真正的功劳应归于那些勇于倡导变革而不是满足于现状的前瞻性学习领导者。我们向他们致敬，并期待听到你们的故事。

6Ds®法则为持续改进循环（见图 C.1）提供了支持。改进其中任何一门法则的执行，都能提高学习项目所创造的价值。系统地应用所有六大法则，就会产生阶跃式的价值变化。案例 C.1 说明了这一点。我们工作坊的学员提交了许多类似的成功案例。我们相信，这种方法也适用于你们。

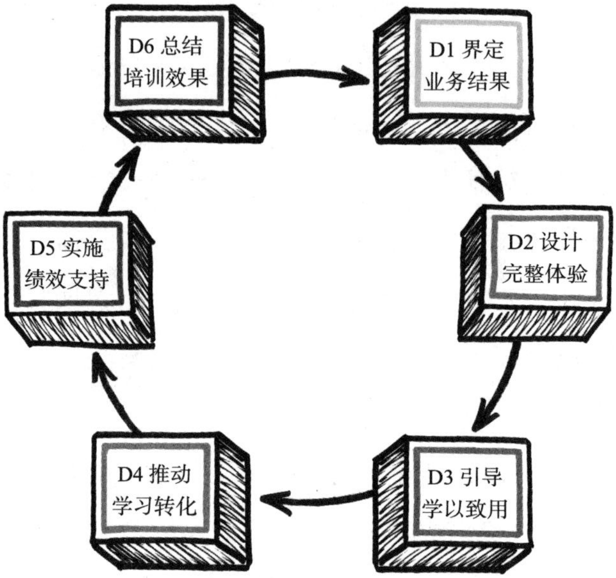

图 C.1　6Ds®法则为持续改善循环提供了支持

案例 C.1　日本信息系统公司的创新性培训

杰森·达基，日本创意发展公司总裁；伊恩·唐利，
伦敦持续实践有限公司董事总经理

日本信息系统公司是日本领先的系统集成商。其中的一个重要业务部门主要负责管理和运维政府、公用事业和大型银行的信息管理系统，这些系统大部分是旧有系统，建成时间较长，有的长达十多年。

该部门的成功标准是严格遵守公司的各项管理要求，按时完成任务，并且绝对不能超出预算，最重要的是，绝不能犯任何错误或造成任何问题。在这种环境下，部门的工作人员变得越来越保守，并善于规避风险。久而久之，他们就会丧失敏捷、创新和迎接新挑战的能力。该部门总裁决定，有必要开展创新性培训，以激发新想法，增强核心管理者的创新能力。

培训内容包括创新的基础知识，例如：

- 需求识别：如何识别客户需求和商业机会。
- 构思：如何快速想出许多新颖、令人兴奋的点子。
- 行动导向：如何主动行动、快速启动、克服困难并取得成果。

传统上，创新培训项目都是通过为期一周的线下课程形式开展的。但是，为了确保培训效果，我们采用了 6Ds®法则，以最大限度地提高学习转化效果和业务影响力。

第一法则：界定业务结果

首先，我们将业务目标定义为让每位管理者及其团队成功为现有客户创新解决方案。要求学员在各自团队内推动创新。成功的定义是发现新的客户需求、提出新想法以创造新价值，或者以更新、更快或更好的方式做事。

第二法则：设计完整体验

该项目每月安排一次全天培训，涵盖一个特定主题。如图 C.2 所示，每节课都有练习和其他活动，以确保在工作中进行转化和应用。

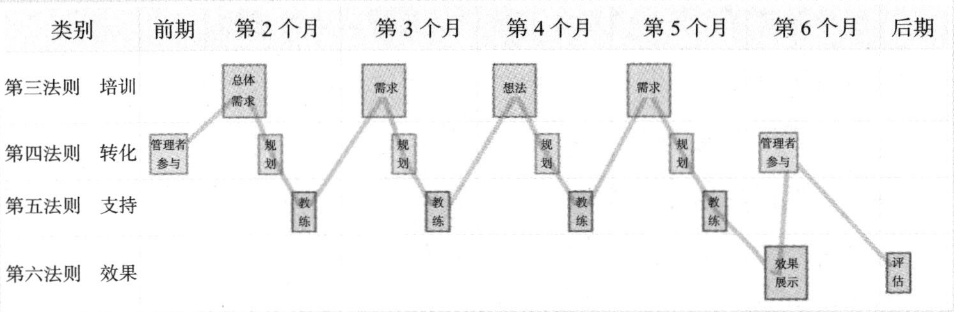

图 C.2　学习之旅的主要内容和时间表

第三法则：引导学以致用

为了使教学内容与实际工作紧密相关，我们摒弃了通用的案例研究和一般性主题练习。相反，培训的所有活动都围绕学员真实的业务挑战设计。例如，在创意生成练习中，每个小组都要解决一名团队成员的实际业务问题。

教学方式非常独特、令人兴奋、令人难忘，而且在全天的课程中，所有学员都有充足的时间进行练习，以获得足够的能力。每次课程结束时，学员不仅掌握了新技能，还从其他学员那里获得了关于解决工作中问题的更多见解和建议。

第四法则：推动学习转化

在走了不少弯路后，我们发现了创新培训中的问题：在培训期间，大多数学员学会了内容，培养了能力，但遗憾的是，他们没有在工作中应用所学的内容。因此，最重要的阶段是第四法则，即推动学习转化。通过对以往学员进行访谈，我们发现他们不在工作中应用所学知识的主要原因是害怕失败。为了克服这种恐惧，我们采取了以下措施：

- 让学员的管理者尽早参与到整个项目中，确保学员得到理解和支持。
- 使用日常工作中优先级高、与目标一致且值得关注的真实问题。
- 每节课花半天时间规划转化应用。学员规划行动计划，练习向他人解释并获得支持，并在离开培训前获得必要的资源。
- 为确保问责制，学员每周向培训师和管理层提交一份调查报告，汇报自己的进展情况。

第五法则：实施绩效支持

为了支持学习转化，培训应将重点放在如何利用现有的工具和技术进行练习，这些工具均可立即应用于学员的工作中。此外，每位学员每月与一位专业教练会面一次，讨论其进展、挑战及下一步计划。最后，通过每周向管理者分享进展报告，学员能够及时获得反馈与鼓励。

第六法则：总结培训效果

为确保取得有意义的业务结果，学员在项目启动时便与管理者就重要问题达成一致。在项目期间，他们积极采取行动，并在项目最后一天直接向高管层汇报其活动及成果。几乎所有参与项目的管理者都能举出具体案例，说明他们的创新想法、方法及成果，若无这些创新，他们将无法实现这些目标。高管层对项目对业务的影响力进行了评估，总体认为培训投资获得了丰厚的回报。

依据布林克霍夫的成功案例法，我们对成果突出的学员进行了访谈，以确定成功的原因、面临的挑战以及持续改进的建议。

结论

日本信息系统公司的创新性培训取得了巨大成功。它不仅提高了效率、促进了团队合作、培养了创新技能，还有效降低了成本，同时在反应速度和销售方面都得到了显著提升。如果按照传统的模式开展一周的密集培训，可以肯定地说，这些目标将难以实现。6Ds®法则为设计工作中的转化场景提供了一个实用的框架，并确保推动业务结果所需的行为改变得以实现。

展望未来

人工智能应用已经对学习与发展产生了深远的影响。展望未来，它们将大大加快创建培训材料的速度和效率，并为更有效的练习、辅导和绩效支持提供动力。但是，人工智能本身并不能保证学习效果；人工智能驱动的学习与任何其他类型的企业学习一样，只有成为端到端流程的一部分，与优先事项紧密相连，解决技能或知识方面的差距，并在工作中得到转化应用，才能实现增值。6Ds®法则为这一过程提供了一个务实的框架。

人工智能也不会改变企业学习与发展的一个基本事实：学习只有在工作中得到应用时才会产生价值。最后一点也适用于你阅读本书所投入的时间和精力。要想让这项投资产生回报，你就需要将所学的知识应用到工作中。但不要试图一下子把所有事情都做好。千里之行，始于足下。如果你试图同时执行所有准则，你很可能会失败。

选择一两个你充满热情的机会，然后从那里开始。边做边学，做好应对失败的准备。正如汤姆·彼得斯和罗伯特·沃特曼在《追求卓越》一书中所指出的："冠军必须进行大量练习，因此也会遭受一些失败，否则组织将无法学习。"如果你没有经历过一些失败，那就说明你不够创新，你也会错失成长的机会。

期待遇到阻力。这证明你正在进行的变革是实质性的。庆祝小的胜利，践行"持续改善"。最重要的是，要不断学习。

现在就看你了

我们邀请你以 6Ds®法则的核心理念为基础，与其他学习专业人士分享你的见解、成就，甚至失败的经历。通过这样的交流，我们能够共同进步，为你的组织和同事取得更大的成功做出更卓越的贡献。

我们期待你的分享。